Christoph Raedel (Hg.)

Das Leben der Geschlechter

# Ethik im theologischen Diskurs
## Ethics in Theological Discourse
## (EThD)

herausgegeben von

Marianne Heimbach-Steins (Münster)
Christoph Raedel (Gießen)
Hans G. Ulrich (Erlangen)
Bernd Wannenwetsch (Oxford)

In Zusammenarbeit mit
Svend Andersen (Aarhus), Christof Gestrich (Berlin),
Stanley Hauerwas (Durham, N.C.), Reinhard Hütter (Durham, N.C.),
Oliver O'Donovan (Edinburgh), Hans S. Reinders (Amsterdam),
Herbert Schlögel (Regensburg), Wolfgang Schoberth (Erlangen)

Band 24

LIT

Christoph Raedel (Hg.)

# Das Leben der Geschlechter

Zwischen Gottesgabe und menschlicher Gestaltung

LIT

**Bibliografische Information der Deutschen Nationalbibliothek**
Die Deutsche Nationalbibliothek verzeichnet diese Publikation in der
Deutschen Nationalbibliografie; detaillierte bibliografische Daten sind
im Internet über http://dnb.d-nb.de abrufbar.

ISBN 978-3-643-13631-2

© LIT VERLAG Dr. W. Hopf Berlin 2017
Verlagskontakt:
Fresnostr. 2   D-48159 Münster
Tel. +49 (0) 2 51-62 03 20
E-Mail: lit@lit-verlag.de    http://www.lit-verlag.de

**Auslieferung:**
Deutschland: LIT Verlag Fresnostr. 2, D-48159 Münster
Tel. +49 (0) 2 51-620 32 22, E-Mail: vertrieb@lit-verlag.de
E-Books sind erhältlich unter www.litwebshop.de

# Inhalt

Einleitung ........................................................................................................ VII
CHRISTOPH RAEDEL

Christlicher Glaube und die Gender-Debatte.
Alttestamentliche Grundlegungen ...................................................................... 1
JULIUS STEINBERG

Leiblichkeit und Sexualität im Neuen Testament.
Christliches Ethos zwischen Schöpfungs- und Offenbarungswort .................... 35
ROLAND DEINES

Mitarbeiter und Mitarbeiterinnen Gottes.
Geschlechterverhältnisse in der Erweckungs- und Missionsgeschichte des
19. Jahrhunderts .............................................................................................. 87
ULRIKE TREUSCH

Geschlechtsidentität und Geschlechterrollen.
Perspektiven theologischer Anthropologie ..................................................... 119
CHRISTOPH RAEDEL

Schöpfung und Ehe.
Kann sich Lehre entwickeln? ......................................................................... 157
OLIVER O'DONOVAN

Von berechtigten Anliegen und verschleierten Ideologien.
Geschlechtertheoretische Paradigmenwechsel in der Neuzeit aus
philosophischer Sicht ..................................................................................... 175
HARALD SEUBERT

Familien als Packesel der Nation.
Zur Diskriminierung von Familien in den deutschen Sicherungssystemen .... 199
ANNE LENZE

Stellenregister ................................................................................................ 211
Personenregister ............................................................................................. 219
Autorenverzeichnis ........................................................................................ 224

# Einleitung

Das „Leben der Geschlechter" in den westlichen Gesellschaften – und auch in den christlichen Kirchen – ist von zahlreichen Ungleichzeitigkeiten geprägt, wie sie für spätmoderne Gesellschaften nicht ungewöhnlich sind. So haben sich die Bundesbürger längst daran gewöhnt, von einer Bundeskanzlerin, in ihrem Bundesland vielleicht von einer Ministerpräsidentin und weiteren Ministerinnen regiert zu werden. Dass Frauen in gesellschaftlichen Führungspositionen stehen, dürfte hierzulande kaum noch jemanden aufregen, die Frage, ob sie in diesen Positionen auch proportional angemessen vertreten sind, jedoch durchaus. Weiterhin, in den letzten Jahren sogar verstärkt, entscheiden sich viele junge Frauen gerade im Zeichen beruflicher Wahlfreiheit für Ausbildungsberufe, Studiengänge und Arbeitsverhältnisse, die nicht geeignet sind, sie in Führungspositionen zu bringen. Nicht nur auf der Ebene der Geschlechterrollen, auch in der Ausprägung von Geschlechteridentitäten lassen sich diese Ungleichzeitigkeiten beobachten. So zum Beispiel bei den sich wandelnden Männerbildern: Im Umgang mit ihrer Partnerin und den Kindern ist eine Männlichkeit gefragt, die kooperativ und empathisch ist, während die Erwartung, leistungsorientiert und durchsetzungsstark zu agieren, weiterhin das Maß für Beruf und Karriere bleibt. Mehr äußerlich gesehen gibt zum Beispiel die New Yorker Modemesse den Trend vor, in der Kleidung überhaupt nicht mehr zwischen Männern und Frauen zu unterscheiden. Der „Trans-Gender"-Look dürfte zwar selbst in urbanen Milieus nicht nach jedermanns Geschmack sein, als trendig aber wird die Überwindung zweigeschlechtlicher Modevorstellungen verkauft. Demgegenüber bedient der Spielzeughandel weiterhin die verbreitete Erwartungshaltung der Eltern, bis in den Farb-Code hinein nach Spielzeug für Jungen und Mädchen zu unterscheiden. Geschlechterstereotype gelten den einen als zu überwindende Relikte aus Zeiten, in denen patriarchale Herrschaftsmuster dominierten, während andere die – Stereotypenbildung begünstigende – Ausbildung geschlechterdifferenzierter Durchschnittswerte gerade mit dem Hinweis auf die freie Persönlichkeitsentfaltung begründen, die das Sichtbarwerden von Geschlechterdifferenzen erwarten lasse. Schließlich reicht das Spektrum der geschlechtertheoretisch vertretenden Auffassungen von der These, dass Frauen und Männer bis auf ihr Menschsein nichts gemeinsam hätten, sondern in verschiedenen Welten lebten, bis hin zu der Überzeugung, Geschlechtsidentität sei angesichts der möglichen Selbstwahl nicht statisch fixierbar, sondern changiere in flexibler Fluidität zwischen einer – prinzipiell nicht bestimmbaren – Vielzahl an möglichen Selbstidentifikationen.

Im Kern geht es dabei immer um Geschlechter*verhältnisse*, denn Fragen der Identität und der Gerechtigkeit im Umgang mit Identitäten lassen sich nur klären im Rekurs auf die Verhältnisse, in denen Männer und Frauen sich zueinander verhalten. Ein solcher Sozialraum für die Gestaltung von Geschlechterverhältnissen sind auch Kirchen und Gemeinden, deren Verständnis von Geschlechtlichkeit und Geschlechterordnung in den biblischen Texten grundgelegt ist, die ihrerseits normative Geltung beanspruchen. Die Auslegung dieser Texte mit dem Ziel, sie als Zuspruch und Weisung für das Leben heute zu vernehmen, ist reformatorischen Kirchen, die sich als Kirche des Wortes verstehen, in jeder Generation bleibende Aufgabe. Denn mag der Begründungszusammenhang dafür, jede Person in ihrer leiblich-geschlechtlichen Signatur als in das Ebenbild Gottes geschaffen anzuerkennen, im biblischen Zeugnis liegen, sind es doch sich wandelnde Entdeckungszusammenhänge, in denen sich der kirchlichen *communio lectorum* die Bedeutung dieser Texte im gegenwärtigen Lebenskontext erschließt. Die Welt der biblischen Texte und die Welt, in der wir sie lesen und uns aneignen, treten so in einen wechselseitigen Auslegungszusammenhang, in dem das Verständnis menschlicher Lebensverhältnisse erhellt wird.

Im vorliegenden Band, der Referate einer vom Arbeitskreis für evangelikale Theologie (AfeT) im September 2015 in Bad Blankenburg durchgeführten Tagung vereint, soll ausgelotet werden, wie sich die Geschlechtlichkeit des Menschen als *Gabe* Gottes verstehen lässt, die auf die *Gestaltung* durch Menschen und interpersonale Verhältnisse hin geöffnet ist. Dabei wird der Gabe-Begriff differenziert verwendet, er kann sich also sowohl auf die dem Menschen unverfügbare Vorgabe als auch auf die in der Vorgabe einleuchtende Aufgabe beziehen. Die die Beiträge in je spezifischer Weise leitende und darin aber auch verbindende Denkfigur ist die der *Zuordnung* von Gabe und Gestaltung: Beide Ebenen sind voneinander zu unterscheiden, ohne sie zu trennen, und miteinander zu verbinden, ohne sie in eins zu setzen. Weder ein morphologischer „Geschlechter-Naturalismus" noch ein die Leiblichkeit des Menschen verleugnender „Geschlechter-Spiritualismus" vermögen das christliche Bild vom Menschen zum Leuchten und Orientierung in Fragen der Geschlechterverhältnisse zu bringen.

*Einleitung* IX

Die Theologische Ethik kann im Prüfen und Bedenken der das Leben der Geschlechter betreffenden Fragen ihren Beitrag nur leisten, wenn sie sich angesichts fachdisziplinärer Diskurse nicht isoliert, sondern diese Diskurse aufnimmt und sich zugleich mit ihnen auseinandersetzt. Dazu bedarf es einer Ausdifferenzierung der Ebenen, die in diesem Fragekreis ansichtig werden:[1] Auf der *anthropologischen* Ebene sind Geschlecht bzw. Geschlechterdifferenz als Kategorien der Wahrnehmung zu thematisieren; hierbei ist auch in das Gespräch mit der zu erhebenden biblischen Anthropologie einzutreten. Auf der *gesellschaftlich-politischen* Ebene ist zu klären, welche gesellschaftlichen Faktoren für die Ausbildung („Inszenierung") von Geschlechterrollen und Geschlechterdifferenzen maßgeblich sind und welche Diskurse sowie diskursive Ausblendungen die Diskussion bestimmen. Die *normativ-ethische* Ebene bringt ethische Leitvorstellungen wie die dialogische Polarität der Geschlechter und gerechte Geschlechterverhältnisse sowie theologische Motive wie Schöpfung, Sünde, Versöhnung und neue Schöpfung zur Geltung.

*Julius Steinberg* untersucht in seinem Beitrag als Alttestamentler die Tora-Gesetzgebung, die Texte der Urgeschichte sowie weisheitliche Texte im Blick darauf, wie sich der Maßstab der Gleichbehandlung von Männern und Frauen zu Praktiken der geschlechterdifferenzierten Behandlung im Alten Testament verhalten. Er zeigt, wie Ebenbürtigkeit und Unterschiedlichkeit, als Gabe empfangen, dem Menschen als Geschöpf zum Segen werden sollen, wie durch den Einbruch der Sünde in die Welt der Zusammenhang von Ebenbürtigkeit und Unterschiedlichkeit zerrissen und in der Folge zur Quelle von ungerechten Geschlechterverhältnissen wird. Exegetische Einzelbeobachtungen und übergreifende Erklärungen werden in einen Kontext eingebettet, der auf die gegenwärtige Gender-Diskussion Bezug nimmt und in einen Ausblick auf Transformationsbewegungen im Neuen Testament einmündet.

Der Neutestamentler *Roland Deines* plädiert für ein offenbarungstheologisch begründetes Bekenntnis zu Sexualität und Ehe und zeichnet in diesen Zugang ein vom Christusgeschehen her erleuchtetes Wissen um Gottes Gaben und Gebote ein. Er deutet das Auseinanderdriften von säkularer und christlicher Ethik als positiv zu nehmende Herausforderung, sich neu auf eine offenbarungstheologische

---

[1] Vgl. dazu Marianne Heimbach-Steins, „… nicht mehr Mann und Frau". Sozialethische Studien zu Geschlechterverhältnis und Geschlechtergerechtigkeit, Regensburg 2009, 12.

Begründung der christlichen Sexualethik zu besinnen. Deines erhellt aus den antiken Quellen die Vielgestaltigkeit des Lebens der Geschlechter in der Umwelt der Urgemeinde, interpretiert zentrale neutestamentliche Texte vor diesem Hintergrund und arbeitet deren Bedeutung für Gottes „bedingungsgebundene" Zuwendung zu den Menschen heute heraus.

In der Perspektive der Historischen Theologie nimmt *Ulrike Treusch* Fragen der Frauen- und Geschlechterforschung seit den 1970er Jahren auf und führt die Diskussion weiter, indem sie dem Verhältnis von Mann und Frau und den damit verbundenen Geschlechterrollen in der deutschen Erweckungs- und Missionsgeschichte nachgeht. Dabei konzentriert sie sich auf die als normativ empfundene oder vermittelte Männer- bzw. Frauenrolle in der deutschen Gesellschaft sowie im konservativ-protestantischen Milieu des 19. Jahrhunderts und ordnet vor diesem Hintergrund herausragende Frauen- bzw. Männergestalten als Ausnahmen von der Regel ein. Deutlich wird, wie sich Geschlechterrollen in einem Spannungsfeld von zeitgenössischer Kultur, biblischem Wort und geistlicher Aufbruchserfahrung entwickelten und entwickeln.

*Christoph Raedel* reflektiert im Horizont biblischer und systematischer Theologie Grundfragen der Theologischen Anthropologie, wenn er fragt: Wer oder was bestimmt eigentlich, wer ich bin? Ist die eigene Geschlechtsidentität etwas, das sich durch autonome „Selbstdefinition" wählen oder beschreiben lässt? Und kann sich das menschliche Selbstbewusstsein vollständig von den Konstitutionsbedingungen des Selbst ablösen, die in der biologischen Herkunft und der natürlichen Leiblichkeit des Menschen gegeben sind? Anhand der Kategorien Identitätskonstitution, Identitätswiderspruch und Identitätszuspruch zeichnet er seine Überlegungen in die theologische Matrix von Schöpfung – Fall – Neuschöpfung ein, bevor die Ausbildung von Geschlechterrollen im Spannungsfeld von Konstitution und Konstruktion analysiert wird.

Angesichts weitreichender Neudefinitionen der Ehe untersucht *Oliver O'Donovan* in seinem Beitrag, inwieweit sich ein gewandeltes Eheverständnis mit legitimer Lehrentwicklung begründen lässt. Dazu prüft er zunächst, worin sich eine „gute" Lehrentwicklung in der Kirche von problematischen Innovationstendenzen unterscheidet. Sodann zeigt er, dass die Ehe von Mann und Frau schöpfungstheologisch als eine soziale Institution zu verstehen ist, die sowohl den natürlichen Bedürfnissen der Spezies als Ganzes dient, als auch der Freiheit, die im Zentrum der individuellen Existenz liegt. In der prinzipiellen Öffnung der

Ehe für homosexuelle Paare sieht er ein Beispiel für eine Lehrentwicklung, die sich nicht einem Prozess des Lernens, sondern vielmehr des Vergessens verdankt.

Der philosophiehistorische Durchgang durch die Jahrhunderte, wie *Harald Seubert* ihn unternimmt, legt alte und neue Spannungsmomente das Verständnis und Verhältnis der Geschlechter betreffend frei. So ist bereits seit der Antike eine Spannung zwischen der Auffassung von der Gleichrangigkeit von Mann und Frau einerseits und der Praxis ungleicher Behandlung in der Polis andererseits zu erkennen. Eindrücklich gezeigt wird auch, wie die Frau im Laufe der Jahrhunderte für den Mann sowohl Bedrohung als auch Faszinosum darstellte. Der zwischen Urteilen zu Egalität und Inferiorität der Frau gewunden verlaufende Weg wird sodann von Seubert über die Reformation hinaus zu Kant, Hegel und den Spielarten des Feminismus nachgezeichnet, postmoderne Gendertheorien werden einer kritischen Prüfung unterzogen.

Der den Band beschließende Beitrag der Juristin *Anne Lenze* belegt mit Zahlen und Fakten, wie in Deutschland Familien mit Kindern gegenüber kinderlosen Lebensentwürfen in den sozialen Sicherungssystemen systematisch benachteiligt werden. Sie entlarvt die vielbeschworene „Familienförderung" als mythische Überhöhung von Leistungen, die durch die Eltern mitfinanziert werden und plädiert engagiert dafür, die vom Bundesverfassungsgericht in mehreren Entscheidungen angemahnte Benachteiligung von Erziehungs- gegenüber Erwerbsleistungen konsequent zu überwinden. Sie macht deutlich, dass es ihr dabei nicht um die Privilegierung eines bestimmten Lebensentwurfes, sondern schlicht um eine Frage der sozialen Gerechtigkeit geht.

Die Tagungsbeiträge vermögen naturgemäß nur einen Ausschnitt der Fragen durchzuarbeiten, die sich im Blick auf das Leben der Geschlechter stellen. Einige wichtige Aspekte wie z.B. die Diskussion um die Zulassung von Frauen zu ordinierten Dienstämtern, wie sie in der römisch-katholischen Kirche sowie in evangelikalen Gemeinden von ganz unterschiedlichen Amtsverständnissen her geführt werden, sind hier nicht explizit aufgenommen. Anliegen dieses Bandes ist es, aus der Sicht einer schriftgebundenen evangelischen Theologie zu den gesellschaftlichen Fragen um Geschlechtsidentität und Geschlechtergerechtigkeit einen Beitrag zu leisten, der seine weltanschaulichen Wurzeln nicht verschweigt und sich doch bemüht, die (Zwei-)Geschlechtlichkeit als gute Gabe Gottes für alle Menschen zu plausibilisieren.

Alessandro Casagrande danke ich für die umsichtige und zuverlässige Mitarbeit beim Entstehen des Buches, insbesondere für das Erstellen des Drucksatzes.

Das Erscheinen des Bandes wurde durch Druckkostenzuschüsse des Arbeitskreises für evangelikale Theologie sowie des Instituts für Ethik und Werte (Gießen) möglich gemacht. Den Reihen-Herausgebern gilt mein herzlicher Dank für die Aufnahme in die Reihe „Ethik im theologischen Diskurs".

CHRISTOPH RAEDEL

# Christlicher Glaube und die Gender-Debatte

## Alttestamentliche Grundlegungen

JULIUS STEINBERG

Wie können und sollen sich Christen, Männer und Frauen, für die die Bibel Richtschnur des Glaubens ist, in der aktuellen Gender-Debatte positionieren? Der vorliegende Aufsatz untersucht den Beitrag des Alten Testaments zum Thema. Im Nachdenken über Exegese, Theologie und Hermeneutik alttestamentlicher Texte soll dem alttestamentlichen Wertesystem im Blick auf die Geschlechter nachgespürt werden. Auch ein Ausblick auf das Neue Testament wird vorgenommen. Das Ziel ist, biblische Grundlagen zu reflektieren, auf denen systematische Theologie in der Entwicklung und Formulierung christlicher Lehre aufbauen kann.

## 1. Gender Mainstreaming: Fragestellungen

Der Begriff „gender" bezeichnet zunächst die durch Gesellschaft, Kultur und Sprache geprägten Vorstellungen von Geschlecht, im Unterschied zu „sex" als dem biologisch vorgegebenen Geschlecht. Diese kategorische Unterscheidung bildet die Grundlage für „Gender-Studien", die Entstehung und Wirkung der soziokulturellen Vorstellungen von Geschlecht untersuchen.[1] „Gender mainstreaming" wiederum bezeichnet das Bestreben, gender-bezogene Fragestellen bei allen politischen Entscheidungen mit zu berücksichtigen.[2]

Die Definitionen bringen noch nicht zum Ausdruck, welche Anliegen im Einzelnen verfolgt werden. Wie Christoph Raedel in seinem hilfreichen Überblick

---

[1] Christina von Braun/Inge Stephan (Hg.), Gender-Studien. Eine Einführung, Stuttgart ²2006, 3–5. Die Fragestellungen im Einzelnen sind vielfältig und komplex. Siehe dazu im genannten Band den Aufsatz von Inge Stephan, Gender, Geschlecht und Theorie, 52–90.

[2] Zu den Gender-Studien als Querschnittswissenschaft siehe von Braun/Stephan, Gender-Studien, 5–9. Zur gesellschaftspolitischen Aufgabenstellung siehe z.B. Barbara Stiegler, „Gender Mainstreaming", www.fes.de/gender/gm.htm (abgerufen März 2016).

aufzeigt,³ ist dies auch keineswegs einheitlich. Impulse verschiedener historischer Entwicklungen fließen ein. Drei davon sollen hier kurz benannt werden:

Eine erste Linie beginnt in der Zeit der Aufklärung mit dem Kampf gegen die Diskriminierung der Frau in der Gesellschaft. Sie mündet heute in die Frage, wie grundsätzlich Gerechtigkeit zwischen den Geschlechtern hergestellt bzw. vorangetrieben werden kann. Neben dem heterosexuellen Mann und der heterosexuellen Frau kommen dabei weitere Geschlechteridentitäten in den Blick – und auch die Gerechtigkeit im Blick auf Rasse oder gesellschaftliche Klasse.

Eine zweite Spannungslinie betrifft die Frage, inwieweit Gleichberechtigung auch Gleichbehandlung der Geschlechter bedeuten muss. Eine ältere Form von Feminismus geht gegen das behauptete Anderssein der Frau an und sucht Gerechtigkeit in der möglichst weitreichenden Gleichstellung von Mann und Frau. Die jüngere betont gerade die Unterschiede zwischen den Geschlechtern und möchte mit der Besinnung auf weibliche Werte die männlichen Herrschaftsmuster in der Gesellschaft durchbrechen. In Ansätzen zu Gender Mainstreaming heute begegnet die Formulierung, dass den unterschiedlichen Lebenswirklichkeiten von Männern und Frauen Rechnung getragen werden müsse.

Eine dritte Entwicklungslinie beginnt mit der Forderung, die Gleichberechtigung der Frau nicht nur in rechtlicher, sondern auch in kultureller Hinsicht durchzusetzen. Sie mündet in die provozierende These, dass Kultur die Geschlechter in gewissem Sinne erst erschafft. Unbewusst vorausgesetzte Männer- und Frauenbilder sollen bewusstgemacht und kritisch reflektiert werden. Rollenvorstellungen, die zu Ungerechtigkeiten führen, sollen bekämpft werden. Wenn jedes vorgegebene Rollenbild als Beschränkung gesehen wird, führt das im Extrem zu der Forderung, den Zwang der Zweiheit der Geschlechter überhaupt aufzuheben zugunsten einer Vielzahl individuell wählbarer Geschlechteridentitäten.

Wie kann und soll sich christlicher Glaube zu diesem Spektrum von Anliegen positionieren? Dass die Vorstellung einer Vielzahl von Geschlechteridentitäten in Widerspruch mit dem biblischen Menschenbild steht, ist offensichtlich. Auf der anderen Seite ist der Begriff der Gerechtigkeit, auf den sich die Diskussion zentral bezieht, auch in der Bibel von zentraler Bedeutung. Auch würde sich wohl niemand ernsthaft die gesellschaftlichen Zustände des 18. Jahrhunderts vor dem Beginn der Frauenbewegungen zurückwünschen. Wie Raedel schreibt: „Es kann

---

³ Christoph Raedel, Gender Mainstreaming. Auflösung der Geschlechter?, Holzgerlingen 2014, 13-27; aus anderer Perspektive Regina Ammicht Quinn, Gefährliches Denken. Gender und Theologie, in: Conc(D) 48 (2012), 362-373.

hier folglich nicht darum gehen, die Früchte des Kampfes für die Gleichberechtigung verächtlich zu machen (und sie gleichzeitig zu genießen), sondern darum, gute und schlechte Früchte, berechtigte Anliegen und problematische Überdehnungen, voneinander zu unterscheiden."[4]

## 2. Zur Relevanz des Alten Testaments für Christen in Bezug auf die Gender-Debatte

Den Ausgangspunkt für die folgenden Arbeitsschritte bildet, wie eingangs genannt, die christliche Überzeugung, dass die Bibel als „Wort Gottes" die oberste Richtschnur für alle Fragen der christlichen Lehre ist. In diesem Zusammenhang sind einige bibelhermeneutische Überlegungen dazu nötig, wie der biblische Text mit Bezug auf das Thema sachgemäß auszulegen und anzuwenden ist.

### 2.1. Gender und das Alte Testament: Fragerichtungen

Beiträge zur genderbezogenen und auch zur feministischen Auslegung des Alten Testaments setzen sich auf unterschiedliche Weise zum biblischen Text ins Verhältnis: Eine „Hermeneutik der Loyalität" geht davon aus, dass die biblischen Texte eigentlich nicht frauenfeindlich sind, sondern dass erst deren patriarchalische Auslegung zur Diskriminierung von Frauen führte. Eine „Hermeneutik der Revision" basiert auf der Annahme, dass bei aller Androzentrik das Alte Testament dennoch einen nicht-patriarchalischen Kern habe, den es herauszuarbeiten gelte. Doch begegnet auch eine „Hermeneutik der Ablehnung", die die alttestamentlichen Texte aufgrund ihrer mangelnden Geschlechtergerechtigkeit insgesamt verwirft.[5] In all diesen Fällen bilden aktuelle Positionierungen die Maßstäbe, an denen das Alte Testament gemessen wird.

Eine grundsätzlich umgekehrte Bewegungsrichtung wählen solche Untersuchungen, die von der Bibel als Quelle christlicher Lehre ausgehen und von da aus aktuelle gesellschaftliche Entwicklungen in den Blick nehmen. Auch hierbei sind gegenläufige Tendenzen erkennbar: Teilweise besteht eine unausgesprochene Agenda darin, christliche Lehre an gesellschaftliche Entwicklungen anzugleichen

---

[4] Raedel, Gender Mainstreaming [wie Anm. 3], 15.
[5] Kategorien nach Luise Schottroff/Silvia Schroer u.a., Feministische Exegese. Forschungserträge zur Bibel aus der Perspektive von Frauen, Darmstadt 1995, 35–46.

(eine „Hermeneutik der Vermittlung"). Andere sehen in den aktuellen Entwicklungen vor allem Verfallserscheinungen und halten mit einem traditionelle(re)n Rollenverständnis dagegen. Das Ziel sollte natürlich eine genaue Rückfrage an das sein, was die Bibel selbst zum Thema sagt.

Doch genau hier liegt eine Herausforderung: Die Bibel äußert sich ja nicht direkt zu Gender Mainstreaming. Kein biblischer Autor reflektiert beispielsweise auf einer abstrakten Ebene das Verhältnis von „sex" und „gender". Bei all ihrer Reichhaltigkeit ist die Bibel ja auch ihrem Anspruch nach kein Lexikon von Lehrsätzen zu allen möglichen Themen. Es besteht ein Risiko darin, Fragen an Texte zu stellen, die diese gar nicht beantworten wollen. Einzelne biblische Belegstellen zu zitieren genügt jedenfalls nicht; die Untersuchung muss breiter aufgestellt sein.

Im Folgenden sollen die für das Thema relevanten alttestamentlichen Passagen im Kontext ihrer jeweiligen literarisch-theologischen Gesamtanlage betrachtet werden.[6] Wo entsprechende Bezüge herstellbar sind, werden Kategorien der Debatte um die Geschlechtergerechtigkeit und um das Verhältnis von sex und gender eingespielt. Dabei wird geprüft, inwieweit sich vom biblischen Text her Resonanzen ergeben und inwieweit Widerstände.

## 2.2. Das Alte Testament als kulturelles Zeugnis und als Wort Gottes

Das Alte Testament spiegelt verschiedene Gegebenheiten des altvorderorientalischen Kulturkreises wider – auch im Blick auf das Verhältnis von Mann und Frau. Die Relevanz des Alten Testaments für Christen liegt jedoch nicht in der altvorderorientalischen Kultur, sondern in dem Wort Gottes, das in diese Kultur hineingesprochen wurde. Eine Bibelauslegung, die nach Normen jüdisch-christlicher Lehre fragt, muss hier sorgsam differenzieren. Es gilt, nach dem zu schauen, was grundsätzlich und programmatisch ausgesagt ist und nach dem, was beispielhaft vor Augen geführt wird. Die Tragweite von Aussagen zum Thema in ihrem jeweiligen kulturellen Kontext ist abzuschätzen. Auch lohnt es sich, gerade solchen Aussagen besondere Aufmerksamkeit zu widmen, die sich kritisch mit der jeweiligen Kultur auseinandersetzen. Es geht hier nicht darum, eine *Zeitbedingtheit*

---

[6] Zum literaturwissenschaftlich-kanonischen Ansatz siehe Julius Steinberg, Literatur, Kanon, Theologie. Ein strukturell-kanonischer Ansatz für eine Theologie des Alten Testaments, in: JETh 19 (2005), 93–122.

der biblischen Texte zu postulieren, sondern ihre Zeit*bezogenheit* zu berücksichtigen. Diese hat ihren Grund darin, dass Gott seinen Willen in Raum und Zeit hinein offenbart hat, dass Menschen Gott in ihren jeweiligen historischen Kontexten begegnet sind.[7]

Zu einer historischen Auslegung gehört auch, den eigenen Standpunkt als Bibelleser und Bibelleserin „historisch" wahrzunehmen. Selbstverständlich stehen auch unsere eigenen Positionierungen in kulturellen und auch kirchlich/gemeindlich-soziologischen Zusammenhängen. In der Geschlechterdebatte hat sich im europäischen Raum allein in den letzten fünf Jahrzehnten so viel verändert, dass nicht selten schon das Geburtsjahr eines Theologen einen Hinweis auf seine Positionierung liefert. Umso wichtiger ist eine Methode, die „Textbedingungen" (das, was der Text anbietet) und „Rezeptionsbedingungen" (das, was der jeweilige Leser perspektivisch wahrnimmt) bei der Interpretation gleichermaßen in den Blick nimmt.[8]

## 2.3. Zum Verhältnis zwischen dem Alten und dem Neuen Testament

Das Verhältnis zwischen den beiden Testamenten ist im Blick auf die Gender-Debatte insofern von Brisanz, als das Neue Testament an mehreren Stellen die Unterordnung der Frau fordert, während das Alte Testament ein solches Gebot nicht kennt, sondern die Herrschaft des Mannes über die Frau – ganz im Gegenteil – als Fluch beschreibt. Wie können wir mit dieser Spannung (sofern die nähere Untersuchung sie bestätigen wird) umgehen?

Heute ist es vielfach üblich, das Neue Testament als Fixpunkt zu betrachten, an dem das Alte Testament gemessen wird.[9] Die neutestamentlichen Autoren selbst gehen jedoch umgekehrt vor: Sie setzen die Gültigkeit des Alten Testaments voraus und bauen mit ihren eigenen Ausführungen darauf auf. Genauer gesagt sind zwei Bewegungsrichtungen zu beschreiben:[10]

---

[7] John Bright, The Authority of the Old Testament, 12, 1967, Nd. Grand Rapids 1994, 143–149. Das Verhältnis von Gotteswort und Menschenwort in der Bibel wird auch im evangelikalen Bereich unterschiedlich beschrieben. Zur Spannbreite möglicher Positionierungen siehe beispielhaft Kenton L. Sparks, God's Word in Human Words. An Evangelical Appropriation of Critical Biblical Scholarship, Grand Rapids 2008 und dagegen Eckhard Schnabel, Inspiration und Offenbarung. Die Lehre vom Ursprung und Wesen der Bibel, Wuppertal 1997, bes. 154–160.

[8] Vgl. dazu den Beitrag von Harald Seubert in diesem Band.

[9] So auch das Fazit von Bright nach der Untersuchung der drei „klassischen" Lösungen zum Verhältnis AT-NT. Bright, Authority [wie Anm. 7], 110 f.

[10] Vgl. ebd. [wie Anm. 7], 136 ff.

Zum einen: Jesus und die Apostel erkennen dem Alten Testament bleibende Gültigkeit zu. Dies kommt an einigen Stellen explizit zum Ausdruck (Mt 5,17f.; 2Tim 3,16; 2Petr 1,21; Joh 10,35 u.a.). Darüber hinaus bilden Schriftzitate aus dem Alten Testament einen wichtigen Referenzpunkt in den verschiedenen theologischen Erörterungen. Das Evangelium selbst wird am Alten Testament erläutert (Lk 24,44–47; Apg 8,35). Das Alte Testament ist bleibende Grundlage auch für den christlichen Glauben.

Zum zweiten lässt sich allerdings auch zeigen, dass die Autoren des Neuen Testaments die Botschaft des Alten auf eine gewisse Weise verändern oder transformieren, und zwar indem sie diese durchgängig auf das Evangelium in Jesus Christus beziehen. Von dieser Transformation sind die verschiedenen Themenbereiche des Alten Testaments unterschiedlich stark betroffen. Für den Zweck dieser Untersuchung sind der Sinai-Bund und die Schöpfungstheologie zu betrachten:

Der Sinai-Bund ist dadurch besonders von Veränderungen betroffen, dass Jesus mit seinen Jüngern einen „neuen Bund" geschlossen hat. An den Bund zwischen Gott und Israel sind Christen nicht „vertraglich" gebunden. Gleichwohl bleiben die ethischen Wertmaßstäbe von Bedeutung, die in den Geboten und Gesetzen zum Ausdruck kommen. Altes und Neues Testament geben den Willen des einen Gottes wieder; Jesus ist nicht gekommen, um die Tora zu „verbessern", sondern sie zu „erfüllen".[11] Verschiedene Leitlinien alttestamentlicher Ethik werden außerdem im Neuen Testament wiederholt und damit als gültig vorausgesetzt: die Gottes- und Nächstenliebe;[12] der Dekalog; die Maxime, der Heiligkeit Gottes entsprechend zu leben (z.B. Lev 19,2; Mt 5,48; 1Petr 1,15f.); die Maxime, erfahrene Barmherzigkeit an andere weiterzugeben (Dtn 5,14f.; Mt 18,23–35); der Aufruf, sich von der „Welt" abzugrenzen (Lev 18,3.24f.; Röm 12,2) u.a. Dementsprechend bezieht sich die folgende Untersuchung zur Tora-Gesetzgebung in erster Linie auf deren ethische Wertmaßstäbe.

Die alttestamentliche Schöpfungslehre und Anthropologie werden im Neuen Testament weitgehend als gültig vorausgesetzt. Gleichwohl wird zu fragen sein, ob nicht bei Paulus auch die Anthropologie der Geschlechter vom Evangelium her eine neue Wendung bekommt.

---

[11] Ebd. [wie Anm. 7], 138.
[12] Dazu Herbert Klement, Zum Doppelgebot der Liebe als Summa der Theologie des Alten Testaments, in: ders., Gott erkennen, Menschen verstehen. Alttestamentliche Linien zur Lehre von Gott und zur Anthropologie (Studien zu Theologie und Bibel 15), Münster 2016, 9–42.

Im Folgenden soll die Botschaft des Alten Testaments / der Hebräischen Bibel zum Thema in ihrem eigenen Licht dargestellt werden. Erst am Ende wird der Bezug zum Neuen Testament hergestellt, ohne den eine christliche Auslegung des Alten Testaments nicht abschließend möglich ist.

## 3. Mann und Frau in der Gesetzgebung der Tora

### 3.1. Der Hintergrund der patriarchalischen / patrilinearen Gesellschaft

In der alttestamentlichen Kultur bzw. in den alttestamentlichen Kulturen (berücksichtigt werden die halbnomadische Kultur des 2. Jtsd. v.Chr., die altisraelitische Bauernkultur sowie die nachexilische frühjüdische Kultur der persischen Zeit) agierten nur die Männer juristisch eigenständig. Frauen waren in juristischer Hinsicht jeweils einem Mann zugeordnet, nämlich zuerst dem Vater und später in der Regel dem Ehemann. In den alttestamentlichen Gesetzestexten über Eheschließung, Ehescheidung und vergleichbaren Themen treten jeweils die Männer als die „Entscheider" auf. Der Wille der betroffenen Frau bleibt in den juristischen Formulierungen unberücksichtigt. Auch das Erbrecht lief über die männliche Linie. Des Weiteren waren es in der Regel die Männer, die die leitenden Ämter innehatten. Insofern hatte die damalige Gesellschaftsstruktur offensichtlich einen „patriarchalen" Charakter.

Zunächst einmal fordern uns diese Beobachtungen heraus, ernstzumachen mit dem, was eine schriftgemäße historische Auslegung fordert: den biblischen Text weder vorschnell für eine heutige Sichtweise zu vereinnahmen, noch ihn vorschnell aus heutiger Sicht zu verwerfen, sondern ihn auch in seinem Anderssein zur Kenntnis zu nehmen.

Zum zweiten sollten wir die genannten patriarchalischen Aspekte nicht missverstehen und gar zu einem klischeehaften Feindbild aufbauen. Vielmehr gilt es, das biblische Zeugnis von der damaligen Kultur in seiner Breite wahrzunehmen.[13] Die Erzähltexte des Alten Testaments zeigen beispielsweise eine ganze Reihe von Frauen, die auch in einer juristischen „Männerwelt" initiativ und eigenständig

---

[13] Für eine recht ausgewogene Beschreibung siehe z.B. Irmtraud Fischer, Egalitär entworfen - hierarchisch gelebt. Zur Problematik des Geschlechterverhältnisses und einer genderfairen Anthropologie im Alten Testament, in: Bernd Janowski/Kathrin Liess (Hg.), Der Mensch im Alten Israel. Neue Forschungen zur alttestamentlichen Anthropologie, (HBS 59), Freiburg 2009, 265–298, hier: 274–280.

handeln, die ihre eigenen Ziele verfolgen und erreichen. Insgesamt wurde familiäres Leben von Mann und Frau gleichermaßen gestaltet. Die Formulierung, dass der Mann die Familie nach außen regierte, die Frau dagegen nach innen, trifft nur dann zu, wenn das nicht mit der Unterscheidung öffentlich/privat gleichgesetzt wird, denn die Sphäre des „Hauses" als sozialer Grundeinheit hatte gesellschaftspolitische Relevanz.[14] Mit einer gewissen Vorsicht lässt sich sagen, dass in der altisraelitischen Zeit die juristische Verantwortung des Mannes eher im Sinne einer festgefügten Rollenverteilung als im Sinne einer grundsätzlichen Überordnung des Mannes über die Frau verstanden wurde.

Zu berücksichtigen sind auch die damaligen Rahmenbedingungen: Ohne staatliche Sozialleistungen war das Eingebundensein in familiäre Strukturen überlebensnotwendig; die Altersvorsorge bestand im Großziehen von Nachkommen; statt einem staatlichen Machtmonopol war die Körperkraft der männlichen Familienmitglieder gefragt usw. Dies führte gewissermaßen folgerichtig zu bestimmten festen Rollenverteilungen, die Menschen vom Kontext ihrer Zeit her kaum anders denken konnten – die aber eben auch nicht unkritisch auf ganz andere gesellschaftliche Kontexte heute übertragbar sind.

Zum dritten muss aber, wie oben ausgeführt, zwischen der Bibel als einem Zeugnis vergangener Kulturen und der bleibenden Botschaft der Bibel unterschieden werden. Tatsächlich wird die juristische Abhängigkeit der Frau vom Mann in der Bibel nicht angeordnet. Es gibt durchaus Gesetzestexte, die darauf Bezug nehmen. Ihr Ziel ist jedoch, bestimmte sich aus den damaligen Strukturen ergebende Probleme aufzufangen. So durfte eine Schuldsklavin nach dem Ende ihrer Dienstzeit nicht einfach entlassen werden, weil sie sonst ohne rechtlichen Schutz dagestanden hätte. Ihr Herr musste auch weiterhin Verantwortung für sie übernehmen (Ex 21,7–11).[15] Im Fall von Ehescheidung war ein amtliches Dokument auszustellen, das der Frau Rechtssicherheit gewährte: Ihr früherer Mann durfte nach einer Scheidung keinerlei Ansprüche mehr an sie stellen (Dtn 24,1–4).[16] Eine Ehefrau hatte ein Recht auf Nachkommen und Erhalt der

---

[14] Ebd. [wie Anm. 13], 280.
[15] Christoph Dohmen, Exodus 19–40 (HThKAT), Freiburg 2004, 161 f.
[16] Der eigentliche Zielpunkt des Gesetzes liegt in V. 4: Die Möglichkeit zu Scheidung und Wiederheirat soll nicht missbräuchlich mit dem Ziel des „legalen Ehebruchs" in Anspruch genommen werden. Peter C. Craigie, The Book of Deuteronomy (NIC.OT 5), Grand Rapids 1976, 304.

Familienlinie. Wenn ihr Mann zu früh starb, musste die Familie des Mannes in Form der Schwagerehe für Ersatz sorgen (Dtn 25,5–10; Ruth 4).

Die hinter solchen Gesetzen stehenden Problemlagen sind uns heute fremd. Die Tendenz der Gesetze ist jedoch aussagekräftig: Gegebene gesellschaftliche Strukturen werden zwar nicht aufgehoben, aber von dem Kriterium der (Geschlechter-)Gerechtigkeit her beleuchtet. Konkret wird jeweils nach einem Nachteilsausgleich gesucht. Anschaulich ist auch das Beispiel der fünf Töchter des Zelofhad: Da Zelofhad keinen Sohn hat, droht das Familienerbe verlorenzugehen. Die fünf Töchter beklagen sich bei Mose. Gott gibt ihnen recht und erlässt ein Gesetz, das ihnen den Grundbesitz zusichert (Num 27,1–11). Auch hier wird das Althergebrachte um der Gerechtigkeit willen abgewandelt.

Dass es sich nicht um ad-hoc-Lösungen handelt, sondern dass wir geradezu einem Prinzip der Tora-Gesetzgebung auf der Spur sind, sollen die folgenden Ausführungen zeigen.

## 3.2. Gerechtigkeit, Herrschaftskritik und kollektive Machtstrategie in der Tora

Wer über die Rolle der Frau im Alten Testament redet, hat nicht selten ein bestimmtes Bild der damaligen Gegebenheiten vor Augen: nämlich das einer stark hierarchisch gegliederten Gesellschaft mit einem König an der Spitze. Das durchweg waltende Prinzip ist das der Über- und Unterordnung. Dieses wird folgerichtig auch auf das Verhältnis von Mann und Frau übertragen. Die im Neuen Testament geforderte Unterordnung der Frau fügt sich anscheinend nahtlos in das Bild ein.

Tatsächlich jedoch begegnet das Alte Testament dem Gedanken, dass Menschen Herrschaft über andere Menschen ausüben, mit großer Skepsis. Es ist gerade die Befreiung aus ungerechter Herrschaft, die für das Volk Israel zu einer Grunderfahrung wird. Dies wirkt sich auf alle Bereiche der Tora-Gesetzgebung aus. So eröffnet der Dekalog als wichtigster Gesetzestext mit einem Verweis auf Gottes Befreiungstat als das Vorzeichen, unter dem alle Gebote stehen (Ex 20,2; Dtn 5,6). Die Aufforderung, den Ruhetag auch dem abhängigen Arbeiter zu gewähren, wird mit Israels eigenen Erfahrungen in der Sklaverei begründet (Dtn 5,15).

Direkt auf den Dekalog folgt im Buch Exodus das Bundesbuch (Ex 20,22–23,33), dessen literarischer Aufbau hermeneutisch signifikant ist und zentrale Werte der Tora-Gesetzgebung sichtbar macht. Der Aufbau soll deshalb kurz vorgestellt werden:[17]

| | |
|---|---|
| 20,22–26 | Grundlage: Gottesbeziehung (keine Gottesbilder; heilige Orte) |
| 21,1–11 | Rahmender Wert: Schutz der Schwachen (6 Jahre – 7. Jahr) |
| 21,12–21 | Grenzen: todeswürdige Vergehen |
| 21,22 | geschlechtsspezifisch: Verlust des ungeborenen Kindes |
| 21,23–22,14 | Zentraler Wert: Ausgleichende Gerechtigkeit Anwendungen des zentralen Wertes |
| 22,15–16 | geschlechtsspezifisch: Beischlaf mit einer Unverheirateten |
| 22,17–19 | Grenzen: todeswürdige Vergehen |
| 22,20–23,12 | Rahmender Wert: Schutz der Schwachen (endet mit 6 Jahre – 7. Jahr) |
| 23,13–19 | Grundlage: Gottesbeziehung (keine Fremdgötter; heilige Zeiten) … |

Das Bundesbuch beginnt und endet mit Abschnitten, die Israels Gottesbeziehung thematisieren. Sie bildet die Grundlage für den Bundesschluss. Der darin eingeschlossene Bereich enthält die eigentliche Gesetzgebung, die durch einen Einleitungssatz in 21,1 und einen Schluss-Satz in 23,13a zusätzlich literarisch markiert ist.

Die Gesetzgebung eröffnet mit Vorschriften zur Freilassung von Schuldsklaven im 7. Jahr – ein Vorläufer der Privatinsolvenz – und endet mit Gesetzen zum Sabbatjahr und zum Sabbat, „damit dein Rind und dein Esel ausruhen und der Sohn deiner Magd und der Fremde Atem schöpfen" (23,10–12) – Vorläufer eines Arbeitnehmerschutzgesetzes. Der gesamte Abschnitt 22,20–23,12 handelt vom Schutz der Benachteiligten. Offensichtlich ist Walter Brueggemann zuzustimmen, der die „Exodus Obedience" als eine Säule bezeichnet, auf der die gesamte

---

[17] Meine Analyse baut auf der von Dohmen, Exodus 19–40 [wie Anm. 15], 148–150, auf, mit Veränderungen in der Zuordnung von Ex 22,20–23,9.

Gesetzgebung der Tora ruht.[18] Nicht das Befestigen von Machtstrukturen, sondern die „emanzipatorische Kraft"[19] der Exoduserfahrung, die für ein freieres, gerechteres Zusammenleben sorgen will,[20] ist Kernanliegen der Tora-Verfassung.

Zentral steht im Bundesbuch das Prinzip der Wiederherstellung von Gerechtigkeit durch angemessene Entschädigung. Dieses ist über die Talionsformel „Auge um Auge..." formuliert, die im übertragenen Sinn verstanden wird, wie die nachfolgenden Anwendungsfälle zeigen (21,23–22,14).[21]

Der zentrale Abschnitt ist zweifach gerahmt mit Gesetzen zu todeswürdigen Vergehen und zu geschlechtsspezifischen Themen. Bei einer linearen Leseweise wechseln die Themen besonders in Kap. 22 abrupt und unvorhersehbar; die Annahme einer konzentrischen Bauform, wie oben dargestellt, kann die Anordnung der Gesetzestexte dagegen schlüssig erklären. Auf die geschlechtsspezifischen Fälle wird noch einmal zurückzukommen sein.

Es gibt ein einziges zwischenmenschliches Autoritätsverhältnis, das die Tora ohne Einschränkung anerkennt, nämlich die Autorität von Eltern gegenüber ihren Kindern. Das Gebot, die Eltern zu ehren, ist im Dekalog aufgenommen (Ex 20,12; Dtn 5,16) und wird an einer ganzen Reihe von Stellen bekräftigt (Ex 21,15.17, Lev 19,3; 20,9; Dtn 21,18 f.; 22,15; 27,16; vgl. auch Spr 1,8; 6,20; 15,20; 19,26; 20,20; 23,22; 28,24; 30,11.17).

Die Skepsis des Alten Testaments gegenüber menschlicher Herrschaft wird exemplarisch sichtbar am Königtum. So benennt das Königsgesetz in Dtn 17,14–20 anders als zu erwarten keine königlichen Rechte, sondern befasst sich ausschließlich mit der Kontrolle und Beschränkung königlicher Macht. Das Richterbuch sowie die Samuel- und Königebücher handeln von Schuld und Scheitern ihrer Protagonisten und zeigen die Ambivalenz menschlicher Herrschaft auf. Diese „antiherrschaftliche Tendenz"[22] unterscheidet das alttestamentliche politische Denken vom Ansatz her diametral von den Ständegesellschaften in der Umwelt Israels wie auch von der mittelalterlichen und frühneuzeitlichen europäischen Gesellschaft.

---

[18] Walter Brueggemann, Theology of the Old Testament. Testimony, Dispute, Advocacy, Minneapolis 1997, 200.
[19] Ebd. [wie Anm. 18], 200.
[20] Rainer Albertz, Religionsgeschichte Israels in alttestamentlicher Zeit, Bd. 1: Von den Anfängen bis zum Ende der Königszeit, Bd. 2: Vom Exil bis zu den Makkabäern (GAT 8/1–2), Göttingen 1992, hier: Bd. 1, 78.
[21] So auch Dohmen, Exodus 19–40 [wie Anm. 15], 165.
[22] Albertz, Religionsgeschichte, Bd.1 [wie Anm. 20], 78.

Joshua Berman zeigt in einer aktuellen Studie auf,[23] dass der Machtausgleich zwischen den verschiedenen Interessengruppen innerhalb der israelitischen Gesellschaft ein Prinzip der Tora-Verfassung darstellt. Immer ist es das Volk bzw. der einzeln mit „Du" angeredete Israelit, von dem die eigentliche Macht ausgeht. Das Volk bestimmt über die Einsetzung eines Königtums (Dtn 17,14). Es trägt die Verantwortung dafür, Richter einzusetzen, und soll die Rechtmäßigkeit der Gerichtsprozesse überwachen (Dtn 16,18–20). Auf Propheten soll das Volk durchaus hören, zugleich aber ihre Ansprüche überprüfen (Dtn 18,15–22; Dtn 13,2–6). Machtmissbrauch durch die Priesterschaft wird dadurch eingedämmt, dass Priester Leitungsverantwortung mit anderen teilen müssen: das Hohe Gericht besteht aus Priestern und weiteren Richtern (17,9.12; 19,17); die Kriegsvorbereitung wird durch Priester und Offiziere vorgenommen (20,1–9); das siebenjährliche Fest organsiert durch Priester und Älteste (31,9–10).[24] Während die Tora also der Unterschicht besondere Schutzrechte gewährt, wird die Macht der Oberschicht begrenzt und reguliert.

Nicht nur die politischen Strukturen, auch die wirtschaftlichen Gegebenheiten sind im Blick: Den Priestern und Leviten ist Landbesitz verboten und der Anhäufung wirtschaftlicher Macht beim Priestertum damit ein Riegel vorgeschoben – anders als in Mesopotamien oder Ägypten, wo Tempelbetriebe als Großgrundbesitzer fungierten und das Bankwesen in der Hand hatten. Im alten Israel blieben Priester und Leviten dauerhaft finanziell vom Volk abhängig. Überhaupt ist Großgrundbesitz verboten, das Land ist den einzelnen Familien zugeteilt. Abgaben für das Königshaus sieht die Tora nicht vor; Erlassjahr und Jubeljahr sollen verhindern, dass sich die Schere zwischen Arm und Reich immer weiter öffnet.[25]

Der Bund, den Gott mit Israel schließt, hat die im 2. Jtsd. v.Chr. übliche Form eines Vasallenvertrags zwischen einem übergeordneten und einem untergeordneten König. Berman stellt die Frage, wer in der Tora-Gesetzgebung die Rolle des untergeordneten Königs einnimmt. Er kommt zu dem Schluss, dass es sich um den mit „Du" angeredeten „common man" in Israel handelt, also den gewöhnlichen Israeliten. Für Israel gilt, so verstanden, das „allgemeine Königtum" (Ex 19,6; vgl. Gen 1,26.28); die Macht geht also vom Volk aus bzw. wird von

---

[23] Joshua A. Berman, Created Equal. How the Bible Broke with Ancient Political Thought, Oxford 2008.
[24] Ebd. [wie Anm. 23], 59–73.
[25] Ebd. [wie Anm. 23], 89–107.

Gott dem Volk zugesprochen. Berman spricht in diesem Zusammenhang von einer kollektiven Machtstrategie, die er der typisch altvorderorientalischen exklusionären Machtstrategie (Herrschaftspyramide) gegenüberstellt.[26]

Die politische und wirtschaftliche Ethik des Alten Testaments ist also in tiefgreifender Weise von den Werten der Freiheit, der Gleichheit und der Gerechtigkeit bestimmt. Historisch-soziologisch wie auch theologisch ist dies zu begründen mit der Sklaverei in Ägypten.[27] So wie Grundwerte der deutschen Verfassung auch als bewusste Gegenkonzeption zu der menschenverachtenden Ideologie des Nationalsozialismus formuliert wurden, formiert sich das alte Israel als ein Volk freier Familien in einer Gegenkonzeption zu der Erfahrung ungerechter menschlicher Herrschaft.

## 3.3. Gleichbehandlung von Mann und Frau in der Tora-Gesetzgebung

Augenfällig ist, dass sich weder in Dtn 16,18–18,22, dem Abschnitt über Autoritäten, noch an irgendeiner anderen Stelle der Tora ein Gebot zur Unterordnung der Frau unter den Mann findet.

Man könnte zwar einwenden, dass es nur deshalb kein Gebot gibt, weil die patriarchale Familienstruktur so selbstverständlich war, dass es keines Gebotes bedurfte. Doch das Argument ist nicht schlüssig: Auch die Autorität von Eltern über Kinder wäre in diesem Sinne selbstverständlich, dennoch wird sie in der Tora häufig thematisiert. Wie oben dargestellt, nimmt die Tora Herrschaft von Menschen über Menschen grundsätzlich nicht als Selbstverständlichkeit hin, sondern reflektiert und problematisiert sie. Die Herrschaft des Mannes über die Frau bildet hier tatsächlich auch keine Ausnahme. Sie wird bereits in Gen 3,16 eingeführt, und zwar als ein Problem – was nach den vorangehenden Ausführungen nicht überraschen muss.[28]

---

[26] Ebd. [wie Anm. 23], 40–44.53–56.
[27] So von religionsgeschichtlicher Seite auch Albertz, Religionsgeschichte, Bd. 1 [wie Anm. 20], 76, der in der biblischen Exodus-Tradition immerhin eine älteste authentische Schicht sieht.
[28] Von einem Gebot zur Unterordnung der Frau erzählt das Estherbuch, allerdings ironisch: Der persische König Ahasveros benutzt sein revolutionäres Postsystem – offenbar sein Lieblings„spielzeug" – um alle Frauen im Land per Brief anzuweisen, ihren Männern Ehre zu geben (Est 1,20.22). Das Gespräch mit der eigenen Ehefrau gelingt ihm hingegen nicht.

Berman befasst sich in seiner Untersuchung kurz mit der Frage, ob die Gesetzgebung der Tora sich allein an Männer richtet oder auch an Frauen.[29] Er benennt Aspekte patriarchaler Kultur, sieht in der Anrede „Du" an das Volk aber Frauen mitgemeint. Einen Beleg findet er im Zusammenhang mit dem Sabbatgebot:

> ... aber der siebte Tag ist Sabbat für den HERRN, deinen Gott. Du sollst an ihm keinerlei Arbeit tun, du und dein Sohn und deine Tochter, dein Knecht und deine Magd und dein Vieh und der Fremde bei dir, der innerhalb deiner Tore wohnt (Ex 20,10; vgl. Dtn 5,14).

Dass die Ehefrau nicht unter den abhängigen Personen aufgezählt wird, lässt sich nur auf eine Weise sinnvoll erklären: Sie bildet zusammen mit ihrem Mann den Hausvorstand und wird mit dem „Du" der Gesetzesformulierung direkt angeredet.

Explizit werden Mann und Frau überall da gemeinsam genannt, wo es um ihre Autorität als Eltern geht. Das gilt für das in der Tora häufig wiederholte Gebot, Vater und Mutter zu ehren (Belegstellen siehe oben; Lev 19,3 hat als Besonderheit die Reihenfolge „Mutter und Vater"), aber auch in bei Problemen mit Kindern: Hier haben Vater und Mutter gemeinsam vor den Ältesten der Stadt zu erscheinen (Dtn 21,18f.; 22,15). Dies unterstreicht die Ansicht, dass Mann und Frau gemeinsam den Hausvorstand bildeten.

Unstrittig ist, dass die ethischen Forderungen der Tora-Gesetzgebung gleichermaßen für Männer wie für Frauen gelten und dass in der Wertigkeit von Mann und Frau vor dem Gesetz keine Unterschiede gemacht werden. Eine Reihe von Gesetzestexten nennen beide auch explizit nebeneinander (Ex 21,28 „Wenn ein Rind einen Mann oder eine Frau stößt..."; Num 5,6 „Wenn ein Mann oder eine Frau eine Sünde tut..." u.v.a.). Das gilt auch im kultischen Bereich: Die freiwilligen Gaben, die für den Bau der Stiftshütte benötigt werden, kommen von Männern und Frauen („die Söhne Israel, alle Männer und Frauen, deren Herz sie antrieb, zu dem ganzen Werk beizutragen" Ex 35,21–29). Auch kultische Unreinheit kann Frauen und Männer gleichermaßen betreffen, wie einleitende und ausleitende Formulierungen hervorheben (Lev 13,29.38 „ein Mann oder eine Frau"; 15,33 „es sei Mann oder Frau"; Num 5,3 wörtl. sogar „von männlich bis

---

[29] Berman, Created Equal [wie Anm. 23], 13f. Zur einer Abwägung der Rolle von Frauen in Bezug auf biblische Bundesschlüsse siehe Sabine Van Den Eynde, Between Rainbow and Reform. A Gender Analysis of the Term berith in the Hebrew Bible, in: ZAW 116 (2004), 409–415, bes. 412ff.

weiblich"). Die Frauen sind in diesen Stellen keineswegs nur „mitgemeint" – im Gegenteil: Die Belege zeigen ein Bewusstsein und ein Gespür für die Frage der Geschlechtergerechtigkeit.

## 3.4. Unterschiedliche Behandlung von Mann und Frau in der Tora-Gesetzgebung

Es gibt jedoch auch einige Gesetze, die zwischen den Geschlechtern unterscheiden. Diese fallen in drei Bereiche:

Einige Texte befassen sich mit geschlechtsspezifischen Besonderheiten wie Schwangerschaft oder z.B. geschlechtsspezifische Formen von Unreinheiten bei Mann und Frau (Samenerguss bzw. Monatsregel). Hier wird aus naheliegenden Gründen zwischen den Geschlechtern unterschieden. In der oben dargestellten literarischen Struktur des Bundesbuches bilden geschlechterspezifische Gesetze in Ex 21,22 und 22,15 f. einen eigenen Ring. Wenn die Analyse korrekt ist, bedeutet das einen bewussten Umgang mit der Kategorie der gender-spezifischen Gesetze. Inhaltlich ist zu beachten, dass die beiden Gesetze im Kontext der Entschädigungsthematik stehen und sich auf diesen Aspekt beschränken.

Ein zweiter Bereich sind Gesetzestexte über sexuelle Vergehen. Diese stellen durchgehend den Mann, das „starke Geschlecht", als den dominanten Part im Geschehen dar. Die Formulierungen richten sich meist ausschließlich an Männer (z.B. Lev 18; 20). Die für heutige Leser irritierende einseitige Darstellungsweise bei der Fall*beschreibung*[30] führt aber nicht zu einer Parteilichkeit in der Fall*bewertung*. Bei Ehebruch etwa wird die Schuld bei beiden Beteiligten gesehen (Dtn 22,22). Der Unterschied zwischen Ehebruch und Vergewaltigung wird daran festgemacht, ob die Frau versucht hat, durch Schreien auf sich aufmerksam zu machen (Dtn 22,23–27).[31] Geschlechtergerechtigkeit wird in diesen Fällen nicht durch Gleichbehandlung angestrebt, sondern durch Eingehen auf die „unterschiedliche Lebenswirklichkeit" von Männern und Frauen. Der Beurteilungsmaßstab bleibt gleichwohl eine Gerechtigkeit, die keines der Geschlechter dem anderen vorzieht.

---

[30] Heute sind entsprechende Gesetzestexte in geschlechtsneutralen Formulierungen gehalten, z.B. „Wer eine andere Person ... nötigt", § 177 StGB.
[31] Dazu auch Fischer, Egalitär entworfen [wie Anm. 13], 284.

Ein dritter Bereich sind die Gesetze, die sich auf patriarchalische Gesellschaftsstrukturen der damaligen Zeit beziehen und die eingangs in Kap. 3.1 besprochen wurden.

Insgesamt lässt sich sagen: In seinen Konkretionen besteht zwischen dem alttestamentlichen Gesellschaftsideal und der modernen Forderung nach „Geschlechtergerechtigkeit" sicherlich eine Kluft. Den direkten Vergleich zu ziehen und die Vergangenheit an der Gegenwart zu messen ist angesichts der großen Unterschiede bei den gesellschaftlichen Rahmenbedingungen damals und heute auch nicht angemessen.

Auf der anderen Seite ergibt sich aber die durchaus überraschende Erkenntnis, dass im Blick auf die Grundwerte deutliche Übereinstimmungen bestehen: ein deutliches Bewusstsein für die Problematik von Herrschaftsstrukturen; das Streben nach Freiheit von Unterdrückung und nach Gerechtigkeit, und zwar zumindest an einigen Stellen explizit auch die zwischen den Geschlechtern – wobei diese im Alten Testament wie heute fallweise auf zwei Wegen angestrebt wird: in der betonten Gleichbehandlung vor dem Gesetz oder auch in der Berücksichtigung der unterschiedlichen Lebenswirklichkeit der Geschlechter.

Insofern ist eine grundsätzliche christliche Skepsis gegenüber den aktuellen politischen Entwicklungen mit Blick auf den alttestamentlichen Befund offensichtlich nicht angebracht. Im Gegenteil: Das Streben nach mehr Gerechtigkeit zwischen den Geschlechtern kann sogar als Teil eines göttlichen gesellschaftspolitischen Auftrags beschrieben werden, wie er im Alten Testament niedergelegt ist. Auch, dass zurzeit neben Mann und Frau weitere Gruppen z.B. aus dem Bereich Transgender *ihre* gerechte Behandlung und Berücksichtigung einfordern, lässt sich in mancher Hinsicht von den alttestamentlichen Werten her rechtfertigen: Sie fordern auf, diejenigen zu schützen, die von der überkommenen Gesellschaftsstruktur ausgegrenzt werden.

Allerdings tun sich bei der Frage des Menschenbildes auch deutliche Unterschiede zwischen dem christlichen Glauben und den aktuellen Entwicklungen auf. Hierzu ist ein Blick in die biblische Urgeschichte notwendig.

# 4. Mann und Frau in der Urgeschichte Gen 1–11

## 4.1. Die literarisch-theologische Gesamtanlage der Urgeschichte und ihre Bedeutung

Die Urgeschichte bildet, literarisch gesehen, die Eröffnung der Tora. Nicht nur chronologisch, sondern auch theologisch ist sie der Toraverfassung vorgeordnet. Sie stellt somit die Tora-Gesetzgebung in den größeren Bezugsrahmen von Schöpfungslehre und Anthropologie.

Die Urgeschichte präsentiert ihre theologischen Grundlegungen nicht statisch, sondern in Form eines dynamischen Wechselgeschehens. Bekannt ist, dass die Paradiesgeschichte Schöpfung und Fall, Ideal und gebrochene Wirklichkeit einander gegenüberstellt. Dies gilt im größeren Rahmen auch für die Urgeschichte insgesamt: Verschiedene Ereignisse werden jeweils doppelt berichtet, um eine Wahrnehmung aus mehreren Blickwinkeln zu ermöglichen (aspektive Darstellung). Dabei werden Segen und Fluch einander gegenübergestellt:[32]

2x Erschaffung des Menschen

| | |
|---|---|
| *Gen 1*<br>Schöpfung | *Aspekt*: göttliche Ordnung und Verheißung, dreifacher Segen |
| *Gen 2–4*<br>Paradies; Sündenfall; Brudermord | *Aspekt*: Dynamik der Beziehungen, Sünde, dreifacher Fluch |

2x Vermehrung der Menschen von Adam bis Noah

| | |
|---|---|
| *Gen 5*<br>Genealogie Adam-Noah | *Aspekt*: göttliche Ordnung, Erfüllung der göttlichen Verheißung |
| *Gen 6,1–8*<br>Engelehen; allgemeine Sündhaftigkeit | *Aspekt*: Dynamik der Beziehungen, Sünde |

2x Entstehung der Völkerwelt

| | |
|---|---|
| *Gen 10*<br>Völkertafel | *Aspekt*: göttliche Ordnung, Erfüllung der göttlichen Verheißung |
| *Gen 11,1–9*<br>Turmbau zu Babel | *Aspekt*: Dynamik der Beziehungen, Sünde |

---

32 Julius Steinberg, Architektonische Bauformen als Mittel der literarischen Kommunikation am Beispiel von Gen 1–4, in: Walter Hilbrands (Hg.), Sprache lieben - Gottes Wort verstehen. Beiträge zur biblischen Exegese. FS H. von Siebenthal, Gießen 2011, 51–73, hier: 67–71.

Nicht nur die Erschaffung des Menschen wird doppelt berichtet, sondern auch die Vermehrung der Menschheit im Zeitraum von Adam bis Noah sowie die Entstehung der Völkerwelt nach der Sintflut. Der jeweils erste Abschnitt vermittelt Struktur und Ordnung. Er bezieht sich auf den göttlichen Segen und den Auftrag „vermehrt euch und füllt die Erde". Dem zugeordnet ist jeweils ein erzählender Abschnitt, der von der Dynamik menschlicher Beziehungen und der Eigenständigkeit menschlichen Handelns geprägt ist. Im Zentrum steht jeweils eine Grenzüberschreitung zwischen dem menschlichen und dem göttlichen Bereich (Griff nach der verbotenen Frucht; Engelehen; Turmbau zu Babel). Nach dem Scheitern ist es jeweils einer von drei Söhnen, mit dem eine Linie neuer Hoffnung beginnt (Abel, Kain, <u>Set</u>; Jafet, Ham, <u>Sem</u>; Nahor, Haran, <u>Abram</u>).

Die literarische Struktur der Urgeschichte ist sehr bedeutsam im Blick auf ihre Botschaft. Sie beschreibt eine Spannung zwischen dem göttlichen Ideal und der gebrochenen Wirklichkeit. Diese Spannung erfordert meiner Ansicht nach eine spezifische Form von Ethik: Es gilt, dem Ideal nachzustreben und *zugleich* mit den Gebrochenheiten als eine Realität umzugehen. In diesem Zusammenhang lässt sich der Begriff der „Notordnungen" verwenden (für die einige der oben behandelten alttestamentlichen Gesetze als Beispiele gelten können). Allgemeiner ist von einer „Leitbildethik" zu sprechen.

### 4.2. Die intendierte Polarität der Geschlechter nach Gen 1

> Und Gott schuf den Menschen nach seinem Bild,
> nach dem Bild Gottes schuf er ihn;
> männlich und weiblich schuf er sie.
> (Gen 1,27)

Die dreimalige Verwendung des göttlichen ברא (*br'* „er schuf") unterstreicht die Wichtigkeit der Aussage, die als dreifacher Parallelismus der Verszeilen angelegt ist. Der Vers benennt als ein Grundcharakteristikum des Menschseins die Polarität der Geschlechter. Der hebräische Text verwendet nicht die Substantive Mann und Frau, sondern die Adjektive זָכָר (*zākār* „männlich") und נְקֵבָה (*nᵉqebāh* „weiblich"). Gedacht ist hier also nicht an zwei Individuen, sondern an die generelle Tatsache, dass es das Menschsein grundsätzlich in der männlichen und weiblichen Form gibt. Die beiden Begriffe, die in der Bibel auch auf Tiere angewendet werden, implizieren keine sozialen Konstruktionen von Geschlechtlichkeit.[33]

---

[33] Fischer, Egalitär entworfen [wie Anm. 13], 267.

Die Existenz des Menschen als männlich und weiblich führt unmittelbar zu der Aussage „seid fruchtbar und vermehrt euch" (V. 28). Sein und Handeln des Menschen werden hier in einem Kontinuum gesehen. Dahinter steht, dass Gen 1 nicht einfach Natur beschreibt, sondern absichtsvolles Schöpfungshandeln Gottes. Heterosexualität, Fruchtbarkeit und Vermehrung sind daher auch nicht eine Option, sondern die Intention bei der Erschaffung des Menschen als männlich und weiblich.

Der Satz in V. 28 ist eingeleitet mit „Und Gott segnete sie und Gott sprach zu ihnen". Demzufolge handelt es sich nicht um eine Anweisung, sondern in erster Linie um einen Segenszuspruch (nur so kann auch der analoge Ausspruch über die Tierwelt in Gen 1,22 verstanden werden). Das Geschaffensein als männlich und weiblich eröffnet dem Menschen, mit B. Wannenwetsch gesprochen, einen „Daseinsraum" der Sexualität.[34] Die entsprechenden biologischen und psychischen Anlagen dürfen und sollen entfaltet werden hinein in eine heterosexuelle Paarbeziehung, die für Nachwuchs offen ist.

Wer die Welt als Schöpfung begreift, wird in Bezug auf Sexualität grundsätzlich anders argumentieren als materialistische Ansätze, die aus dem in der Natur Vorgefundenen keine Intentionalität ableiten und das Handeln des Menschen daher einer größeren Beliebigkeit anheimstellen. Die Vorstellung einer Vielzahl von frei wählbaren Geschlechteridentitäten lässt sich mit der alttestamentlichen Schöpfungstheologie nicht verbinden.

Entsprechend der oben beschriebenen aspektiven Darstellungsweise innerhalb der Urgeschichte ist allerdings noch ein weiteres zu beachten: Die Polarität der Geschlechter wird dem Ursprünglichen, dem Idealen, dem Intentionalen der Schöpfung zugerechnet. Nicht ausgesagt wird, dass es sich dabei um die allein denkbare Existenzweise von Menschsein handelt. Insofern darf auch angesichts des Ideals zur Kenntnis genommen werden, dass es beispielsweise Menschen gibt, die weder Mann noch Frau sind oder die Anteile von beidem haben, die sich als Mann im Frauenkörper oder Frau im Männerkörper empfinden oder die homosexuell, bisexuell oder asexuell veranlagt sind. Diese entsprechen im Blick auf ihre Sexualität nicht dem Leitbild von Gen 1, was jedoch keinesfalls mit persönlicher Schuld gleichgesetzt werden darf. Das Tora-Prinzip der Gerechtigkeit leitet

---

[34] Bernd Wannenwetsch, Die Freiheit der Ehe. Das Zusammenleben von Frau und Mann in der Wahrnehmung evangelischer Ethik (Evangelium und Ethik 2), Neukirchen-Vluyn 1993, 2 f.

dazu an, die „unterschiedliche Lebenswirklichkeit" auch dieser Gruppen zu respektieren. Die Urgeschichte vermittelt in ihrer Gesamtanlage die Botschaft, dass die Spannung zwischen Leitbild und erlebter Wirklichkeit im jetzigen Äon nicht aufgelöst werden kann – in keine der beiden Richtungen: Weder dürfen wir die Betroffenen marginalisieren, noch können solche Abweichungen aus biblischer Sicht einfach als eine neue Form von Normalität gelten. Christliche Lehre sollte es sich nicht einfacher machen als die Bibel selbst es tut, weder nach der einen noch nach der anderen Richtung.

### 4.3. Die gemeinsame Herrschaft von Mann und Frau nach Gen 1

Der erste Satz der Bibel benennt die Grundbeziehung jüdisch-christlichen Glaubens: die Beziehung zwischen Schöpfer und Geschöpf. Diese umfasst die beiden Aspekte der Herrschaft und der Gemeinschaft.[35] In Gen 1,1–2,3 geht es um die Herrschaft Gottes als Weltschöpfer. (In Gen 2–3 steht dagegen der Gemeinschaftsaspekt im Vordergrund.) Auf die Herrschaft Gottes bezieht sich die stellvertretende Herrschaft des Menschen (1,26–28) zurück.

Der Begriff der Gottesebenbildlichkeit in Gen 1,26 f. wird meinem Eindruck nach gerne als eine Art Chiffre verwendet, um diejenigen theologischen Inhalte zu platzieren, die man an dieser Stelle erwartet (etwa eine Aussage zur Beziehung zwischen Gott und Mensch). Schriftgemäße historische Exegese fragt jedoch nach Bezugspunkten für die ursprünglichen Leser. Zwei solcher kulturellen Bezüge sind aufschlussreich:[36] Zum einen bezeichnet der hier verwendete Begriff צֶלֶם (ṣælæm „Bild") gewöhnlich auch Götterbilder. Diese wurden nicht primär als Abbildungen, sondern vielmehr als wirkmächtige Repräsentanten der jeweiligen Gottheit verstanden. Zum zweiten bezeichnen sich im Alten Vorderen Orient Könige als „Ebenbild" eines Gottes, woraus sie ihren Herrschaftsanspruch ableiteten. So verstanden sagt Gen 1,26 f. aus, dass nicht Götzenbilder, sondern der Mensch Gottes Repräsentant auf Erden ist, und dass nicht ein menschlicher König, sondern jeder einzelne Mensch zur Statthalterschaft Gottes berufen ist. Diese funktionale Interpretation der Gottesebenbildlichkeit ist die einzige, die auch vom

---

[35] Mit Georg Fohrer, Der Mittelpunkt einer Theologie des Alten Testaments, in: ThZ 24 (1968), 161–172.
[36] Das folgende mit Gordon Wenham, Genesis 1–15, (WBC 1), Waco 1987, 30–32, und Bernd Janowski, Die lebendige Statue Gottes. Zur Anthropologie der priesterlichen Urgeschichte, in: ders., Die Welt als Schöpfung. Beiträge zur Theologie des Alten Testaments 4, Neukirchen-Vluyn 2008, 140–171.

literarischen Kontext gestützt wird: Sowohl in 1,26 als auch in 1,27 f. sind Gottesebenbildlichkeit und Herrschaftsauftrag unmittelbar miteinander verknüpft.

Wie bei der Geschlechtlichkeit, so ist also auch im Blick auf die Gottesebenbildlichkeit das Sein des Menschen intentional gedacht und mit Möglichkeiten, Befugnissen und Verantwortlichkeiten verknüpft. Eine politische Konkretion findet der Herrschaftsauftrag in der oben dargestellten „kollektiven Machtstrategie" der Tora-Verfassung.

Eine Unterordnung der Frau unter den Mann wird an dieser Stelle nicht vorgenommen. Dies ist ein „lautes Schweigen" angesichts der Tatsache, dass Gen 1 durchgehend mit den Themen Herrschaft, Ordnung, Struktur usw. befasst ist. In der Frage der Herrschaft über das gesamte Gotteswerk sind Mann und Frau nebeneinander genannt.[37] Eine Autoritätsbeziehung besteht zwischen Gott und Mensch, nicht aber zwischen Mann und Frau. Mann und Frau nehmen die Funktion der Statthalterschaft Gottes gemeinsam und in gegenseitiger Ergänzung wahr.

*4.4. Segen und Fluch von Geschlechterrollen in Gen 2–3*

Während in Gen 1 alle Initiative von Gott ausgeht, nimmt Gen 2–4 die Eigenständigkeit der von Gott geschaffenen Wesen in den Blick. Verschiedene Beziehungen entstehen und geraten in Krisen: Die Beziehung Gott-Mensch, Mensch-Tier, Mann-Frau und Bruder-Bruder. In Gen 2–3 ergänzen sich Benennungen und Beschreibungen zu einem grundlegenden Bild dessen, was Menschsein charakterisiert:

---

[37] So auch Fischer, Egalitär entworfen [wie Anm. 13], 268.

|  | Mensch, Mann | Frau | |
|---|---|---|---|
| Benennung | „Ackerling" אָדָם 'ādām vgl. אֲדָמָה 'adāmāh Ackerboden | „Männin" אִשָּׁה 'iššāh vgl. אִישׁ 'îš Mann | „Leben" חַוָּה ḥawwāh (Eva) vgl.; חָיָה ḥayāh / ḥawāh leben |
| Rolle | Ackerbau, Gartenbau | Beziehung zum Mann | Leben schenken |
| Belastung auf Rolle | Dornen und Disteln | Herrschaft des Mannes | Schmerzen der Geburt |
|  | vom Ackerboden genommen, wird wieder zum Ackerboden zurückkehren | | |

*Tabelle 1: Menschsein nach Gen 2–3*

Der Mensch wird durch die Verknüpfung der Worte „'ādām" (Mensch) und „'ᵃdāmāh" (Ackerboden) als „Ackerling" charakterisiert, der vom Ackerboden genommen ist, den Ackerboden bebauen wird und (nach dem Sündenfall) wieder zum Ackerboden zurückkehren wird. Die Aussagen gelten zunächst für Mann und Frau gleichermaßen, der Ackerbau wird später (Gen 3,17) auf den Mann hin konkretisiert. Die Bezeichnung „Mann" fällt da zum ersten Mal, wo auch von der Frau die Rede ist.

Die Frau wird zweimal benannt: einmal als „iššāh" (Frau), die grammatisch weibliche Form zu „îš" (Mann), was die Zugehörigkeit der Frau zum Mann ausdrückt, und einmal als „ḥawwāh" (Leben), weil sie diejenige ist, die neues Leben zur Welt bringt.

Erst wenn das Verständnis der Geschlechterrollen in dieser Weise geklärt ist, lässt sich die Tragweite der Schuldsprüche einordnen, die nämlich jeweils einer Rolle zugeordnet sind: die dem Mann zugedachte Rolle des Ackerbaus wird mit Dornen und Disteln belastet; die Rolle der Frau, Beziehungen zu gestalten, wird mit der Herrschaft des Mannes belastet; ihre Rolle als Lebensgeberin mit den Mühen der Geburt. Vielleicht darf man dann auch folgern, dass die Schuldsprüche insgesamt *pars pro toto* für die nach dem Sündenfall erschwerten Lebensbedingungen zu verstehen sind. Die Erschwernis wird im Hebräischen als עִצָּבוֹן 'iṣṣābôn „Mühsal" (bei Mann und Frau) sowie mit dem verwandten עֶצֶב 'æṣæb

„Mühe" (nur bei der Frau – von „Schmerzen" ist nicht die Rede) bezeichnet. Es liegt also eine Parität in den Folgen des Sündenfalls für Mann und Frau vor.[38]

Gen 2-3 formuliert in einer allgemeinen Weise bestimmte typische Rollen von Mann und Frau und deren Belastungen in einer gefallenen Welt. Es geht bei den Rollen sicher nicht um Vorgaben für den Einzelnen und die Einzelne, sondern vielmehr um eine auch statistische Wahrnehmung einer „typisch männlichen" Sachorientierung und einer „typisch weiblichen" Beziehungsorientierung.

Diese Unterscheidung kann allerdings noch durch die Beobachtung ausgeweitet werden, dass die Paradies-Geschichte konkret zwar vom ersten Mann und der ersten Frau handelt, in der abstrakten Begrifflichkeit jedoch durchgehend die Kategorisierung *Mensch*-Frau verwendet. Damit wird das Frausein nicht in erster Linie als Gegenüber zum Mannsein beschrieben, sondern eher als spezifischer Aspekt des *Mensch*seins.[39] Nicht der Mann, sondern der Mensch ist ein „Ackerling" – somit gilt die Sachorientierung nicht nur für Männer. Mit der Frau kommt zum Menschsein das In-Beziehung-Sein hinzu – ohne damit auszusagen, dass nur Frauen beziehungsorientiert wären.[40]

*4.5. Aussagen zur Zuordnung von Mann und Frau in Gen 2–3*

Nach Gen 2,18–24 ist die Frau dem Mann als Gegenüber gegeben. Die Lutherübersetzung „Gehilfin" ist unglücklich. Untersucht man die biblischen Vorkommen des Wortes עֵזֶר *'ezær* „Hilfe", so zeigt sich, dass nicht derjenige stark ist, der Hilfe braucht, sondern der Hilfe ist (z.B. Ex 18,4; Ps 62,3).[41] Insofern wird eine Zuordnung, nicht aber eine Unterordnung zum Ausdruck gebracht.[42] Auch die Erschaffung der Frau aus der Rippe bzw. Seite des Mannes drückt in erster Linie eine Zuordnung „Seite an Seite" aus.[43]

Die Frau ist um des Mannes willen geschaffen, sie ist also ihm zugeordnet; der Mann wiederum „hängt" sich an die Frau, ordnet sich also ihr zu. Insgesamt

---

38  Ebd. [wie Anm. 13], 270.
39  Diese Besonderheit wird auch in der feministischen Auslegung hervorgehoben, wie z.B. Jerome Gellman, Gender and Sexuality in the Garden of Eden, in: Theology and Sexuality 12 (2006), 319–336, hier: 322, dokumentiert.
40  Diese Beobachtung findet sich nicht nur in der heutigen feministischen Auslegung. Bereits im Midrasch wird die Vorstellung geäußert, der Mensch wäre zunächst bisexuell geschaffen und erst anschließend auf die zwei Geschlechter aufgeteilt worden. Vgl. Wenham, Genesis 1–15 [wie Anm. 36], 33.
41  Fischer., Egalitär entworfen [wie Anm. 13], 268 f.
42  Siehe die Diskussion bei Gellman, Gender and Sexuality [wie Anm. 39], 329 f.
43  Z.B. U. Cassuto und M. Henry nach Wenham, Genesis 1–15, 69.

liegt also eine Wechselseitigkeit vor. Keiner der beiden steht für sich, sondern jeder der beiden wird auf den anderen bezogen. Die beiden werden „ein Fleisch": Sie sind von nun an miteinander verwandt, auch im juristischen Sinne, und stehen in Solidarität zueinander (zur Idiomatik „ein Fleisch" siehe Gen 29,14; 37,27; 2Sam 5,1; Ri 9,2; Neh 5,5).[44] Damit erfolgt die Loslösung vom Elternhaus (Gen 2,24a).

Dass Adam seine Frau benennt, kann als ein Ausüben von Autorität verstanden werden.[45] In diesem Zusammenhang wird gerne auf die Beispiele verwiesen, wo altorientalische Herrscher Untergebenen neue Namen gaben, um ihre Macht über sie zum Ausdruck zu bringen. Doch gibt es auch Gegenbeispiele: In Gen 16,13 gibt Hagar Gott einen Namen, offensichtlich ohne dass damit eine Form von Machtausübung verbunden wäre. In erster Linie wird über den Akt der Namensgebung ein Verhältnis festgestellt oder festgelegt. Dies kann, muss aber nicht mit Autoritätsausübung verbunden sein. In Gen 2,23 nennt Adam die Frau nicht deshalb „Männin", um sie sich, dem Mann, zuzuordnen, sondern weil er sie als die erkennt, die Gott ihm bereits zugeordnet *hat*.

Der Griff nach der verbotenen Frucht stellt ein spannungsreiches Geschehen zwischen den Akteuren Mann, Frau und Schlange (im Hebräischen maskulin[46]) dar. Es ist die Frau, die zuerst in Übertretung fällt. Der Makel bleibt in gewisser Weise haften – auch wenn es im Fortgang der Urgeschichte fast durchgehend die Männer sind, die sich gegen Gottes Willen verhalten. Andererseits ist es wiederum die Frau, nicht der Mann, der die Ehre zukommt, im „Protoevangelium" Gen 3,15 genannt zu werden. Das Verhör ist insofern symmetrisch, als sowohl Adam als auch Eva für sich selbst Rede und Antwort stehen müssen. Der Schuldspruch über die Frau bezieht sich auf ihre zugedachte Rolle, wie auch der Schuldspruch über den Mann sich auf dessen zugedachte Rolle bezieht.[47]

Insgesamt zeigt Gen 2–3 eine wechselseitige Zuordnung in Unterschiedlichkeit und zugleich „auf Augenhöhe". Einzelne Momente können, müssen aber nicht im Sinne einer Vorrangstellung des Mannes ausgelegt werden: der Akt des Benennens der Frau durch den Mann und die Rolle der Frau als erste Verführerin.

---

[44] Ebd. [wie Anm. 36], 70.71.
[45] Siehe die kontroverse Diskussion bei Gellman, Gender and Sexuality [wie Anm. 39], 331–334.
[46] Schottroff/Schroer u.a., Feministische Exegese [wie Anm. 5], 144.
[47] Gegen Gellman, Gender and Sexuality [wie Anm. 39], 325 ff.

Gleichwohl gilt: Da, wo die Herrschaft des Mannes über die Frau eindeutig und explizit angesprochen ist (Gen 3,16), wird sie sogleich als Belastung kategorisiert. Keineswegs ist sie als selbstverständlich vorausgesetzt und etwa dem Ideal des Paradieses zugeordnet.[48] Die parallele Anordnung von Rollenzusprechungen und Schuldsprüchen bei Mann und Frau unterstreicht diese Sicht. Wer von Gen 3,16 her die Unterordnung der Frau unter den Mann fordert, müsste folgerichtig auf seinem Acker auch Disteln und Dornen anpflanzen. Auch das Neue Testament verwendet Gen 3,16 im Übrigen nicht als Argument, um die Unterordnung der Frau zu begründen.

In der kanonischen Abfolge von Gen 1 und Gen 2–3[49] bildet die egalitäre Zuordnung der Geschlechter in Gen 1 die Grundlage der biblischen Anthropologie. Diese wird in Gen 2 im Blick auf die Wechselseitigkeit der Beziehung konkretisiert und in Gen 3 mit der patriarchalischen „Fallsgestalt" der Geschlechterverhältnisse kontrastiert.

## 5. Mann und Frau im Hohelied Salomos

*5.1. Das Hohelied als Beitrag zur Schöpfungstheologie*

Die Auslegung des Hoheliedes ist mit dem Problem behaftet, dass unterschiedliche Gesamtansätze zur Interpretation einander gegenüberstehen. Für den vorliegenden Beitrag möchte ich ein kanonisches Verständnis zugrunde legen: Das Hohelied ist Teil des biblischen Kanons und damit Teil der biblischen Lehre. Interpretationsansätze, die ein „säkulares" Liebeslied von lediglich unterhaltendem Charakter voraussetzen, entfallen damit genauso wie rein historisch-biographische Auslegungen, die eine zweifelhafte Liebelei Salomos dokumentiert sehen. Nach meiner Ansicht sind zwei kanonische Zugänge möglich: der allegorische/typologische und der schöpfungstheologisch-weisheitliche Zugang.

---

[48] So auch Fischer., Egalitär entworfen [wie Anm. 13], 271; Schottroff/Schroer u.a., Feministische Exegese [wie Anm. 5], 144.

[49] Die Diachronie ist nicht Thema dieses Beitrags. Ich möchte aber darauf hinweisen, dass die lange vertretene Ansicht, Gen 1,1–2,3 (P) sei später als Gen 2,4–3,24 (J), heute zunehmend in Frage gestellt wird. Dies rechtfertigt beispielsweise auch für I. Fischer. (Egalitär entworfen [wie Anm. 13], 272 f.), Gen 2–3 im Licht von Gen 1 auszulegen.

Auf letzteren beziehe ich mich.[50] Die alttestamentliche Weisheit ist schöpfungstheologisch gegründet. Sie beobachtet Gottes Schöpfung und beschreibt beispielhaft Typisches, um zum Verstehen und zum geschickten Umgang anzuleiten. Das Hohelied feiert die schöpfungsmäßig gegebene Liebe zwischen Mann und Frau, gibt beispielhafte Szenen einer Liebesbeziehung wieder und lädt mit seinem Motto-Satz, die Liebe nicht vor ihrer Zeit zu wecken, zum bewussten Umgang mit der Liebe ein.[51]

Das Hohelied knüpft in verschiedener Hinsicht an die Urgeschichte an. Schon die viel verwendete Pflanzenmetaphorik und speziell das Gartenlied in 4,12–5,1 rufen Gen 2–3 vor Augen. Das ganze Lied lässt sich als eine Entfaltung von Gen 2,24: „und wird seiner Frau anhangen…" verstehen. Auch der Satz „Sie waren beide nackt … und schämten sich nicht" (Gen 2,25) wird in der Liebe für einen eingegrenzten Zeitraum wieder war. Eine Reihe von Auslegern beschreibt die Liebe des Hoheliedes als eine zeitweise Rückkehr in die Ganzheitlichkeit des Gartens Eden.[52]

## 5.2. Ebenbürtigkeit und Unterschiedlichkeit von Mann und Frau im Hohenlied

Das Hohelied zeigt uns eine Beziehung einander ebenbürtiger Partner.[53] Der Leser erlebt die Frau als aktiv und initiativ. Selbstbewusst setzt sie gegenüber den älteren Brüdern ihren Willen durch (8,8–12).[54] Das Hohelied bekommt seine innere Dynamik aus dem Wechselspiel der Gefühlsäußerungen. Beide Partner verlangen, werben, laden einander ein usw. Auf einer tieferen Ebene lässt sich sagen, dass beide, Mann und Frau, ganzheitlich als Personen vorgestellt werden, nicht

---

[50] Die kontroverse Frage, ob das Hohelied im engen Sinne der Gattung der Weisheitsliteratur zuzuordnen ist, braucht im Rahmen dieser Einordnung nicht entschieden zu werden.

[51] Ausführlich in Julius Steinberg, Kanonische ›Lesarten‹ des Hohenliedes, in: Thomas Hieke, (Hg.), Formen des Kanons. Studien zu Ausprägungen des biblischen Kanons von der Antike bis zum 19. Jh. (SBS 228), Stuttgart 2013, 164–183.

[52] Z.B. Wannenwetsch, Freiheit der Ehe [wie Anm. 34], 79–82; Hans-Josef Heinevetter, ›Komm nun, mein Liebster, Dein Garten ruft Dich!‹. Das Hohelied als programmatische Komposition (BBB 69), Frankfurt a.M. 1988, 191 f.; Michael Stadler, Erlösende Erotik. Ethische Aspekte im Hohenlied, in: ZThG 3 (1998), 53–82, hier: 61–62.

[53] Julius Steinberg, ›Komm in meinen Garten …!‹. Das Hohelied Salomos und Bausteine für eine Theologie der Liebe, in: Theologisches Gespräch 4 (2011), 180–208.

[54] Die beiden Abschnitte 1,5–6 und 8,8–12 sind meiner Ansicht nach als zwei Teile einer rahmenden Erzählung zu verstehen, welche die Emanzipation der jungen Frau von den für sie verantwortlich zeichnenden älteren Brüdern beschreibt. Julius Steinberg, Das Hohelied (Edition C AT 26), Witten 2014, 299 f.

als Objekte, sondern als Subjekte. Das Hohelied feiert die Begegnung vom „ich" und „du".[55]

Interessant ist auch, dass der urgeschichtliche Strafspruch: „Nach deinem Mann wird dein Verlangen sein, aber er wird über dich herrschen!" (Gen 3,16) im Hohelied beantwortet mit: „Ich gehöre meinem Geliebten, und nach mir ist sein Verlangen." (Hhld 7,11) Beide Stellen verwenden für „Verlangen" dasselbe hebräische Wort, das insgesamt nur dreimal in der Bibel erscheint (Gen 3,16; 4,7; Hhld 7,11). Die Liebe kann den Fluch der Unterdrückung aufheben und kehrt zum paradiesischen Urzustand des gegenseitigen Verlangens und Hingebens zurück.[56]

Die Rollenverteilung ist im Hohenlied hingegen nicht völlig symmetrisch. Was das konkrete Handeln betrifft, liegt der Schwerpunkt beim Mann: Sie wartet auf ihn, er kommt zu ihr (z.B. 2,8–14; 3,6–11); er will erobern (z.B. 4,6; 5,1; 7,9), sie will sich hingeben (z.B. 4,16; 7,13). Auch lässt sich sagen, dass er direkter seinen Wunsch nach Sexualität zum Ausdruck bringt (z.B. 4,6; 7,9), während sie auch vom inneren Eins-Sein spricht (2,16; 6,2f.; 7,11; 8,6).

Die Gefühlsseite der Beziehung unterliegt eher der weiblichen Kontrolle. Sie war es, die seine Liebe geweckt hat (8,5b). Er kann nicht anders, als sie zu verehren; er ist „gefangen in deinen Locken" (7,6). Auch hat sie gewissermaßen die „Deutehoheit" über das Geschehen: Das gesamte Lied ist aus der Perspektive der Frau heraus formuliert. Vom Mann hören wir nur das, was er zu ihr sagt.

Auffällig ist auch, dass im Lied nur die Mütter der Liebenden, aber nicht deren Väter genannt werden: Der Bräutigam hat die Hochzeitskrone von seiner Mutter bekommen (3,11); die junge Frau will ihren Geliebten ins Haus ihrer Mutter bringen (3,4); sie nennt die Mutter als ihre Beraterin in Liebesdingen (8,2; vgl. außerdem 1,6; 6,9; 8,1.5). Möglicherweise hat dies damit zu tun, dass die Mutter in der altisraelitischen Kultur in Beziehungsfragen die Verantwortung trug. Ähnlich geht das auch aus der altägyptischen Liebeslyrik hervor.[57]

Eine weitere Assymetrie ist in den Beschreibungsliedern zu erkennen. Er beschreibt ihren Körper in drei Liedern (4,1–7; 6,4–10; 7,1–6). Die Analyse der

---

[55] Kurt Lüthi, Das Hohe Lied der Bibel und seine Impulse für eine heutige Ethik der Geschlechter, in: ThZ 49 (1993), 97–114, hier: 110.
[56] Fischer., Egalitär entworfen [wie Anm. 13], 273; Jürgen van Oorschot, Er schuf sie als Mann und Frau. Der Mensch als geschlechtliches Wesen, in: Wilfrid Haubeck/Wolfgang Heinrichs u.a. (Hg.), Geschaffen als Mann und Frau. Ehe und Sexualität im Spannungsfeld von Gesellschaft und Gemeinde (Theologische Impulse 2), Witten 2000, 7–31, hier: 23.
[57] Steinberg, Das Hohelied [wie Anm. 54], 39–42.

Bildsprache ergibt, dass dabei folgende Themen im Vordergrund stehen: Beziehung (Augenkontakt), Ausstrahlung, Selbstbewusstsein, Lebenserneuerung und Ästhetik. Sie beschreibt seinen Körper in einem Lied (5,10–16). Dabei erscheint er wie eine kostbare Statue; im Vordergrund stehen Status und Ästhetik.[58]

### 5.3. Vom „Sein" zum „Gestaltenwollen" der Geschlechtlichkeit

Zwei interpretatorische Schlüssel zum Hohelied bieten der wiederholte „Motto-Satz", die Liebe nicht vor ihrer Zeit zu wecken (2,7; 3,5; 8,4), sowie die weisheitliche Aussage von der Liebe als Gottesflamme (8,6b–7).

Der Motto-Satz ist u.a. dafür bemerkenswert, dass er nicht etwa nach dem fragt, was Gott gefällt, sondern was „der Liebe gefällt". Das ist typisch für den empirischen Ansatz der Weisheit, der die in die Schöpfung gelegten Gesetzmäßigkeiten erforschen will, hier die „Eigengesetzlichkeit"[59] der Liebe. Es geht nicht um ein heteronomes „Sollen" (Gebote), sondern ein sich aus der Sache ergebendes „Gestaltenwollen" der Liebe.

Eine ähnliche Bewegung ergibt sich durch die auch formal weisheitlich gestaltete Aussage in 8,6b–7. Die Liebe als Urmacht, als „Gottesflamme", wird als diejenige Triebkraft benannt, die hinter all dem steht, was im Hohelied besungen wird. Der Weisheitssatz fasst das Hohelied interpretierend zusammen, und umgekehrt: Was der Weisheitssatz grundsätzlich benennt, wird in den übrigen Texten des Hoheliedes entfaltet.

Wie schon in der Urgeschichte beobachtet, werden Sein und Handeln nicht losgelöst voneinander betrachtet, sondern stehen miteinander in Zusammenhang. Eilert Herms hat in einem Aufsatz argumentiert, dass die einfache Zuordnung von „Sein" und „Sollen" zwar problematisch ist (mit D. Hume), dass sich aber in Anschluss an F. Schleiermacher dem „Sein" durchaus ein „Wollen" zuordnen lässt, nämlich das sich aus der Vernunft ergebende Anliegen, mit dem Sein auf eine gute, gelingende Weise umzugehen.[60] Vom „Daseinsraum" der Sexualität wurde schon gesprochen. Im Hohelied legt sich sowohl eine räumliche als auch eine

---

[58] Für die Einzelbelege siehe ebd. [wie Anm. 54], z.St.
[59] Othmar Keel, Das Hohelied (ZBK.AT 18), Zürich 1986, 89.
[60] Eilert Herms, Sein und Sollen bei Hume, Kant und Schleiermacher, in: MJTh XIII (MThSt 67), Marburg 2001, 39–59, aufgenommen in Julius Steinberg, ›Sein‹ oder ›Sollen‹? Das Hohelied zwischen Sexualanthropologie und Sexualethik, in: Tina Arnold/Walter Hilbrands u.a. (Hg.), ›HERR, was ist der Mensch, dass du dich seiner annimmst ...?‹ (Ps 144,3). Beiträge zu biblischen Menschenbild. FS H. Pehlke, Witten 2013, 187–207.

zeitliche Betrachtung nahe: Räumlich entfaltet sich die Liebe als Garten, der entdeckt und gestaltet werden kann; zeitlich entfaltet sie sich als die Geschichte zweier Liebender, die ihren Weg miteinander gehen.

Das Hohelied verwendet die Kategorien „sex" und „gender" nicht und argumentiert auch nicht auf einem entsprechenden Abstraktionsniveau. Werden die Kategorien an den biblischen Text herangetragen, ergibt sich aber durchaus eine überraschende Resonanz, und zwar mit der Frage, was „der Liebe gefällt", also der Bewegung vom „Sein" zum „Gestaltenwollen". Mit dem Hohelied lässt sich formulieren: Die geschlechtliche Veranlagung (sex) trägt ein soziokulturelles Entfalten- und Gestaltenwollen (gender) in sich. Mit seinem beispielhaften Charakter lädt das Hohelied den Leser und die Leserin ein, eigene Gestaltungsräume männlicher und weiblicher Identität zu entdecken und zu genießen.

Dies verweist darauf, dass gender nicht in erster Linie ein Problem ist, sondern ein Grundbedürfnis des Menschen als Kulturwesen. Probleme entstehen erst durch die Verengung von Genderidentitäten, die Entfaltungsmöglichkeiten beschränken und zu Ungerechtigkeiten führen. Lösungsmöglichkeiten liegen dementsprechend nicht in der Abschaffung von Genderidentitäten, sondern in deren Korrektur bzw. Aufweitung, so dass (mit den Werten der Tora gesprochen) Freiheit und Gerechtigkeit gewährleistet sind.

## 6. „Besondere" Frauen in den Erzähltexten des Alten Testaments

Es gibt eine ganze Reihe hervorstechender Frauengestalten im Alten Testament. An dieser Stelle sollen zwei kurz betrachtet werden: Ruth und Debora.

Das Alte Testament kennt das Bild der אֵשֶׁת חַיִל *'ešæt ḥayil*, der „Frau der Stärke", wobei das Wort *ḥayil* allgemein mit „Kraft", „Heer" oder „Fähigkeit" wiederzugeben ist. In Spr 31,10–31 wird eine solche *'ešæt ḥayil* als Textilhandwerkerin, Händlerin und Managerin eines Familienunternehmens porträtiert.[61] Das Buch Ruth stellt Boas als גִּבּוֹר חַיִל *gibbôr ḥayil* „starken Mann" und Ruth als *'ešæt ḥayil*, „starke Frau" nebeneinander (Ruth 2,1; 3,11). Verschiedene moderne Bibelübersetzungen geben leider das gleiche Wort in Bezug auf Boas als „angesehen", in Bezug auf Ruth jedoch als „tugendsam" wieder[62] und führen da eine

---

61  Vgl. Arndt Meinhold, Die Sprüche (ZBK.AT 16), Zürich 1991, 522.
62  Ein Lapsus, den sich auch das Wörterbuch von Gesenius-Buhl in der neuesten Auflage leistet.

Ungleichheit ein, wo der hebräische Text gerade auf die Ebenbürtigkeit[63] abzielt. In einer Gesellschaft, die alleinstehende Frauen traditionell benachteiligt, findet Ruth für sich und ihre Schwiegermutter ein neues Zuhause, indem sie sich dem lebendigen Gott zuwendet, indem sie initiativ handelt und indem die beiden starken Charaktere Ruth und Boas die Gerechtigkeit der alttestamentlichen Gesetzgebung (zur Nachlese und zur Schwagerehe) für sich in Anspruch nehmen. Das Wort *ḥayil* erscheint – sicher nicht zufällig – ein drittes Mal im abschließenden Segenswunsch von 4,11.[64]

Die Geschichte der Richterin Debora (Ri 4–5) ist nicht nur dafür bemerkenswert, dass hier in großer Selbstverständlichkeit eine Frau in einer Leitungsaufgabe für das Gottesvolk dargestellt wird. Die Geschichte befasst sich auch explizit mit der Gender-Thematik. Bekanntermaßen beruft Debora Barak zum Heerführer, um gegen Siseras Armee zu kämpfen. Barak willigt nur unter der Bedingung ein, dass Debora ihn begleitet. Ihre Antwort lautet: „Ich will gerne mit dir gehen – nur dass dann der Ruhm nicht dir zufallen wird für den Feldzug, den du unternimmst, sondern in die Hand einer Frau wird der HERR den Sisera verkaufen." (Ri 4,9)

Debora hört in Baraks Anfrage offensichtlich mehr als nur eine persönliche Bitte um Unterstützung. Sie sieht die Frage von Geschlechterrollen und Geschlechtergerechtigkeit aufgeworfen. Deboras Reaktion könnte darauf abheben, dass Barak offenbar nicht fähig ist, seine Rolle als Mann auszufüllen, und dafür beschämt werden soll. Dann wären Deboras Worte im Sinne der Bestärkung einer traditionellen Rollenverteilung zu verstehen. Doch ist im weiteren Verlauf der Erzählung von einer Beschämung Baraks nicht die Rede. Es geht vielmehr darum, dass die Frauen die Ehre bekommen sollen, die ihnen gebührt.[65] Der kämpferische Unterton von Deboras Worten zeigt, dass dies nicht selbstverständlich ist. Man kann durchaus den Eindruck bekommen, dass Debora als Frauenrechtlerin auftritt.

Der Fortgang der Erzählung gibt Debora recht: Gott selbst lenkt die Ereignisse so, dass Sisera durch Jael, eine Frau, getötet wird. Das anschließende Siegeslied nennt die beiden Protagonisten dreimal in der Reihenfolge Debora und Barak, stellt also jeweils die Frau voran; auch enthält es je ein ausführliches Loblied auf

---

[63] So Hans-Georg Wünch, Buch Ruth (Edition C AT 10), Witten 1998, 233 f.
[64] Ebd. [wie Anm. 63], 234.
[65] Zur kontroversen Diskussion siehe Trent Butler, Judges (WBC 8), Waco 2009, 98–99, hier: 109.

Debora, „eine Mutter in Israel", und auf Jael „unter den Frauen". Bemerkenswert ist auch der Spott über Siseras Mutter und die Fürstinnen: Diese machen sich Sorgen über die verzögerte Rückkehr von Sisera, beruhigen sich aber mit dem Gedanken, dass er und seine Männer sich gerade über ihre Beute, junge Frauen (wörtlich „Unterleiber"), hermachen würden. Während sie hoffen, er würde Frauen erniedrigen, wird er von einer Frau erniedrigt.

Die Geschichte ist bemerkenswert dafür, wie offensiv sie das Thema der Geschlechtergerechtigkeit angeht – in einem Buch, das sich vor allem mit dem Scheitern menschlicher (männlicher) Herrschaft befasst.

### 7. Miteinander herrschen – einander dienen: Zur Transformation der Anthropologie der Geschlechter im Neuen Testament

Wie sind die Bezüge zur Urgeschichte einzuordnen, die Paulus mit Blick auf die Geschlechterthematik herstellt? Wenn man annimmt, dass 1Kor 11,9 und 1Tim 2,13f. insgesamt als apostolische Orientierung zum Verständnis von Gen 2–3 zu verstehen sind, dann ergibt sich tatsächlich ein Widerspruch zu der oben durchgeführten alttestamentlichen Exegese. Hinter der Annahme steht allerdings eine Bibelhermeneutik, die das Neue Testament zur Norm für die Auslegung des Alten Testaments macht. Paulus verfolgt jedoch die umgekehrte Absicht: Um seine Argumentation zu stützen, beruft er sich auf die Autorität des Alten Testaments.

Wenn Paulus demnach nicht grundsätzlich, sondern punktuell und anlassbezogen auf Gen 2–3 Bezug nimmt, steht seine Auslegung nicht im Widerspruch zu dem, was die alttestamentliche Exegese oben festgestellt hat: Die zitierten Stellen geben es her, im Sinne einer Nachordnung der Frau verstanden zu werden. Gleichwohl kann man einwenden, dass Paulus einen Nebenaspekt in den Vordergrund rückt, und zwar auf Kosten der (oben erarbeiteten) Gesamtintention. Dem wiederum kann entgegnet werden, dass auch in der Anthropologie von Paulus die Unterordnung kein Hauptthema ist.

Die spannungsreichen Unterschiede in den Formulierungen und Akzentsetzungen zwischen dem Alten und dem Neuen Testament haben meinem Verständnis nach zwei Ursachen: Zum einen hatte die Frau in der Gesellschaft des neutestamentlichen Kulturraumes im Blick auf Gleichberechtigung einen deutlich schlechteren Stand als zur Zeit des Alten Testaments. Eine Zeitbezogenheit ist für die neutestamentlichen Autoren genauso in Anschlag zu bringen wie für die alttestamentlichen. Die Ausführungen des Paulus zeigen seine Kulturbezogenheit in Geschlechterfragen, zugleich aber auch eine kritische Reflexion seiner Kultur: Aussagen zur Unterordnung der Frau werden in den Paulusbriefen immer wieder durch reziproke Formulierungen zum Verhältnis von Mann und Frau aufgefangen (z.B. 1Kor 11,3.7–9 durch V. 11 f.; Eph 5,22–24 durch die Einleitung V. 21 und die Fortsetzung V. 25–33; Kol 3,18 durch V. 19; Tit 2,4–5 durch V. 6–7). Auch Anweisungen zu Ehe und Ehescheidung sind wechselseitig für Mann und Frau formuliert (1Kor 7,2–5.10–16).[66]

Wenn Paulus Gemeinden zur Ordnung ruft, dann auch mit dem Blick auf den Eindruck, den sie in der Öffentlichkeit machen. In Christus ist zwar „weder Mann noch Frau", doch zum Zeugnis für die Welt müssen die kulturell vorgegebenen Vorstellungen von Ordnung eingehalten werden (zum expliziten Kulturbezug siehe z.B. 1Kor 11,4–6.13–16; 1Thess 4,12; Phil 4,5).

Zu bedenken ist, dass das alttestamentliche Gottesvolk auf seine Verantwortung angesprochen wird, Gesellschaft zu gestalten, während das neutestamentliche Gottesvolk (zunächst) keinen politischen Einfluss hat. Während sich die Befreiung durch Gott im Alten Testament auch gesellschaftspolitisch realisiert, geht es im Neuen Testament um eine innere Freiheit in Christus – auch in bleibenden gesellschaftlichen Hierarchieverhältnissen. Dies illustrieren z.B. die paulinischen Ausführungen über das Verhältnis von Herren und Sklaven in 1Kor 7,17–24 (und im Philemonbrief).

Der zweite Unterschied zum Alten Testament ist von der Christologie her bestimmt. Für seine ethischen Ausführungen greift Paulus eine Reihe alttestamentlicher Leitlinien wieder auf. Sein wichtigster ethischer Bezugspunkt ist jedoch neu: Es ist das Vorbild Christi als der sich im Gehorsam hingebenden Liebe, die „Gesinnung Christi" (z.B. Phil 2,5 ff.).[67] Jesus, der seinen Jüngern die Füße wäscht, verändert in einer grundsätzlichen Weise alles Reden von Herrschen und Dienen. So wird das „miteinander herrschen" der Tora bei Paulus transformiert in das „einander dienen" (Gal 6,2; Eph 5,21 u.a.). Das gilt auch konkret für die

---

[66] Zur Wechselseitigkeit der Paraklese in den „Haustafeln" siehe Peter Stuhlmacher, Biblische Theologie des Neuen Testaments, Bd. 2: Von der Paulusschule bis zur Johannesoffenbarung. Der Kanon und seine Auslegung, Göttingen 1999, 45 f.48.

[67] Ders., Biblische Theologie des Neuen Testaments, Bd. 1: Grundlegung. Von Jesus zu Paulus, Göttingen 1992, 379 f.

Ehe, die Paulus in Eph 5,32 auf das Verhältnis zwischen Christus und der Gemeinde deutet. Der Vergleichspunkt ist die gegenseitige Hingabe der Partner: Christus dient der Gemeinde; die Gemeinde dient Christus. An mehreren Stellen schreibt Paulus von der emanzipatorischen Kraft des Evangeliums:

> Dennoch ist *im Herrn* weder die Frau ohne den Mann, noch der Mann ohne die Frau. Denn wie die Frau vom Mann ist, so ist auch der Mann durch die Frau; alles aber von Gott (1Kor 11,1–12 ELB).

> Da ist nicht Jude noch Grieche, da ist nicht Sklave noch Freier, da ist nicht Mann und Frau; denn ihr alle seid einer *in Christus Jesus* (Gal 3,28 ELB; vgl. Eph 6,5–9).

# Leiblichkeit und Sexualität im Neuen Testament

## Christliches Ethos zwischen Schöpfungs- und Offenbarungswort

ROLAND DEINES

## 1. Sex im Neuen Testament – Eine Bestandsaufnahme

Das Thema Sexualität stellt im NT – in deutlichem Unterschied zum AT, wo die schöpfungstheologisch relevanten Grundlagen gelegt sind – ein Randthema dar. Es kommt vor allem da zur Sprache, wo es soteriologisch relevant ist oder noch konkreter, wo Sex zur Gefahr wird, den Willen Gottes zu verfehlen und das Himmelreich zu verlieren.[1] Dass der Mensch ein erfülltes Sexualleben hat, ist für die

---

[1] Zwar ist die Literatur zum Thema Sexualität im Neuen Testament in der Zwischenzeit uferlos, aber das liegt ausschließlich an dem anhaltenden Interesse an Fragen der Sexualethik und nicht am Umfang des Themas im NT. Die umfassendste Behandlung von Fragen der Sexualität im Neuen Testament auf dem Hintergrund der vorgängigen und zeitgenössischen jüdischen Tradition sind die Arbeiten des australischen Neutestamentlers William R. G. Loader (in chronologischer Folge): The Septuagint, Sexuality, and the New Testament. Case Studies on the Impact of the LXX in Philo and the New Testament, Grand Rapids 2004; Sexuality and the Jesus Tradition, Grand Rapids 2005; Enoch, Levi, and Jubilees on Sexuality. Attitudes towards Sexuality in the Early Enoch Literature, the Aramaic Levi Document, and the Book of Jubilees, Grand Rapids 2007; The Dead Sea Scrolls on Sexuality. Attitudes towards Sexuality in Sectarian and Related Literature at Qumran, Grand Rapids 2009; Sexuality in the New Testament. Understanding the Key Texts, London 2010; Philo, Josephus, and the Testaments on Sexuality. Attitudes towards Sexuality in the Writings of Philo and Josephus and in the Testaments of the Twelve Patriarchs, Grand Rapids 2011; The Pseudepigrapha on Sexuality. Attitudes towards Sexuality in Apocalypses, Testaments, Legends, Wisdom, and Related Literature, Grand Rapids 2011; The New Testament on Sexuality, Grand Rapids 2012; knapp und hilfreich ist darüber hinaus Raymond F. Collins, Sexual Ethics and the New Testament. Behavior and Belief, New York 2000.

Speziell zum Thema Homosexualität, ebenfalls bestenfalls ein Randthema im Neuen Testament (was daran liegt, dass die Position dazu so selbstverständlich ablehnend war, dass es gar nicht nötig war, darüber zu diskutieren) ist die Literatur inzwischen uferlos und dermaßen in ideologischen Grundsatzpositionen verfangen, dass die einzelnen Beiträge zwar viel über die theologische Position ihrer Autorinnen und Autoren verraten, aber nicht wirklich neues Licht auf das NT werfen. Abgewogen ist auch hier Loader, der einerseits gleichgeschlechtliche Partnerschaften verteidigt, dabei aber deutlich macht, dass sich eine solche Haltung nicht aus den biblischen Texten herauslesen lässt, sondern nur über eine hermeneutische Reflexion gewonnen werden kann, die die neutestamentlichen Aussagen bezüglich gleichgeschlechtlicher Sexualität sachkritisch hinter sich lässt. An neueren Beiträgen sei genannt: Carsten „Storch" Schmelzer,

neutestamentliche Botschaft irrelevant. Sex ist wichtig, aber so wichtig nun auch wieder nicht. »Guter Sex« bringt einem dem Himmel nicht näher, während ein Gottes Weisung ignorierendes Sexualverhalten vom Himmelreich ausschließen kann. Sexualität (und damit verbunden die Frage nach Ehe und Scheidung) kommt im NT darum in erster Linie in zwei Bereichen in den Blick: Zum einen, wenn es um die Gefährdung des Menschen in Bezug auf sein Heil geht, zum anderen, wenn es um Fragen der Nachfolge und des öffentlichen Zeugnisses für Jesus geht.

Die gegenwärtige Bedeutung sexualethischer Diskussionen in kirchlichen Gremien erweckt dagegen den Eindruck, als wäre sexuelle Erfüllung und »Gerechtigkeit« in Bezug auf Gender und Sexualität ein zentrales biblisches Thema (Gerechtigkeit wird im NT nie mit sexuellen Fragen oder Statusbelangen verbunden). Darum lohnt es, wenigstens kurz sich die Behandlung des Themas im Neuen Testament zu vergegenwärtigen: Das NT umfasst 7,958 Verse in 260 Kapiteln. Von diesen knapp 8,000 Versen behandeln 161 sexuelle Themen im engeren Sinn (65 davon sind allein im 1Kor), rechnet man großzügiger (mit Einschluss aller Texte zu Ehe, Ehescheidung und der metaphorischen Verwendung für theologische Sachverhalte), dann sind es etwa 240 Verse in 47 Kapiteln (wobei oft nicht mehr als ein Wort oder eine Zeile sexuelle Sachverhalte thematisiert). Die Stellen lassen sich wie folgt zusammenfassen (alle mir zum Thema relevanten Passagen sind im folgenden Abschnitt genannt):

*Positive Weisungen* im Hinblick auf Sexualität (die allesamt entweder die Ehe oder vollkommene Enthaltsamkeit betreffen) sind äußerst selten (Mt 5,27–30; 19,11–12; 1Kor 7,1–9.25–40; Eph 5,22–33; 1Thess 4,3–5; 1Tim 5,11–14; Tit 2,4–5; Hebr 13,4; über Keuschheit als Frucht des Geistes Gal 5,23; über eine falsche Eheaskese 1Tim 4,3; über Ehelosigkeit nach der Auferstehung Mk 12,25 parr. Mt 22,30; Lk 20,25); dazu kommen die Texte, die positiv das *Verhalten in der Ehe* beschreiben ohne dass dabei Sexualität ein Thema ist, so in Kol 3,18–19;

---

Homosexualität. Auf dem Weg in eine neue christliche Ethik?, Moers 2015, das in seinem exegetisch-theologischen ersten Teil allerdings gravierende Defizite aufweist; aus katholischer Sicht s. Stephan Goertz (Hg.), »Wer bin ich, ihn zu verurteilen?« Homosexualität und katholische Kirche (Katholizismus im Umbruch 3), Freiburg 2015, das schon im Titel keinen Zweifel über die Intention lässt. Eine klassische, viel diskutierte Studie aus konservativer Perspektive ist Robert A. J. Gagnon, The Bible and Homosexual Practice. Texts and Hermeneutics, Nashville 2001; zur Diskussion s. ders./Dan O. Via, Homosexuality and the Bible. Two Views, Minneapolis 2003. Hilfreich ist m.E. nach wie vor Richard B. Hays, The Moral Vision of the New Testament. Community, Cross, New Creation. A Contemporary Introduction to New Testament Ethics, Edinburgh 1997, 379–406.

1Petr 3,1–7; hierher gehören auch die Texte, die das Eheleben von Amtsträgern und -trägerinnen betreffen 1Tim 3,2–5.11–12; 5,3–16; Tit 1,6 bzw. sich mit *Scheidung und Wiederheirat* beschäftigen (Mk 10,2–12 par. Mt 19,2–9; auch die Sadduzäerfrage ist hier zu nennen Mk 12,18–27 parr.. Mt 22,23–33; Lk 20,27–40). 1Kor 7,3–5 ist dabei – außer der generellen Abweisung jeglichen Geschlechtsverkehrs außerhalb der Ehe – die einzige Stelle, die im Hinblick auf eheliches Sexualverhalten explizite Anweisungen gibt. Die *Wirkung nach außen* ist in den sogenannten Haustafeln (Kol 3,18–4,1; Eph 5,21–6,9; 1Petr 3,1–7) noch ohne erkennbare Bedeutung (Kol 4,5–6 ist der einzige Hinweis auf dieses Anliegen, ist aber nicht direkt mit den ethischen Weisungen verbunden) und tritt erst in den Pastoralbriefen stärker in den Vordergrund. Es geht als zunächst darum, die sowohl im jüdischen wie im griechisch-römischen Bereich vorhandene Familienethik neu im Hinblick auf das Christusgeschehen zu formulieren. Karl-Heinz Fleckenstein hat Recht wenn er darauf hinweist, dass es sich bei den neutestamentlichen Haustafeln trotz der unverkennbaren „Bezüge zur biblischen und außerbiblischen Literatur" um eine „einzigartige Gestaltungsform" handelt, weil sie „Christus in die Mitte von Ehe und Familie hineinstellen."[2] Zunächst wird also für die Gläubigen selbst geklärt, wie die Christusbezogenheit ihres neuen Lebens sich auf Haus, Familie und Ehe auswirkt. Erst danach kommt die Frage, inwieweit das Leben des christlichen Haushalts das Bild der Christen in der Öffentlichkeit mitbestimmt.

*Sexuelles Fehlverhalten* wird dagegen häufiger erwähnt, entweder als konkrete Fallbeispiele (Mk 6,17–18 parr. Mt 14,3–4; Lk 3,19; 15,30; Joh 4,17–18; 7,52–8,11; 1Kor 5,1–11; aus der Vergangenheit 2Petr 2,4–6; Jud 6–8) oder paradigmatisch allein oder zusammen mit anderen Sünden als Ausdruck für ein Leben in Ungehorsam gegenüber Gott (Röm 1,24–28; 1Kor 6,13–20; 2Kor 12,21; 2Petr 2,14.18; Apk 2,14.20–22; im Kontext von Listen einzelner Dekaloggebote Mk 10,19 parr. Mt 19,18; Lk 18,20; Röm 2,22; 13,9; Jak 2,11; als Teil des Apostekdekrets Apg 15,20.29; 21,25; evtl. ist hier auch 2Tim 3,6–7 zu nennen); dazu kommt die Erwähnung sexueller Sünden in den *Lasterkatalogen*, wo sie lediglich mitaufgezählt sind, aber kein erkennbares Gewicht haben (Lk 18,11; Röm 13,13–14; 1Kor 6,9–11; 10,8; Gal 5,19–21; Eph 5,3–6; Kol 3,5–6; 1Tim 1,9–11; Apk 9,21; 21,8; 22,14; in 2Tim 3,2–5 ist unklar, ob auch sexuelle

---

2  Karl-Heinz Fleckenstein, Ordnet euch einander unter in der Furcht Christi. Die Eheperikope in Eph 5,21–33: Geschichte der Interpretation, Analyse und Aktualisierung des Textes (FzB 73), Würzburg 1994, 165.

Sünden mitgemeint sind); an manchen Stellen ist von „fleischlichen Begierden" (Gal 5,13.16; Eph 2,3; 1Petr 2,11; 2Petr 2,10; 1Joh 2,16) oder „Begierden" allgemein die Rede, worunter auch solche sexueller Art gemeint sein können (Röm 6,12; 7,5.7–8; 1Petr 4,2–3; 2Petr 1,4; 3,3; 2Tim 2,22; 3,6–7; Tit 2,12; 3,3; auch Röm 6,19; 7,18–20.25; 8,12–13; 2Kor 7,1; Eph 4,19.22; 2Petr 2,2; Jud 4.22; Apk 3,4.18 gehören in diese Gruppe).

Nur indirekt zum Thema der Sexualethik gehören die Texte, bei denen Ehebruch (Mt 12,39; 16,4; Mk 8,38; Jak 4,4) oder Unzucht *metaphorisch für das gestörte Verhältnis gegenüber Gott* gebraucht werden (Hebr 12,15–17[3]; Apk 17,10–19,2; vgl. außerdem Röm 7,2–3), während das Bild der Hochzeit bzw. von Braut und Bräutigam für eine heilvolle Gottesbeziehung stehen (Eph 5,32; Apk 19,7–9; 22,17; vgl. außerdem Mk 2,19–20 parr. Mt 9,15; Lk 5,34–35; Joh 3,29 u.ö.). Es ist aber zu betonen, dass das Bild der Ehe bzw. Ehebruch und Scheidung für das Verhältnis zwischen Gott und seinem Volk bzw. Christus und der Gemeinde singulär ist. Kein anderes Beziehungsverhältnis (wie z.B. König – Volk; Hirte – Herde) spielt innerbiblisch eine vergleichbare Rolle oder drückt eine ähnliche Nähe und »Intimität« aus. Diese singuläre Bedeutung der »Ehe« mit Gott reflektiert die besondere Würde und Wertschätzung der menschlichen Ehe und erklärt, weshalb Sünden im Bereich der Ehe und damit verbunden Sexualität ein besonderes Gewicht haben (s.u. 4.).

Aus diesen Stellen (die durch entsprechende alttestamentliche Belege und solche aus der jüdischen Literatur der griechisch-römischen Zeit noch ergänzt werden könnten) ergibt sich ein relativ klares Bild: Gelebte, praktizierte Sexualität ist biblisch gesehen eine Funktion der Ehe zwischen einem Mann und einer Frau.[4] Fügt man den paulinischen Rat hinzu, „alle eure Dinge lasst in der Liebe geschehen" (1Kor 16,14) und dazu noch die Aufforderung, alles zu vermeiden, was für Außenstehende anstößig ist (1Kor 10,32), dann hat man im Grunde alles zum

---

[3] Die sexuelle Konnotation geht in Übersetzungen oft verloren; in der Luther-Übersetzung (im Folgenden LÜ) liest man in 12,16 die Warnung, ein „Abtrünniger" zu sein; im Griechischen steht hier das Wort πόρνος (*pornos*), „Hurer".

[4] Christoph Raedel, Zwischen Schöpfung und Erlösung. Systematisch-theologische Reflexionen zur praktizierten Homosexualität, in: ThBeitr 46 (2015), 242–253, weist mit Recht darauf hin, dass sich „das gesamte Neue Testament gegen eine Erweiterung der Beziehungsgestalten, in denen Sexualität einen legitimen Raum haben könnte, mit aller Entschiedenheit sperrt" und es sexualethisch die biblisch-jüdische Tradition eher verschärft als abmildert (246). Parallel dazu erfolgt die Aufwertung der Ehelosigkeit (was zugleich eine Neubewertung von Nachwuchs bzw. Kinderlosigkeit impliziert), weil im Reich Gottes Bestand und Gemeinschaft nicht an biologische Zeugung, sondern an das Wirken des Geistes gebunden ist (245.252).

Thema Nötige gesagt. Alles andere Ausleben von Sexualität ist im besten Fall ein ungeordneter, aber regelbarer Zustand, im schlimmsten Fall ein Ausschlussgrund vom Himmelreich, wenn daran ohne Umkehr und Vergebung festgehalten wird. Zu ersterem gehört vorehelicher Geschlechtsverkehr, zu letzterem etwa Inzest oder Sex mit Tieren. Die biblische Hierarchie von ungewünschten, aber tolerierbaren sexuellen Beziehungen bis hin zum absolut Abgelehnten lässt sich vereinfachend so darstellen:

Positiv   *Ehelosigkeit/Asexualität* als Ideal (die eschatologische Vollendung wird schon jetzt zeichenhaft erlebt und praktiziert).

*Monogame Ehe* die drei Zwecken dient: Der Erfüllung von Gottes ursprünglichem Auftrag an Mann und Frau (Gen 1,28) als Ausdruck der menschlichen Gemeinschaft und als Teilhabe an Gottes Schöpfermacht; als Abbild des innigen Verhältnisses zwischen Gott und seinem Volk bzw. seiner Gemeinde (Jes 54,1–6; Hos 1–3; Eph 5,32 u.ö.)[5] und schließlich der Vermeidung von ungeordneten sexuellen Verhältnissen (Spr 5,15–20; vgl. 1Kor 7,9: für Paulus ist es besser, durch eine Ehe auch die sexuellen Bedürfnisse zu stillen anstatt vor unerfüllter Leidenschaft zu „brennen").

Ordnungs- *Vorehelicher Sex zwischen zwei Unverheirateten.* Aus Dtn 22,28–29
fähig   kann abgeleitet werden, dass wenn schon gilt, dass unfreiwilliger Sex zwischen Nichtverheirateten bzw. Nichtverlobten dadurch in seinen Folgen erträglich gemacht wird – auch wenn das für heutige Leserinnen und Leser grausam erscheint –, dass die beiden zur Ehe verpflichtet sind (wobei der Mann das Recht verwirkt hat, sich von der Frau zu scheiden, d.h. zumindest deren Versorgung ist lebenslang geordnet), dann gilt dasselbe noch viel mehr von zwei Menschen, die aus Liebe vor der Ehe miteinander schlafen (s. Ex 22,15).

Negativ   *Sex von Männern mit weiblichen Prostituierten.* Der Vorgang selbst ist biblisch vielfach vorausgesetzt und bleibt in erzählerischen Kontexten oft unbewertet (Gen 38,14–26; Jos 2,1 ff.; Hos 1,2–3). In weisheitlichen und ethischen Zusammenhängen wird von einem solchen Verhalten jedoch abgeraten (Spr 5,3–14; 6,26; Sir 9,10; zur Warnung vor der fremden Frau, worunter auch eine fremde Ehefrau verstanden werden

---

5   Die katholische Tradition würdigt diesen Aspekt, indem sie die Ehe zu den Sakramenten rechnet, wobei Eph 5,32 zu den Zentralstellen gehört. Zu den diesbezüglichen dogmatischen Texten s. H. Denzinger and P. Hünermann, Enchiridion symbolorum definitionum et declarationum de rebus fidei et morum / Kompendium der Glaubensbekenntnisse und kirchlichen Lehrentscheidungen, Freiburg [43]2010 (s. Register S. 1732 unter Eph 5,32; zu den weiteren Texten s. die Übersicht S. 1689–1692). Zur exegetischen Herleitung s. Fleckenstein, Ordnet euch einander unter [wie Anm. 2], 25–96, der im Rahmen seiner Forschungsgeschichte auf die Bedeutung von Eph 5,32 für das sakramentale Verständnis der Ehe verweist. Vgl. dazu auch den Beitrag von Oliver O'Donovan in diesem Band.

kann, s. Spr 2,16–19). Paulus hält dies mit der Christusbeziehung für vollkommen unvereinbar (1Kor 6,13–20) und es gibt keinen Grund, dass Jesus darüber anders dachte (Joh 8,11, vgl. Mt 5,27–30).

*Ehebruch* in jeder Form. Während das AT dies strafrechtlich bewertet und mit der Todesstrafe bedroht (Lev 20,10–12; Dtn 22,22, vgl. 2Sam 12,1–11; zur weisheitlichen Warnung s. Spr 6,20–7,27; Sir 9,11–13), wird im NT Ehebruch ausschließlich im Verhältnis zu Gott thematisiert: Jesus will, dass Ehebruch nicht geschieht, aber er fordert – wie schon sein Vater Josef (Mt 1,19) – keine gerichtliche Strafverfolgung (Joh 8,11). Die Kirchen hätten sich viel erspart, wenn sie seinem Vorbild gefolgt wären. Auch *Scheidung*, gleich ob als Folge von Ehebruch (Mt 5,32; 19,9) oder aus einem anderen Grund, gehört für das Neue Testament mit wenigen Ausnahmen (1Kor 7,15) eindeutig in den negativ bewerteten Bereich (s. schon Mal 2,14–16).

*Porneia* und alles, was darunterfällt. Der übergeordnete Ausdruck für eine ihre Bestimmung verfehlende Sexualität im NT ist πορνεία (*porneia*). Das wohl allgemeinste Verbot derselben findet sich im Rahmen des Aposteldekrets (Apg 15,20.29; 21,25), wo es zu den Minimalforderungen ethischen Verhaltens gehört, das auch von den Heidenchristen unter allen Umständen zu erwarten ist. Es ist ein übergreifender Begriff, der alle Formen von praktizierter Sexualität umfasst, die dem Schöpfungswillen Gottes widersprechen, der den Menschen im Zueinander von Mann und Frau und im Hinblick auf die Möglichkeit der Fortpflanzung geschaffen hat.

*Homosexuelles Verhalten.* Auch praktizierte Homosexualität fällt im biblisch-jüdischen Sprachgebrauch unter *Porneia*. Dass sie innerhalb dieses Sammelbegriffs als besonders auffällige Verfehlung angesehen wird, zeigt Röm 1,20–32. Wie im Aposteldekret verweist Paulus in diesem Abschnitt auf zwei zentrale Bereiche des menschlichen Verhaltens, in denen sich die Abkehr von Gott als Schöpfer ausdrückt: Im Götzendienst und im homosexuellen Geschlechtsverkehr, der als *pars pro toto* für jede Form von sexueller Praxis steht, die Gottes Schöpfungswillen verkennt. Damit ist keine besondere Schwere von Homosexualität gegenüber anderen sexuellen Verfehlungen impliziert, sondern lediglich, dass der menschliche Irrtum hier besonders augenscheinlich deutlich wird, weil so offenbar „gegen die Natur" (wie sie in Gen 1,27–28 vorausgesetzt ist) gehandelt wird.

## 2. Gegenwärtige Herausforderungen für ein offenbarungstheologisch begründetes Bekenntnis zu Sexualität und Ehe

In der gegenwärtigen Diskussion über Gender und sexuelle Vielfalt spielen biblische Zusammenhänge kaum eine Rolle, sieht man von pauschalen Verweisen auf das Liebesgebot ab, dessen Beachtung vor allem von denen nachdrücklich eingefordert wird, die sich im Hinblick auf ihre Sexualität als unterdrückt, benachteiligt oder in irgendeiner Weise in ihrer freien Selbstbetätigung gehindert erfahren. Die Selbstwahrnehmung als »Opfer« reicht aus, um wohlmeinender Unterstützung sicher zu sein, insbesondere wenn das Leiden auf patriarchale cisgender Strukturen projiziert werden kann. Das Empörungspotential, das in den Debatten über sexuelle Vielfalt zum Einsatz kommt, hat einschüchternde Wirkung – und zwar durchaus in beide Richtungen. Dafür sein oder dagegen – das entscheidet nicht nur über Dazugehören oder Nichtdazugehören, das ist nicht mehr eine von mehreren möglichen Optionen, sondern eine Frage von Gut und Böse mit zunehmend berufsrechtlichen, wirtschaftlichen und juristischen Implikationen. Das aber bedeutet, dass über ein wichtiges Thema nicht mehr sinnvoll miteinander gesprochen werden kann, weil grundsätzliche Fragestellungen beständig moralisch überhöht (und damit die abweichende Meinung im wahrsten Sinne des Wortes »heruntergemacht« werden kann) und mit persönlich Erlebtem vermischt werden, wobei die eigene – ja immer begrenzte, immer zufällige, immer anekdotenhafte, immer subjektiv wahrgenommene – sogenannte Erfahrung zunehmend als Maßstab dient.

Dieser Beitrag nimmt nicht in Anspruch, zur politischen und gesellschaftlichen Diskussion direkt beizutragen. Er versucht vielmehr, im Kontext der Frage nach einer christlichen und biblisch begründeten Ethik klären zu helfen, wer nach dem biblischen Zeugnis mit wem Sex haben soll und wer nicht. Ferner soll versucht werden zu erklären, warum praktizierte Sexualität im NT besonders im Rahmen der Soteriologie wichtig ist. Es ist also ein Beitrag, der Christen helfen soll, eine biblisch begründete Position zu finden, die für sie *als Christen* Bedeutung hat. Was Staat und Gesellschaft darüber hinaus für erlaubt, möglich, gut, schützens- und begehrenswert halten, ist davon unberührt. Da die Bibel nicht (mehr) als Strafgesetzbuch in Anspruch genommen wird (dies zu tun, war m.E. ein fundamentaler Fehlweg der nachkonstantinischen Kirchengeschichte, deren Folgekosten in der Gegenwart zu begleichen sind), sind solche theologischen und innerkirchlichen Debatten für viele Mitmenschen vollkommen unerheblich. Das ist als Gewinn und Vorteil zu sehen. Niemand sollte in irgendeiner Weise dazu gezwungen werden, sein Sexualleben nach biblischen Maßstäben auszurichten. Wer das nicht will, ist frei, seinem eigenen Gewissen zu folgen. Dies sollte aber auch für diejenigen gelten, die sich an das biblische Wort als Offenbarungswort gebunden wissen und die vertrauen, dass ihnen darin Gottes Weisung begegnet. Die also darauf vertrauen, dass dieses Wort und Gebot auch da zu ihrem Besten dient, wo es dem eigenen Wollen, Empfinden und Verstehen entgegensteht (vgl. Röm 8,28). Für diese Christen gilt, dass Sex schöpfungstheologisch zum Menschsein dazugehört und darum wie alles Geschaffene der Macht der Sünde (als menschliches Autonomiestreben gegen Gottes Gebot) und des Todes unterliegt und entsprechend im Rahmen der Hamartologie und Soteriologie besprochen werden muss, um dann in der Eschatologie ans Ziel geführt zu werden. Mit anderen Worten: Auch beim Sex führt kein Weg am Kreuz vorbei!

## 2.1. Gottes Unterscheidungen und des Menschen Aufhebungen

In der Schöpfung erweist Gott seine Macht, in der Begleitung seiner Schöpfung erweist er seine Liebe und Treue, und indem er seine Schöpfung auf das Ziel der Neuschöpfung hinlenkt, erweist er sich als geschichtsmächtig. Gott macht Geschichte, von der Schöpfung bis zur Neuschöpfung. Das sind die großen Linien, in denen die einzelnen ethischen und geistlichen Herausforderungen und Fragestellungen verortet werden müssen. Dabei ist zu beachten, dass die Frage nach Mannsein und Frausein und daraus resultierend die Frage nach Fortpflanzung und sexueller Gemeinschaft nicht eine unter vielen, nicht einmal eine unter mehreren, sondern eine unter drei grundlegenden Distinktionen Gottes ist, die sein Handeln in, mit und für diese Welt von Anfang an bestimmen. Der Alttestamentler Eckart Otto beschreibt Schöpfung als „Differenzierung" und „Trennung": Mensch — Gott; Mensch — Tier; Mann — Frau und daraus resultierend Vater — Mutter und Eltern — Kinder.[6] Das sind die grundlegenden Statusdifferenzierungen vor dem Fall. Dabei geht es um Differenzierung und nicht um Wertung: der Mensch ist nicht Gott, aber damit ist der Mensch nicht benachteiligt, sondern bleibend unterschieden von Gott. Gegenüber den Tieren übt der Mensch die Herrschaft aus, aber darum sind die Tiere dem Menschen gegenüber nicht benachteiligt, sondern von

---

[6] Eckart Otto, Das Gesetz des Mose, Darmstadt 2007, 20 f.

ihm verschieden (Gen 1,28; 2,19–20). Erst nach dem Fall darf er sie essen und für seinen Lebenserhalt gebrauchen (Gen 9,3, vgl. 3,21). Dasselbe gilt für Mann und Frau, Vater und Mutter, Eltern und Kinder. Das sind grundlegende Unterscheidungen, die aber nicht mit Wertungen versehen sind, sondern mit Aufgaben und Zuständigkeiten. Der Schöpfer unterscheidet das Geschaffene von sich. Es ist nicht Gott, ist nicht Teil von ihm und ist nicht durchdrungen von ihm: es ist ein von ihm unterschiedenes und unterscheidbares Gegenüber. Es trägt aber die Werkspuren Gottes in und an sich, was für den Menschen mehr als für alle anderen Geschöpfe gilt, der sich nicht nur in seiner seelisch-geistigen, sondern auch in seiner somatischen Existenz von Anfang bis Ende dem „divine touch" verdankt.

Die Kapitel 4–11 der Genesis enthalten weitere grundlegende Differenzierungen, aber diese sind bereits von der Sünde als Ungehorsam gegenüber Gottes Platzanweisung geprägt: Mensch und Engelmächte als eine von Gott geschützte Grenze, weshalb auch hier jede sexuelle Gemeinschaft ausgeschlossen wird (Gen 6,1–4); Noah als der „fromme Mensch, der mit Gott wandelt" (Gen 6,9) gegenüber denen, die böse sind (Gen 6,5), d.h. die Unterscheidung zwischen dem Frommen bzw. Gerechten und dem Gottlosen (auch schon bei Kain und Abel); die erneute Scheidung zwischen Tieren und Menschen nach der Flut, die nun auf Furcht und Tod zwischen Tier und Mensch basiert (9,2–6); während Tierblut vergossen werden darf, gilt dies nicht für das Blut der Menschen, „denn Gott hat den Menschen zu seinem Bild erschaffen" (9,6); weil die Tiere dem Menschen keine gleichwertigen Partner sind (Gen 2,20), darf er keine geschlechtliche Gemeinschaft mit ihnen haben (Ex 22,18; Lev 18,23; 20,15–16; Dtn 27,21). Die letzte große Differenzierung in diesen ersten 11 Kapiteln, die die Grundordnung der Schöpfung beinhalten, ist die zwischen den Völkern: Sem, Ham und Jafet, die Söhne Noahs, sind in idealtypischer Weise die Väter aller Völker auf Erden (9,18–10,32). Der Turmbau zu Babel kann als ein erster Versuch verstanden werden, diese Differenzierungen aufzuheben bzw. nicht zur Entfaltung kommen zu lassen: Eine Sprache, ein Volk, eine Stadt – was in mancher Hinsicht wie ein zeitgenössisches Ideal klingt, wird in dem biblischen Text als Auflehnung gegen Gott gedeutet.

„Sollte Gott gesagt haben?" – diese Frage der Schlange im Paradies steht biblisch gesehen am Anfang der Auflehnung und Abwendung von Gott (Gen 3,1). Es ist die Frage, die Misstrauen in die Schöpfergüte Gottes sät, weil er nicht alles ohne Unterschied dem Zugriff des Menschen zur Verfügung stellt. Gott „diskriminiert", indem er zwischen den Früchten unterscheidet, die zu essen erlaubt sind, und denen, deren Verwendung er sich selbst vorbehalten hat. Die Schlange nützt die Verschiedenheit von Gott und Mensch, indem sie ihnen verspricht, dass sie „wie Gott sein werden" (Gen 3,5). Der Anfang der Sünde ist der Versuch, die Unterscheidungen aufzuheben, die Gott seiner Schöpfung eingestiftet hat. Das Überschreiten bzw. aktive Bekämpfen und Beseitigen der von Gott gesetzten Differenzierungen ist Teil der Menschheitsgeschichte von Anfang an,[7] das sich in den letzten Jahrzehnten intensiviert zu haben scheint. Ursache dafür ist der zunehmende Verlust, Gott den Schöpfer konkret, real und handgreiflich zu glauben, ihn als solchen zu lieben und auf ihn zu hoffen, wenn es um die »basics« der menschlichen Existenz geht. Konkret wird dies im Umgang mit dem von Gott geschaffenen Leib als dem Medium der Gottesbeziehung, in dem er durch seinen Geist wohnen und den er in der Auferstehung vollenden will. Die Auflehnung gegen Gott zeigt sich darum besonders in der menschlichen Bemächtigung des Leibes: Selbstoptimierungstendenzen innerhalb der medizinischen Forschung und Biotechnologie versuchen die gegebenen Fähigkeiten des menschlichen Körpers und seine Sinneswahrnehmungen über das bisher Menschenmögliche hinaus zu steigern. Am Ende bestimmen Computerprogramme den Menschen und nicht mehr die Menschen die von ihnen gebauten Apparate. Der Mensch überschreitet seine Humanität und entfernt sich dadurch von seinem Schöpfer, indem er sich selber neu und besser forterschaffen will. Letztes Ziel dieser menschlichen Utopie ist die Überwindung des Todes. Damit ersetzt die Unsterblichmachung der *Sarx* (des Fleisches) die Hoffnung auf die Auferstehung des *Sōma* (des Leibes). Der Mensch will selbst machen, was Gott ihm eschatologisch zusagt und erweist gerade darin seinen Unglauben und sein Misstrauen gegen Gottes Schöpfergüte.

## 2.2. Sexuelle Selbstbestimmung als Grenzüberschreitungen

Die sexuelle Revolution gehört ebenfalls in diese Geschichte der Abwendung von Gott als Schöpfer. Gerade weil die Gesellschaft inzwischen zu großen Teilen bereit ist, gleichgeschlechtliche Paare zu akzeptieren, wird über dieses Tor das ganze traditionelle Verständnis menschlicher Sexualität und geschlechtlicher Identität in Angriff genommen, das insgesamt unterschwellig als unfrei und

---

[7] Dazu gehören auch die Versuche innerhalb des erwählten Gottesvolkes, wie alle anderen Völker sein zu wollen, vgl. 1Sam 8,5–7; 1Makk 1,12–14.

fremdbestimmt denunziert wird. Folgt man den von den Medien gesetzten Trends, dann ist die Frage Hetero- bzw. Homosexualität schon eigentlich kein Thema mehr, ja sie geht in gewisser Weise sogar in die falsche Richtung. Denn bei der Frage nach Hetero- oder Homosexualität geht es noch vielfach um die Frage, was jemand *ist*, so als wäre Dasein durch biologische und genetische Informationen festgelegt (der Vorwurf des Essentialismus). Was aber zwingt die Menschen, sich für die Zeit ihres Lebens bzw. seine verschiedenen Bereiche auf nur eine Identität festlegen zu lassen? Die insinuierte Antwort ist, dass nichts Anderes als das traditionelle (patriarchalische) binäre Geschlechter- und Rollenverständnis die Menschen in ihrer Selbstentfaltung hemmt.[8] Das eigentliche Ziel kann darum nur die vollständige Überwindung der biologisch gesetzten (sex) und durch kulturelle Codes (gender) verstärkten Grenzen zwischen männlich und weiblich, aber auch zwischen menschlich und nichtmenschlich (Zoophilie und Objektophilie bzw. Objektsexualität[9]) sein. *Gender fluidity* bzw. *sexual fluidity* ist die Utopie, die diese verschiedenen Emanzipationen sexueller Verhaltensweisen verfolgen.[10]

---

[8]  Zur Unterscheidung von sexueller Orientierung und bewusst angenommener sexueller Identität s. Raedel, Zwischen Schöpfung und Erlösung [wie Anm. 4], 248–250; auch Josef Römelt, Sexualität und Gewissensfreiheit. Gleichgeschlechtliche Liebe, Lebenspartnerschaft und Humanökologie, in: »Wer bin ich, ihn zu verurteilen?« [wie Anm. 1], 325–350, verweist darauf, dass „die Übernahme und Gestaltung einer gleichgeschlechtlichen Lebensform ... in nicht geringen Anteilen der freien Bestimmung des Menschen anvertraut" ist. Zwar spielen dabei Prägungen, gewollte und ungewollte, eine wichtige Rolle, aber die eigene Identität hängt auch von den „durch die Kraft der eigenen Entscheidung geformten Umständen und Konturen ab. ... Noch deutlicher gesagt: homosexuell zu sein, dazu muss ich mich auch bekennen und entscheiden. Es ist zu einem nicht geringen Anteil die Wahl eines Lebensstils. Ja, es ist nicht einfach Schicksal" (332). Entsprechend erwarten Menschen, die sich für eine sexuelle Identität entschieden haben „Respekt für das eigene Ringen" und verbinden mit ihrer Entscheidung „eine starke Wertbindung", wie Michael Herbst, Seelsorge und Homosexualität, in: ThBeitr 46 (2015), 254–258, hier: 256, darstellt. Sie wollen bleiben, wozu sie sich entschieden haben, und sie wollen dafür die Anerkennung derer, die eine andere Entscheidung – aus welchen Gründen auch immer – favorisieren. Die Schwierigkeiten, die sich darauf für ein gemeinsames Gespräch ergeben, liegen auf der Hand.
[9]  Vgl. dazu www.objektophilia.de, die dieses menschliche Liebesverhalten als „vollwertige[] Beziehungsliebe zu Gegenständen (emotional und körperlich)" beschreiben und als eines der Ziele dieser Selbsthilfegruppe benennt, die Anerkennung als „einer eigenständigen sexuellen Orientierung" zu erreichen (6. Okt. 2015). Mit mehr Distanz beschrieben bei Volkmar Sigusch, Sexualitäten. Eine kritische Theorie in 99 Fragmenten, Frankfurt 2013, 311–315.
[10] Zu dieser Terminologie s. Sigusch, Sexualitäten [wie Anm. 9], 250–253. In diesem »lesenswerten«, über 600 Seiten starken Werk findet der ahnungslose Zeitgenosse eine hilfreiche Aufarbeitung all dessen, was es auch noch gibt. Empfehlenswert und informativ ist ebenfalls ders., Geschichte der Sexualwissenschaft, Frankfurt 2008. Volkmar Sigusch gilt als einer der bedeutendsten Sexualwissenschaftler weltweit. Er studierte in den Sechzigerjahren Medizin, Psycho-

Entscheidend dabei ist, dass nichts mehr festgelegt wird: Weder durch die Natur (sex), noch durch die Gesellschaft bzw. andere Menschen (gender) und noch viel weniger durch Gott, wobei die jüdisch-christliche Gottesvorstellung als besonders hinderlich auf dem Weg zu dieser Utopie gilt. Denn darin wird Gott sowohl als Schöpfer (sex) wie auch als Gesetzgeber (gender) verehrt. Ein positives Gottesverhältnis anerkennt dagegen Gottes Verteilung der Geschlechterrollen mit ihren je spezifischen Aufgaben als eine heilsame Offenbarung: Der Schöpfer von männlich und weiblich weiß am besten, wie diese Dualität harmoniert und darum dienen seine Gebote dem guten Miteinander von Mann und Frau und stehen unter der Verheißung seines Segens. Die Seinsgebung und Gebotssetzung Gottes schließen dagegen alles Dritte und Dazwischen aus dem Bereich des von Gott Gewollten und Geordneten ausdrücklich aus. Davon Betroffene sollen in diesem Bereich – wie andere in anderen – lernen, im Vertrauen auf Gottes Verheißung und Vergebung einen Weg zu finden, der Gottes Gebot und Ordnung auch da ehrt, wo man persönlich damit im Konflikt steht.[11] Wo und wenn Gott bzw. Religion jedoch in erster Linie als Einschränkung der persönlichen Freiheit erfahren (Aufklärung, Emanzipation) oder als Machtinstrument der Herrschenden (politische Utopien) verstanden wird, ist die Überwindung der Gottesbindung für das Erlangen der menschlichen Selbstbestimmung der entscheidende Vorgang. Es soll dem einzelnen Menschen freigestellt sein, darüber zu entscheiden (und zwar nicht als dauerhafte, sondern als spontane, momentane, reversible Entscheidung), ob er sich nun als Mann, Frau, oder intersexuelle Person homo-, hetero-, bisexuell, zoophil etc. verstehen will.[12]

---

logie und Philosophie. Später war er Direktor des Instituts für Sexualwissenschaft am Universitätsklinikum Frankfurt am Main. 1996 prägte er den Begriff der neosexuellen Revolution, bezogen auf die Etablierung neuer Formen wie Internetsexualität, Transsexualismus oder Objektophilie.

[11] Hilfreich dazu M. Herbst, „It's (not) all about sex" – Was wohl Jesus zu homosexuell empfindenden Menschen sagen würde. Predigt über Röm 1,18–2,1, in: ThBeitr 46 (2015), 202–209.

[12] Einer der führenden Vertreter dieser großen Freiheit ist der Kieler Sozialpädagoge Uwe Sielert, der sich dafür einsetzt, sexuelle Vielfalt von Anfang an im Lehrplan der Schulen zu verankern: Sexualpädagogik. Konzeption und didaktische Anregungen (Edition Sozial), Weinheim 1993; ders., Einführung in die Sexualpädagogik, Beltz Studium, Weinheim ²2015; Renate-Berenike Schmidt/Uwe Sielert (Hg.), Handbuch Sexualpädagogik und sexuelle Bildung, Weinheim ²2013 (832 S.). Das dazu gehörende Lehrbuch ist Elisabeth Tuider/Mario Müller/Stefan Timmermanns/Petra Bruns-Bachmann/Carola Koppermann, Sexualpädagogik der Vielfalt. Praxismethoden zu Identitäten, Beziehungen, Körper und Prävention für Schule und Jugendarbeit, Weinheim ²2012.

Angesichts dieser vielfältigen Herausforderungen ist es wenig hilfreich, sich in Einzeldebatten über solche Entgrenzungspostulate (d.h. die Überwindung der von der Natur und vom Gebot Gottes gesetzten Grenzen) aufzureiben, weil man damit immer nach den Regeln und Vorgaben derer argumentiert, die diese Themen platzieren und nach jedem gewonnenen Etappenziel sofort die nächste in Angriff nehmen. Das Bemühen um eine schriftgemäße Haltung, die das *für Christen* Gegebene zur Geltung bringt, sollte sich darum auf die Begründung einer Ethik konzentrieren, die einem offenbarungstheologischen Ansatz verpflichtet ist. Ziel ist es, Christen, die auf das biblische Zeugnis für ihr eigenes Leben *hören wollen*, argumentativ, theologisch, intellektuell und seelsorgerlich Orientierung zu geben. Denn darauf bleiben Christen verpflichtet, auch wenn die Gesellschaft um sie her (und viele Stimmen aus Theologie und Kirche, die den „heutigen Lebensverhältnissen"[13] bzw. dem „heutige[n] anthropologische[n] Wissensstand"[14] Vorrang vor dem biblischen Zeugnis geben) in ihrer Mehrheit andere Normen vertritt.

---

[13] Thomas Hieke, Kennt und verurteilt das Alte Testament Homosexualität, in: »Wer bin ich, ihn zu verurteilen?« [wie Anm. 1], 19–52, hier: 37. Ausgangspunkt dieser Argumentation ist, dass für die Levitikus-Stellen ein ganz konkreter historischer Kontext konstruiert wird, in dem das Verbot homosexueller Praxis nachvollziehbar war, hier z.B. „eine Stärkung der eigenen Gemeinschaft durch möglichst große Nachkommenschaft" zur Zeit der persischen Herrschaft, als die Heimkehrergeneration aus dem Exil um ihr Überleben kämpfte und darum alle Sexualakte verbot, die nicht zu Nachwuchs führen konnten (36). Dadurch wird der biblische Befund historisiert und seine gegenwärtige Bedeutung eingeschränkt. Übergangen wird in dieser Argumentation, dass der Prozess der Kanonisierung gerade dazu dient, solche historisch bedingten Erfahrungen mit Gottes Reden und Handeln in die weitere Heils- und Offenbarungsgeschichte einzugliedern. Dadurch wird je nachdem die Bedeutung eines Textes erweitert oder reduziert, was bei einer theologischen Exegese auch entsprechend zu berücksichtigen ist.

[14] Michael Theobald, Paulus und die Gleichgeschlechtlichkeit. Plädoyer für einen vernünftigen Umgang mit der Schrift, in: »Wer bin ich, ihn zu verurteilen?« [wie Anm. 1], 53–88, hier: 53. Da es „nach den heutigen Humanwissenschaften dauerhafte gleichgeschlechtliche Orientierungen oder Veranlagungen aufgrund welcher Faktoren auch immer" gibt, „fallen die paulinischen Texte für eine ernsthafte theologische Anthropologie, die sich im Gespräch mit den Humanwissenschaften befindet, als Argumentationsinstanz aus" (79). Das ist dann doch nahe einer theologischen Selbstaufgabe: Menschliche Dispositionen („Orientierungen oder Veranlagungen") sind sicherlich ethisch zu berücksichtigen, aber sie entscheiden nicht (auch nicht in einem juristischen Verfahren), ob etwas erlaubt oder verboten, gebilligt oder gefördert werden soll. Der Verweis auf gegenwärtiges Wahrheitsbewusstsein und Einsichten der Humanwissenschaften gehört zum Standardrepertoire, um biblische Aussagen in ihrer Reichweite einzugrenzen. Das Gespräch zwischen biblischen Einsichten und denen der Wissenschaft ist absolut nötig, nur sollte dasselbe nicht immer nur in der Weise ablaufen, dass die Wissenschaft bestimmt, was gilt und was nicht. Was dabei zu kurz kommt ist der Offenbarungscharakter der Heiligen Schrift.

In diesem Zusammenhang sei ausdrücklich auf den Bericht der päpstlichen Bibelkommission über „Bibel und Moral" verwiesen, der am 11. Mai 2008 veröffentlicht wurde.[15] Darin wird in beeindruckender Weise die „biblische Moraltheologie" im Rahmen „der biblischen Anthropologie und Theologie" dargestellt.[16] Als „Schlüsselbegriff" des Dokuments wird „geoffenbarte Moral" eingeführt, der – so wird eingeräumt – „weder klassisch noch üblich" ist.[17] Damit wird zum Ausdruck gebracht, dass „die Imperative eines Naturgesetzes, das für universal gehalten wird" nicht ausreichen, um „die Eigenart, Güte und bleibende Aktualität der biblischen Moral" zu erfassen.[18] Daraus folgt für die Verfasser, dass „die Moral, ohne weniger wichtig zu sein, ... an zweiter Stelle [steht]." An erster Stelle steht dagegen Gottes Initiative, wie sie sich in Schöpfung und Offenbarung darstellt:

> In biblischer Sicht wurzelt die Moral im vorausgehenden Geschenk des Lebens, der Intelligenz und des freien Willens (Schöpfung) und vor allem in dem völlig unverdienten Angebot einer bevorzugten, inneren Beziehung des Menschen zu Gott (Bund). Die Moral ist nicht in erster Linie Antwort des Menschen, sondern Offenbarung des Planes und des Geschenks Gottes.[19]

Der Zusammenhang von erfahrener und verdankter Schöpfergüte und daraus resultierend eine Ethik, die diesen Schöpfer ehrt, indem sie seinem Wort vertraut, ist hier bereits in klaren Linien vorgezeichnet. Darüber hinaus ist auch der Adressatenkreis des Dokuments in ähnlicher Weise wie hier bestimmt, indem eingeräumt wird: „Wir sind uns bewusst, dass unseren Ausführungen in erster Linie die Gläubigen folgen können, und für diese sind sie zuerst bestimmt".[20] Das ist die notwendige Selbstbeschränkung, die kirchlichen Verlautbarungen gemäß ist. Denn nur dann, wenn deutlich ist, dass eine „geoffenbarte Moral" oder Ethik nur für die verbindlich werden kann, die dieser Offenbarung *glauben*, kann auch der Wunsch formuliert werden: „Wir wünschen uns aber auch einen weiter ausgreifenden Dialog zwischen Menschen guten Willens, die verschiedenen Kulturen und Religionen angehören und die über die Angelegenheiten des Alltags hinaus

---

[15] Sekretariat der Deutschen Bischofskonferenz (Hg.), Bibel und Moral. Biblische Wurzeln des christlichen Handelns (Verlautbarungen des Apostolischen Stuhls 184), Bonn 2009.
[16] Ebd. [wie Anm. 15], 16.
[17] Ebd. [wie Anm. 15], 18.
[18] Ebd. [wie Anm. 15], 17 f.
[19] Ebd. [wie Anm. 15], 18.
[20] Ebd. [wie Anm. 15], 20.

einen Weg zu Glück und Sinn suchen".[21] Dieser Wunsch geht umso eher in Erfüllung, desto besser Christen diese „geoffenbarte Moral" nicht nur predigen, sondern fröhlich, dankbar und sichtbar leben. Wenn sich dabei die Konfessionsgrenzen öffnen und verschieben, dann erleben wir die Erhörung von Jesu Fürbitte in Joh 17, der darum betet, dass die, denen er Gottes Wort gegeben hat (V. 14), eins seien (V. 21).

## 2.3. Natürliche Ordnung, Selbstannahme und die Notwendigkeit der Offenbarung

Eine vorrangige Aufgabe, um die oben formulierten Absichten zu erreichen, ist das Begreifen der Schwierigkeit, an einer bestimmten ethischen Position fest zu halten, wenn die ursprünglich zugrundeliegenden Begründungen als nicht mehr gültig angesehen werden. Im Falle der christlichen Ehe zwischen *einem* Mann und *einer* Frau – darauf zielt das gesamtbiblische Zeugnis trotz der Beschreibung und zeitweiliger Tolerierung polygamer Praxis – sind diese fundamentalen Begründungen die Berufung auf die Schrift als Gottes Offenbarung und davon abhängig die damit – oft, aber nicht notwendig – zusammenhängende Orientierung an dem, was gemeinhin als natürlich oder normal galt (worauf sich die viel gescholtene Naturrechtsethik beruft). In den biblischen und antiken Texten ist dies als κάτα φύσιν (*kata physin*) „gemäß der Natur" bezeichnet, und diese Argumentationsfigur ist bereits in der Antike weit verbreitet.[22] Biblisch gesehen ist „gemäß der Natur" allerdings nicht ausreichend, weil die vorfindliche, natürliche Beschaffenheit zu der „von der Sünde signierten Ausstattung des Menchen" gehört, „die sich nicht als verlässlicher Kompass für Entscheidungen über Grundfragen der Lebensführung eignet."[23] Nicht die Natur an sich lehrt Gottes Willen, sondern durch Gottes Offenbarungswort erkennen wir die Natur als von Gott geschaffen. Zwischen beiden besteht kein Widerspruch, doch kommt in den grundsätzlichen

---

[21] Ebd. [wie Anm. 15].
[22] Nach rabbinischem Verständnis gehört das Verbot der Unzucht (und damit indirekt das Gebot zur Ehe zwischen Mann und Frau) zu den Geboten, die bereits Adam bzw. Noah gegeben worden sind, d.h. sie gelten für alle Menschen, vgl. Bill. III, 36–38. Zum „natürlichen Gebrauch" (φυσικὴ χρῆσις, *physikē chrēsis*) im Unterschied zum „Gebrauch an der Natur vorbei" (παρὰ φύσιν χρῆσις, *para physin chrēsis*), wie Paulus in Röm 1,26 formuliert, s. die Belege aus dem Judentum bei Bill. III, 64–74. Zu einem reichhaltigen Florilegium aus allen Bereichen der griechisch-römischen Literatur s. Neuer Wettstein. Texte zum Neuen Testament aus Griechentum und Hellenismus, II.1 Texte zur Briefliteratur und zur Johannesapokalypse, hg. v. G. Strecker/U. Schnelle, Berlin 1996, 32–47.
[23] Raedel, Zwischen Schöpfung und Erlösung [wie Anm. 4], 249.

Fragen des Erkennens der Aufgaben und Verantwortlichkeiten des Menschen dem Offenbarungswort der Vorrang vor dem Natürlichen zu, da dieses ohne das Offenbarungswort immer nur gebrochen erkannt werden kann. Anders ausgedrückt: Dass etwas als »natürlich« (und darum akzeptabel) gilt, dass es in der »Natur einer Sache« oder in eines Menschen »Natur liegt«, genügt als ethisches Kriterium nicht.

Paulus, in einer Situation, in der er sich gegen Einwände und Vorwürfe verteidigen musste, schreibt in 1Kor 15,10: „Von Gottes Gnade bin ich, was ich bin." Dies ist einer der Mut machendsten Verse im Neuen Testament, der es Einzelnen erlaubt, sich in einer Anfechtungssituation als von Gott gewollt anzunehmen. Sollte er darum nicht gerade für solche Menschen gelten, die unter ihrer Identität leiden? „Ich bin schwul, so hat mich Gott geschaffen, also ist es gut" – ist das nicht die logische Konsequenz aus der Betonung des Glaubens an Gott als Schöpfer? Was Gott geschaffen hat, das kann er doch nicht gleichzeitig verwerfen und in seiner Ausübung untersagen? Eine solche Argumentation ist nachvollziehbar, auch wenn sie letztendlich nicht richtig ist. Denn Paulus verweist hier nicht auf seine »Natur«,[24] sondern auf die verändernde Gnade, die ihn zu dem gemacht hat, der er ist. Diese persönliche Aussage des Paulus erhebt das Faktische gerade nicht zur Norm (»ich bin, was ich bin und das ist gut so«) sondern verbindet die eigene Existenz mit dem rettenden (und verändernden) Wirken Gottes. Das, was existiert, ist nicht einfach mit dem von Gott Geschaffenen und damit mit dem von Gott Gewollten gleichzusetzen. Etwas ist nicht gut, nur weil es ist. Darum kann das Faktische, selbst wenn es Menschen „in der Natur liegt", auch nicht einfach als Norm gesellschaftlichen Verhaltens dienen. Das wird sofort deutlich, sobald man nicht von sexuellen Anlagen ausgeht: Aggressives Verhalten, gegen sich und andere, wird gesellschaftlich geregelt und nötigenfalls eingeschränkt, auch wenn es den natürlichen Anlagen der betreffenden Person entspricht. Für eine biblische Ethik gilt diese Differenzierung von Natürlichem und Gewolltem bzw. Akzeptiertem noch viel deutlicher. Denn wäre das Vorfindliche bzw. das Natürliche auch zugleich das Richtige und Letztgültige, dann bedürfte es keiner Offenbarung. Dass der Mensch geschaffen ist, weiß er nicht aus sich selbst. Er ahnt es, aber dieses Ahnen bleibt ohne Klarheit und bedarf der Anrede und Offenbarung durch Gott. Der Mensch lebt davon, dass ihm gesagt wird, *wer* er ist. In gleicher

---

[24] Phil 3,1–11 gehört ebenfalls hierher, indem Paulus seine ethnische und kulturelle Prägung zurückstellt zugunsten der neuen Erkenntnis von Jesus als Messias.

Weise bedarf er der Offenbarung um zu wissen, *wie* und *wozu* und als *was* er geschaffen ist. Erst die Offenbarung ermöglicht ihm Gemeinschaft mit seinem Schöpfer und damit eine unendliche Fülle von Glück, Hoffnung, Zufriedenheit und Liebe. Zugleich ermöglicht Gottes Anrede an den Menschen, dass er antworten und Gott gegenüber Ver*antwort*ung wahrnehmen kann. Inhalt dieser Offenbarung ist auch, dass Gott den Menschen als Mann oder als Frau erschaffen hat, und dass diese Differenzierung mit bestimmten Aufgaben verbunden ist (Vater – Mutter). Dazu kommt die biblische Lehre vom Fall, die das faktisch Gegebene, und damit eben auch das Natürliche, unter den Zugriff der Sünde stellt, wodurch die ursprüngliche Bestimmtheit verloren wurde.

Der biblische Glaube setzt also das Geschaffensein des Existierenden voraus, aber er steht dazu in einem dialektischen Verhältnis, weil das Erschaffene auf seine Erlösung harrt und darum in seiner unerlösten Form zwar zum Ausgangs- aber eben nicht zum Zielpunkt des Verhaltens gemacht werden kann. Was ist, ist nicht mehr von vornherein gut. Was ist, ist nicht *a priori* so auch von Gott gewollt: Dass Kinder im Reagenzglas oder aus biologischen Bausteinen von mehr als zwei Elternteilen erzeugt werden, ist nicht das von Gott Gewollte; ebenso, dass Kinder durch eine Vergewaltigung gezeugt werden. Diese Erscheinungen sind, wie Krankheit und Tod, Teil der gefallenen Welt, aber gerade an solchen sollen die Taten Gottes offenbar werden (Joh 9,3). Die biblischen Texte zeigen eine Hinwendung Gottes zu denen, die unter dem Gefallensein der Schöpfung am schwersten zu leiden haben: die Kranken, Behinderten, Armen, Witwen, Waisen etc. Gott liebt diese Menschen, das lässt sich mit Gewissheit sagen. Aber aus dieser Liebe, die jedem Menschen gilt, kann nicht geschlossen werden, dass alle Umstände, die zu diesem Leben geführt haben, von Gott gewollt waren (auch wenn sie von ihm zugelassen wurden). Das Vorhandene ist nicht die Norm und aus dem Vorhandensein von etwas kann nicht abgeleitet werden, dass es Gott wollte. Darum hat das Offenbarungswort Vorrang vor dem faktisch Gegebenen. Gott sagt den Menschen, was gut ist. Es gilt also, die Spannung auszuloten zwischen Schöpfungswort und Offenbarungswort, die diesem Beitrag den Titel gegeben hat. Dazu kommt jedoch, vom Anfang der Bibel an, dass sich der Mensch nicht sagen lassen will, was gut für ihn ist; er will es sich selber sagen dürfen. D.h. es gibt eine zweite Spannung auszuloten, nämlich die zwischen dem natürlichen Menschen und dem geistlichen Menschen und ihren jeweiligen Fähigkeiten, das von Gott Gebotene überhaupt zu erkennen und als Folge davon auch wollen zu können. Damit zusammen hängt die Frage, inwieweit das Offenbarungswort, das sich nur dem geistlichen Menschen als Gottes gutes Wort erschließt – und zwar selbst da, wo es den eigenen Tod als Sünder besagt – zur Grundlage einer allgemeingültigen Ethik gemacht werden kann.

Die gegenwärtige Situation ist darum als *eine positive Herausforderung* anzusehen, weil sie Theologie und Kirche dazu nötigt, noch einmal neu darüber nachzudenken, was in diesen Fragen auf dem Spiel steht und worauf es wirklich ankommt. Dass sexuelles Verhalten inzwischen mit relativ wenigen Ausnahmen (Päderastie, Inzest, Zoophilie, missbrauchende Gewaltanwendung und Nekrophilie) weitgehend ohne Einschränkung durch normative Diskurse verhandelt werden kann, ist dabei durchaus vorteilhaft. Die Kirche hat sich zu lange hinter dem Gesetzgeber versteckt, um ihre Moralvorstellungen durchzusetzen, und sie hat dabei zu ihrem eigenen Schaden verlernt, dass die neutestamentliche (bzw. biblische) Ehe- und Sexualethik dem „natürlichen Menschen" nicht notwendigerweise einleuchten muss, sondern im Gegenteil, dass dieses durch Offenbarung ermöglichte Erkennen von vielen als Torheit angesehen wird (1Kor 2,6–16). Was Paulus über die Verborgenheit der Weisheit Gottes schreibt, gilt auch für die neutestamentliche Ethik. Auch sie gründet darauf, dass der Mensch von Gott als Schöpfer und Erlöser zuallererst *erfahren* muss, wer und was er ist. Nur wenn und nur insoweit er sich als Gottes Geschöpf wahrnimmt, wird er sich von seinem Schöpfer über sein eigentliches Sein, seine Bestimmung, seine Gefährdung und seine Hoffnung belehren lassen. Das aber setzt die Umkehr und Hinwendung zu Gott als Schöpfer und Erlöser voraus. Die alte »Natur« (wofür neutestamentlich oft „Fleisch" gebraucht ist) wird durch die „neue Schöpfung" überwunden (2Kor 5,17), die durch Christus in seinem Tod und seiner Auferstehung angefangen hat.

Das erste Buch Mose steht nicht ohne Grund vor der Gesetzgebung, wie schon der jüdische Philosoph und Schriftausleger Philo von Alexandrien im ersten Jahrhundert herausgestellt hat. Denn in der Genesis und den Erzählungen über die Erzeltern wird der Grund dafür gelegt, diesem Gott zu vertrauen, und mehr noch, diesen Gott zu lieben. Schließlich geht es nicht darum, Gott zähneknirschend zu gehorchen, weil er Macht hat, sondern gerne zu tun, was er gebietet, weil er ein Herr ist, der Treue, Loyalität und Hingabe erwarten kann und diese Haltungen aufgrund seiner Eigenschaften als guter Herrscher bei seinen Geschöpfen auch erzeugt. Der gegenwärtigen ethischen Verunsicherung, so meine These, geht der

Verlust des Schöpfungsglaubens voraus. Denn: Bevor jemand Gottes Gebote halten kann oder überhaupt den Wunsch und das Wollen aufbringen kann, nach Gottes Geboten zu leben, muss diese Person die Erfahrung machen, dass dieser Gott es gut mit den Menschen meint, denen er etwas gebietet. Glaube und Liebe aber brauchen darüber hinaus Hoffnung, wenn es darum geht, sich um Gottes willen Beschränkungen aufzuerlegen oder zu ertragen und seine eigenen Wünsche dem Willen Gottes unterzuordnen.

## 2.4. Gottes Offenbarung als Ausgangspunkt des Verstehens

Der Blick für diese Notwendigkeit des *Glaubens* selbst für die grundlegenden ethischen Bestimmungen wurde verstellt durch die vordergründige und lange Zeit auch überzeugende, gleichwohl nur scheinbare Übereinstimmung von geoffenbartem Gotteswillen und natürlicher Ethik. Erst durch die Infragestellung eindeutiger männlicher und weiblicher Identitäten wird wieder deutlich, wie sehr der Mensch auch in Bezug auf sein Bestimmtsein als Mann und Frau sowie in Bezug auf seine Sexualität abhängig ist vom Offenbarungswort seines Schöpfers. Es lohnt sich, vor diesem Hintergrund noch einmal Karl Barths Ablehnung einer natürlichen Offenbarung in Röm 1,18–23 zu lesen.[25] Selbst, wenn man Barth am

---

[25] Besonders die knappen Darlegungen in KD I/2, 324–336 sind hilfreich, da sie noch vor der Verschärfung seiner Position als Folge der Auseinandersetzung mit den „Deutschen Christen" erfolgte, wie sie KD II/2, 93–141 prägen. Grundsätzlich lesenswert bleibt, was er aus dieser Perspektive über Mann- und Frausein und die Ehe geschrieben hat (KD III/4, 127–320, vgl. in diesem Band auch 34–50 über die Frage der Erkennbarkeit der Aufgaben des Menschen, wo Barth noch einmal betont, dass wir nur durch die Gnade Gottes in Jesus Christus wissen können, „wie es sich mit dem Menschen wirklich verhält, wer und was er ist" [45]). Zur Auseinandersetzung mit Barth nach wie vor hilfreich, und zugleich ein guter Überblick über die Auslegungstraditionen der betreffenden neutestamentlichen Stellen ist Max Lackmann, Vom Geheimnis der Schöpfung. Die Geschichte der Exegese von Römer I, 18–23, II, 14–16 und Acta XIV, 15–17, XVII, 22–29 vom 2. Jahrhundert bis zum Beginn der Orthodoxie, Stuttgart 1952. Zur Darstellung der Position bei Paulus s. besonders Richard H. Bell, No One Seeks for God. An Exegetical and Theological Study of Romans 1.18–3.20 (WUNT 106), Tübingen 1998, 90–118; Bell kommt zu dem Schluss, dass es zwar „a residue of knowledge" gebe, das aber insgesamt „adds up to no knowledge of God" (106–107); gleichzeitig hält er gegen Barth fest, dass es „a revelation of God in nature" gibt und dass dieselbe „involves Christ" (108, vgl. 114–115). Entscheidend ist für ihn jedoch Röm 1,21–22: Dieses geoffenbarte Wissen über Gott ist verloren gegangen „because men and women failed to honour God and give him thanks" (94). Dieser Sündenfall ist nicht beschränkt auf Adam und Eva, sondern geschah in Israel und in jeder Generation von Neuem: „So this fall from 'knowing God' to 'suppressing the truth' to becoming 'futile in their thinking' seems to relate in some way to every generation of Jews and Gentiles and means they are without excuse (ἀναπολόγητος, v. 20)" (95). Für kurze Überblicke s. Friedrich Beißer, Art. Schöpfungsoffenbarung, in: ELThG 3 (1994), 1788–1789; Uwe Swarat, Art. Schöpfungsordnungen, in: ebd. 1789–1791: „Weil die Sünde aber immer wieder zur

Ende nicht folgen kann, sollte man seine Position als deutliche Warnung verstehen, allzu viel von der natürlichen Ethik zu erwarten. Damit ist nicht in Abrede gestellt, dass es abseits der biblischen Offenbarung gerade im Hinblick auf die Natürlichkeit der monogamen Ehe zwischen Mann und Frau eine Fülle von Argumenten und eine Vielzahl von philosophischen, religiösen und ethischen Verteidigungsgründen gibt, die es wert sind, gehört zu werden. Entscheidend ist jedoch, dass darauf keine eigentlich *christliche* Ethik gegründet werden kann. Es geht hier ganz konkret um eine Hierarchie der Erkenntnismöglichkeiten. Welcher Erkenntnisgrund hat Vorrang, wenn es darum geht zu bestimmen, was Mannsein, was Frausein und was die Ehe ist?

Der mit der Schöpfung gegebene Logos ist durch die Sünde verunklart und ohne Gottes offenbarendes Reden und Handeln nicht eindeutig erfahrbar. Daher steht am Anfang aller Beschäftigung mit den Fragen nach geschlechtlicher Identität und gelebter Sexualität die Frage nach dem Offenbarungswort. Das aber ist nicht zugänglich, wo ohne Umkehr zu Gott allein auf Gründe der Vernunft, der Gerechtigkeit oder der Humanwissenschaften rekurriert wird. Diese Erkenntnisgründe sind darum nicht abzulehnen, im Gegenteil: Gerade, weil der Zugang zur Offenbarung nicht ohne weiteres möglich ist, braucht es die Einbeziehung der kritischen, umfassend informierten Vernunft. Dabei ist jedoch darauf zu achten, dass diese Einbeziehung der wissenschaftlichen Vernunft nicht dazu führt, dass diese dann letztlich darüber bestimmt, wie von Gott und dem Menschen gedacht werden darf. Die Vertreibung Gottes aus der Wirklichkeit dieser Welt und ihrer Ordnung, die schon Goethe scharfsichtig erkannte und beklagte[26], hat dazu geführt, dass von Gottes schöpferischem Handeln und Bestimmen nur noch da die

---

Entstellung der Schöpfungsoffenbarung führt, werden die S.[chöpfungsordnungen] erst durch die heilsgesch. Offenbarung als Gabe und Gesetz Gottes recht anerkannt" (1790).

[26] In einem Gespräch mit Eckermann am 11. März 1832: „Wenn man die Leute reden hört, sagte Goethe, so sollte man fast glauben, sie seyen der Meinung, Gott habe sich seit jener alten Zeit ganz in die Stille zurückgezogen, und der Mensch wäre jetzt ganz auf eigene Füße gestellt und müsse sehen, wie er ohne Gott und sein tägliches unsichtbares Anhauchen zurechtkomme. In religiösen und moralischen Dingen giebt man noch allenfalls eine göttliche Einwirkung zu, allein in Dingen der Wissenschaft und Künste glaubt man, es sey lauter Irdisches und nichts weiter als ein Product rein menschlicher Kräfte. (…) Gott hat sich nach den bekannten imaginirten sechs Schöpfungstagen keineswegs zur Ruhe begeben, vielmehr ist er noch fortwährend wirksam, wie am ersten. Diese plumpe Welt aus einfachen Elementen zusammenzusetzen und sie jahraus jahrein in den Strahlen der Sonne rollen zu lassen, hätte ihm sicher wenig Spaß gemacht, wenn er nicht den Plan gehabt hätte, sich auf dieser materiellen Unterlage eine Pflanzschule für eine Welt von Geistern zu gründen. So ist er nun fortwährend in höheren Naturen wirksam, um die geringeren heranzuziehen." Johann Peter Eckermann, Gespräche mit Goethe in den letzten Jahren seines Lebens, Bd. 3, Leipzig 1848, 374–375.

Rede ist, wo menschliche Einsicht an ihre Grenzen gekommen ist. Gott ist dann nicht mehr im Zentrum, um das herum sich Wissen und Verstehen ordnet, sondern er ist an den Rand gedrängt, als Lückenbüßer bis zu dem Zeitpunkt, an dem besseres Wissen die Hypothese Gott ersetzen kann. Dietrich Bonhoeffer setzte sich kritisch mit dieser weit verbreiteten Haltung auseinander, wonach wir Gott nur in den Lücken unseres Wissens ansiedeln. Damit meinte er die Haltung, sich überall da von biblischen Einsichten – etwa in Bezug auf die Natur des Menschen, den Verlauf der Geschichte oder die Erklärung naturwissenschaftlicher Zusammenhänge – zu verabschieden, wo man meinte, die moderne Wissenschaft könne Vorgänge besser erklären. Gottes Wirken wird so beschränkt auf die Dinge, für die es keine rationale Erklärung gibt, aber das bedeutet immer: *Noch* keine Erklärung gibt, wohinter sich die Erwartung verbirgt, dass auch dafür die eigentlichen, nämlich »wissenschaftlichen« Gründe zukünftig gefunden werden würden. Scharfsichtig erkannte er, dass wir auf diese Weise Gott verlieren, je mehr unser Wissen fortschreitet. Darum forderte er dazu auf, Gott in dem zu finden, was wir schon wissen: „Nicht in den ungelösten, sondern in den gelösten Fragen will Gott von uns begriffen sein." Er ist, in Bezug auf wissenschaftliche Erkenntnis nicht anders als in Bezug auf „Fragen von Tod, Leiden und Schuld … kein Lückenbüßer; nicht erst an den Grenzen unserer Möglichkeiten, sondern mitten im Leben muß Gott erkannt werden." Das ist möglich, so Bonhoeffer, durch die „Offenbarung Gottes in Jesus Christus."[27] Theologie ist dazu aufgerufen, von Gottes Offenbarung her über die Fragen des Menschseins nachzudenken, und von dieser Perspektive aus humanwissenschaftliche Einsichten historisch-kritisch daraufhin zu befragen, was sie zu den großen Fragen nach der Bestimmung des Menschen beitragen können. Theologen neigen dazu, über dem notwendig reflektierten und kritischen Umgang mit biblischen Traditionen zu vergessen, dass in gleicher Weise auch natur- und humanwissenschaftliche Erkenntnisse kritisch auf ihre Methoden, Vorurteile und Absichten zu befragen sind. Viel zu oft werden humanwissenschaftliche Forschungsergebnisse als nicht mehr länger kritisierbare, letzte Wahrheit dargestellt, an denen Kirche und Gesellschaft nicht vorbeikann. Ignoriert wird dabei, wie oft sich diese scheinbar gesicherten wissenschaftlichen Erkenntnisse über die

---

[27] Brief an Eberhard Bethge, 29. Mai 1944, in: D. Bonhoeffer, Widerstand und Ergebung, München ³1985, 341. Vgl. dazu auch R. Deines, Acts of God in History. Studies Towards Recovering a Theological Historiography, hg. von Christoph Ochs und Peter Watts (WUNT 317), Tübingen 2013, 20.

menschliche Natur im Nachhinein als falsch oder doch zumindest als grob vereinfachend entpuppt haben.

In einer eigentlich *theologischen* Argumentation setzt darum die kritische Vernunft Gott voraus und lässt sich von der Offenbarung leiten, weil sie Gott als Ursache des Seins, als Schöpfer, als Redenden, als Handelnden und als Richter anerkennt. Die Rolle des Schriftprinzips innerhalb einer theologischen Ethik entscheidet also darüber, ob wir es – plakativ ausgedrückt – mit Offenbarung oder mit menschlicher Rede von Gott zu tun haben, und als Folge davon, ob wir nach Gottes Willen oder unserem eigenen leben.[28]

## 3. Die Situation der ersten Christen als Vorbild

Ausgangspunkt der obigen Überlegungen war es, die gegenwärtige Situation als *eine positive Herausforderung* anzusehen und die Möglichkeiten des nichtnormativen Diskurses der Gegenwart affirmativ anzunehmen. Die Postmoderne — zumindest solange sie nicht selbst totalitär wird — erlaubt es, die skizzierte offenbarungstheologisch begründete ethische Position als eine Möglichkeit des Erkennens anzubieten und damit in einen friedlichen Wettstreit der Argumente einzutreten. Damit stehen wir in einer Situation ähnlich der, in der sich die Jesusgläubigen im 1. und 2. Jahrhundert wiederfanden. Der griechische Autor, Philosoph, Biograph und Ethiker Plutarch (ca. 46–120 n.Chr.) hat einen *Dialog über die Liebe* geschrieben, in dem Vertreter des Knaberoses und Vertreter eines ehelichen Eros, zu denen Plutarch selbst gehörte, einander im freundschaftlichen Wettstreit von ihren Idealen zu überzeugen versuchen.[29] Da finden sich Diffamierungen und Lobpreis gleich verteilt in beide Richtungen und es bleibt dem Leser überlassen, welche Form von Eros und Liebe er praktizieren will. Da wird – durchaus vergleichbar mit heute – mit biologischen, philosophischen und biographisch-geschichtlichen Begründungen argumentiert, gute und schlechte Vorbilder miteinander verglichen und einander fröhlich ins Wort gefallen — aber keiner zwingt der anderen Partei seine eigenen Vorstellungen auf. Gewiss — ebenfalls

---

[28] Vgl. Raedel, Zwischen Schöpfung und Erlösung [wie Anm. 4], 248: Der Mensch ist „vor die Alternative gestellt: Entweder wandelt das Wort ihn oder er wandelt das Wort, und zwar dergestalt, dass er sich der in der Ermutigung zum Leben aus dem Wort Gottes liegenden Zumutung entzieht."

[29] Mit hilfreichen Erklärungen ist dieser Text zugänglich in Plutarch, Dialog über die Liebe / Amatorius. Eingeleitet, übers. u. mit interpretierenden Essays von H. Görgemanns u.a. (SAPERE X), Tübingen 2006.

wie heute — keiner scheint auf die Argumente der anderen Seite wirklich zu hören, niemand ändert seine Haltung als Ergebnis dieses Dialogs, der vielmehr primär der Vergewisserung der eigenen Position dient. Aber der Ton und die Freiheit, in dem der Streit ausgetragen wird, hat etwas Anregendes und ich frage mich, warum es in unseren öffentlichen Debatten nicht gelingt, fröhlich verschiedener Meinung zu sein und entsprechend zu leben, ohne dass die eigene Position beständig als Bedrohung gegenüber einer anderen wahrgenommen wird.

Der wichtigste inhaltliche Unterschied zwischen Plutarch und der Gegenwart ist sicherlich, dass die Gesprächspartner bei Plutarch Ungleiches ungleich behandelt haben – sie wussten, dass die Freundschaft zwischen zwei Männern etwas Anderes darstellt als die Ehe zwischen einem Mann und einer Frau. Ein Gesprächspartner betrachtet die Beziehung zwischen zwei Männern als dauerhafter und stärker als die zu einer Ehefrau, wobei besonders der militärische Kontext zur Veranschaulichung dient: Die Liebe der Kämpfenden zueinander bestärkt ihre Tapferkeit, weil keiner vor seinem Liebhaber als schwächlich erscheinen will.[30] Der Gedanke, die Gemeinschaft zwischen Männern rechtlich einer Ehe gleichzustellen, wäre ihnen dennoch nicht gekommen und wahrscheinlich als absurd erschienen. Das gilt natürlich auch für die neutestamentlichen Autoren insgesamt. Diese, allen voran Paulus, haben mit einiger Wahrscheinlichkeit verschiedene Formen homosexueller Partnerschaften – auch dauerhafte Bindungen hat es ganz offenbar gegeben[31] – gekannt, aus der Literatur, aus eigener Anschauung (in Athen gab es eine aktive »Gay-Szene«), aus dem Tratsch und Klatsch der High Society, die schon damals ihre Freiheiten öffentlicher und schamloser präsentierte

---

30 Vgl. Plutarch, Dialog über die Liebe / Amatorius [wie Anm. 29], 17,760D–761E, 88–93. Dieser Text zeigt, dass im Rahmen dieser militärischen Partnerschaften die Frage von männlicher und weiblicher Rolle überhaupt keine Rolle spielt. Anders Barbara Feichtinger, Soziologisches und Sozialgeschichtliches zu Erotik, Liebe und Geschlechterverhältnis, in: Dialog über die Liebe / Amatorius [wie Anm. 29], 236–273, hier: 240.251.261.269 (vgl. Plutarch 5,751D/E; 23,768E), die die Bedeutung des Penetrierenden (im Unterschied zum Penetrierten) deutlich hervorhebt, aber zugleich wieder relativiert (ebd. Anm. 75 u. S. 254).

31 Plutarch, Dialog über die Liebe / Amatorius [wie Anm. 29], 24,770C, 127 schreibt über lebenslange Liebesverbindungen: „Auch kann man aus dem Bereich der Knabenliebe nur wenige Paare aufzählen, jedoch viele aus dem der Frauenliebe, die eine Gemeinschaft in vollkommener Treue durch ihr ganzes Leben bewahrt haben, mit Beharrlichkeit und freudigem Eifer." Entscheidend ist, dass lebenslange Verbindungen zwischen Männern hier eindeutig als bekannt vorausgesetzt sind. Vgl. dazu auch A. Asa-Eger, Age and Male Sexuality. 'Queer Space' in the Roman Bath-house?, in: Mary Harlow/Ray Laurence (Hg.), Age and Ageing in the Roman Empire (JRA Supplementary Series 65), Portsmouth, R.I. 2007, 131–151 (u.a. über einvernehmliche, dauerhafte partnerschaftliche Verhältnisse); Feichtinger, Soziologisches und Sozialgeschichtliches [wie Anm. 30], 240 Anm. 17.

als die Durchschnittsmenschen, und gerade dadurch zu schlechten Vorbildern wurden.[32] Die römischen Kaiser zur Zeit des Neuen Testaments waren in ihrem sexuellen Verhalten hemmungslos und Suetons *Leben der Caesaren* gibt Einblick in eine Welt, in der so ziemlich alles möglich war. Selbst die operative Verwandlung eines jungen Mannes in eine Frau (Suet.Nero 28), die dann vom Kaiser mit großem Prunk »geheiratet« wurde, wird berichtet. Nero selbst scheute auch nicht davor zurück, sich selber als Frau von einem Mann »heiraten« zu lassen, wobei er beim Zusammensein mit ihm „das Geschrei und Gestöhn vergewaltigter Jungfrauen" nachahmte (ebd. 29).[33]

Aber nicht nur die dekadente Oberschicht erfreute sich sexueller Freizügigkeit. Bordelle in allen Preisklassen waren weit verbreitet, die Bäder boten allerhand Ablenkung, dazu Theater, Schauspiele etc. Wer wollte, der konnte alles erleben, worauf er Lust hatte. Religion und Sex waren in dieser Welt, mit Ausnahme des Judentums, weitgehend getrennte Sphären. Nimmt man Sueton und andere Autoren beim Wort, dann boten sich auch den Frauen vielfältige Möglichkeiten: Von lesbischen Beziehungen, jüngeren Liebhabern, Gruppensex und Partnertausch mit gegenseitigem Einverständnis bis hin zur Inanspruchnahme von Gladiatoren für wilde Stunden ist alles bezeugt. Die Welt des 1. Jahrhunderts war sexuell bunt, vielfältig und queer. Barbara Feichtinger beschreibt die Verhältnisse mit den Worten: „Der Umstand, daß Sklaverei ein fester Bestandteil der griechischen wie der hellenistisch-römischen Gesellschaft und Kultur war, führte dazu, daß Sexualität für den freien Mann – das ist die Perspektive, die der antike Lie-

---

[32] Zur jüdischen Ablehnung der Päderastie s. Philo cont. 50–52 (= Neuer Wettstein I/1.1: Texte zum Markusevangelium, hg. v. Udo Schnelle unter Mitarb. v. Michael Labahn und Manfred Lang, Berlin 2009, 462), wo er über besonders ausgebildete und geschminkte Knaben berichtet, die für die Gäste bereitgehalten wurden. Das heißt, in der jüdischen Welt war diese besondere Form sexueller Ausbeutung und sexuellen Mißbrauchs bekannt und wurde als typisch heidnisches Laster radikal abgelehnt.

[33] Selbst der ansonsten als sittenstreng geschilderte Julius Caesar wird als „bithynische Königin" verspottet, weil er ein sexuelles Verhältnis mit König Nikomedes von Bithynien gehabt haben soll, in dem er die weibliche Rolle einnahm (Suet.Iul. 49, vgl. §§ 2 und 22; zu Caesar als notorischem Ehebrecher mit hochgestellten Frauen s. ebd. §§ 50–51, zu sonstigen Mätressen 52). Man habe ihn „aller Frauen Mann und aller Männer Frau" genannt (Ende § 52). Der Spott, dem Caesar dadurch offensichtlich zeitlebens ausgesetzt war, bestätigt auf der einen Seite, dass die passive Rolle als „weiblich" gesellschaftlich nicht besonders angesehen war. Dass aber auch römische Kaiser sie zeitweise praktizierten (vgl. Suet.Aug. § 68), zeigt jedoch, dass es ein freiwilliges Annehmen der Rolle gab, d.h. in der paulinischen Verurteilung von Homosexualität steht im Hintergrund nicht notwendig eine ungleiche, ausbeuterische sexuelle Beziehung (d.i. Päderastie), so dass sich die Kritik vor allem darauf beziehen ließe.

bes- und Sexualdiskurs beinahe ausnahmslos vermittelt – problemlos und, ergänzt durch Prostitution und Hetärenwesen, beinahe uneingeschränkt konsumierbar war. Dabei erscheint es – durchaus in Analogie zur modernen Esskultur – eher als Geschmacksfrage, ob man einen weiblichen oder einen männlichen Sexualpartner bevorzugte oder ob man an beiden Varianten Gefallen fand."[34]

Die ablehnende Haltung zu dieser sexuellen Freiheit, die das gesamte antike Judentum ohne Ausnahme auszeichnet, ist allerdings nicht darauf zu beschränken, dass es dabei in erster Linie um die vielfach (aber nicht notwendig) mit diesen Praktiken verbundene Machtausübung (der Penetrierende gegenüber dem Penetrierten), Unterwerfung und sexuelle Ausbeutung gegangen wäre, woraus dann im Umkehrschluss gefolgert werden kann, dass eine liebevolle und partnerschaftliche Beziehung nicht von dieser Kritik betroffen ist. Dagegen ist zu sagen, dass für die jüdische Welt – ausgehend von der alttestamentlichen Tradition – der gesamte Bereich außerehelicher Sexualität unter das Stichwort *Porneia* fällt: Ob liebevoll oder gewaltsam ändert daran nichts. Aus jüdischer Perspektive ist es neben dem Götzendienst vor allem die sexuelle Grenzenlosigkeit in der nichtjüdischen Welt, die als eine Art Kardinalverfehlung der menschlichen Bestimmung angesehen wird. Philo, der ältere Zeitgenosse des Paulus, der die heidnischen Sexualpraktiken mit erkennbarem Horror und Abscheu beschreibt, hebt demgegenüber positiv die strengen Gesetze der Tora hervor, die es gebieten, den Mann, der sich sexuell wie eine Frau verhält und wie eine Frau gebrauchen lässt, schonungslos zu töten, „da er sich, seinem Hause, seinem Vaterland und dem ganzen Menschengeschlecht zur Schande gereicht."[35] Das NT ist in der Ablehnung dieser Praktiken ebenso eindeutig wie Philo, aber in der rechtlichen Konsequenz verschieden: „Unzüchtige, Götzendiener, Ehebrecher, Weichlinge und mit Männern Schlafende" – diese Gruppe nennt Paulus in 1Kor 6,10 explizit und macht deutlich, dass sie *als solche* das Reich Gottes nicht ererben. Aber weder verteidigt noch fordert er die Todesstrafe – oder überhaupt irgendeine Form von Bestrafung – sondern er stellt fest: „Und das waren einige von euch." Um dann fortzufahren:

---

[34] Feichtinger, Soziologisches und Sozialgeschichtliches [wie Anm. 30], 240, die Belege dazu 250–251.

[35] Philo spec. III 38 = Neuer Wettstein II.1 [wie Anm. 22], 32–33. Zu einer Gesamtdarstellung von Philos Diskussion der biblischen Gebote im Hinblick auf Sexualität s. Loader, Philo [wie Anm. 1], 2–258, zu der genannten Stelle s. 205. Bei Philo ist die Frage der verweigerten Fortpflanzung einer der Hauptgründe gegen homosexuelle Akte, dazu kommen angenommene psychologische und gesundheitliche Schäden als Folgen davon; sein Hauptargument ist jedoch, dass Gott Mann und Frau füreinander und zum Zweck der Nachkommenschaft geschaffen hat (spec. III 39).

„Aber ihr seid abgewaschen worden, aber ihr seid geheiligt worden, aber ihr seid gerecht gemacht worden durch den Namen des Herrn Jesus Christus und durch den Geist unseres Gottes" (1Kor 6,11).[36] Paulus nimmt also ernst, dass „alle Sünder" waren, die nun zur Gemeinde gehören, er selbst nicht weniger als die auf seiner Liste, und dass alle darauf angewiesen waren, dass sie durch Christus zu einer „neuen Schöpfung" wurden.

Aber das Bild der antiken Sexualität wäre aufs Äußerste verzerrt, wenn man es ausschließlich auf das Motto des „anything goes" reduzieren würde. Denn häufiger noch als die Verteidigung der sexuellen Vielfalt und unbeschränkten Optionalität sowie der Karikierung der Ehe als unerotisch und geradezu widerwärtig[37] wurde die Ehe als eine feste, gegenseitig treue Partnerschaft zwischen einem Mann und einer Frau verteidigt und gelobt. Gerade weil vieles erlaubt und nahezu alles möglich war, haben besonders die Stoiker die Ehe als „etwas Großes und Wertvolles" beschrieben und offensiv dafür geworben. Hervorzuheben ist hier der Stoiker Musonius Rufus, ein griechisch schreibender römischer Autor aus dem 1. Jh. n.Chr. Er hat in kaum zu überbietender, eindrucksvoller Weise die Ehe verteidigt. Eine besondere Rolle spielt dabei, erwartungsgemäß, der Gedanke der Fortpflanzung, und er kann sagen, dass „die Gemeinschaft des Lebens und die Erzeugung von Kindern das eigentliche Wesen der Ehe sei."[38] Eheleute müssen darum alle Dinge gemeinsam haben, auch ihre Leiber (σῶμα, sōma). Aber dann fährt er fort:

---

[36] Übersetzung entnommen aus Wolfgang Schrage, Der erste Brief an die Korinther, Bd. 1: 1Kor 1,1–6,11 (EKK VII/1), Neukirchen-Vluyn 1991, 426. Die von Paulus verwendete Terminologie verweist auf die Taufe, die hier „nicht nur kognitiv, sondern effektiv-kausativ" verstanden wird, so dass sie „zur Begründung der durchgreifenden Erneuerung und Verpflichtung" dient (433). Die „dynamische Effektivität der Gerechterklärung als Neuschaffung ... soll ernst genommen und in der christlichen Existenz bewährt werden" (434). Schrage hebt hervor, dass damit der „konstitutionelle[] Charakter[] der Homosexualität", wie er „heutigen Erkenntnissen der Humanwissenschaft" entspricht, nicht angesprochen worden ist, er warnt aber zugleich davor aus ihr eine positiv zu wertende „Schöpfungsvariante" zu machen: Sie hat vielmehr „wie alle anderen Phänomene in Röm 1 an der Unordnung der Welt als Auswirkung der Rebellion des Menschen gegen den Schöpfer" teil (436).
[37] Vgl. Plutarch, Dialog über die Liebe / Amatorius [wie Anm. 29], 4,750B.
[38] Neuer Wettstein I/1.1 [wie Anm. 32], 473. Eine Reihe seiner Texte ist in dieser Sammlung zugänglich (473–474.478–481). In diesem Sinn auch die Stoiker Antipatros von Tarsos (um 140 v.Chr.) u. Hierokles (2. Jh. n.Chr.), s. ebd. 474–475. Beide betonen, dass der Mensch vollständig erst in der Gemeinschaft zwischen Mann und Frau ist. Zu Musonius s. außerdem Fleckenstein, Ordnet euch einander unter [wie Anm. 2], 18–20.

Aber dies reicht noch nicht zur wahren Ehe, weil es ja auch ohne Ehe geschehen konnte, indem sie sich auf anderem Wege vereinigten, wie ja auch die Tiere sich miteinander paaren. In der Ehe aber muß in jeder Hinsicht ein enges Zusammenleben stattfinden und eine gegenseitige Fürsorge von Mann und Frau, wenn sie gesund und wenn sie krank sind, und überhaupt in jeder Lebenslage; das wollen beide, wie sie ja auch mit dem Wunsch, Kinder zu haben, den Ehebund schließen. Wo nun dieses gegenseite Treueverhältnis vollkommen ist und beide durch ihr Zusammenleben miteinander dies vollkommen verwirklichen und wetteifern, einander in Liebe zu überbieten – eine solche Ehe ist, wie sie sein soll, und ein Vorbild für andere. Denn wahrhaft schön ist eine solche Gemeinschaft (καλὴ γὰρ ἡ τοιαύτη κοινωνία, *kalē gar hē toiautē koinōnia*). Wo aber jeder von beiden nur das Seine sucht, ohne sich um den andern zu kümmern, oder auch nur der eine von beiden so handelt und dasselbe Haus bewohnt, während sein Herz nach draußen sieht, weil er keine Neigung hat, mit dem Gatten zusammen zu streben und zusammen zu atmen, da muß die Gemeinschaft verderben und das Verhältnis zwischen den beiden Zusammenwohnenden schlecht werden, und entweder trennen sie sich völlig voneinander, oder ihr Zusammenleben ist trostloser, als wenn jeder für sich allein wäre.

Für Musonius ist die Ehe das offenkundig Naturgemäße (κατὰ φύσιν, *kata physin*), worauf auch die Anatomie der Menschen verweise:

Wenn überhaupt etwas naturgemäß (κατὰ φύσιν, *kata physin*) ist, dann ist es die Ehe. Warum hat denn der Schöpfer des Menschen (ὁ τοῦ ἀνθρώπου δημιουργός, *ho tou anthrōpou dēmiourgos*) zuerst unser Geschlecht in zwei Wesensarten geschieden, dann ihm zweierlei Schamteile verliehen, das eine weiblich, das andere männlich, und dann jedem der beiden Geschlechter heftige Begierde nach dem Verkehr und der Gemeinschaft mit dem andern eingepflanzt und beiden heftige Sehnsucht nach einander erweckt, dem Männlichen zum Weiblichen und dem Weiblichen zum Männlichen?[39]

Und weiter schreibt er:

Niemand aber dürfte wohl eine Gemeinschaft finden, die notwendiger und liebevoller wäre als die zwischen Mann und Frau. Denn welcher Freund ist dem Freunde so zugetan wie dem Gatten die Frau nach seinem Herzen? Oder welcher Bruder dem Bruder, welcher Sohn den Eltern? Wer wird, wenn er fern ist, so heiß ersehnt wie der Mann von seiner Gattin oder die Gattin von ihrem Mann? Wessen Gegenwart könnte wohl besser den Schmerz lindern, die Freude erhöhen oder über ein Unglück trösten? Welcher Bund außer dem von Mann und Frau pflegt alles gemeinsam zu haben, Leib und Seele und allen Besitz (καὶ σώματα καὶ ψυχαὶ καὶ χρήματα, *kai sōmata kai psychai kai chrēmata*)? Daher halten auch alle Menschen den Bund von Mann und Frau für den ältesten von allen.[40]

Solche Beschreibungen der Ehe finden sich – man ist geneigt zu sagen „leider" – weder bei Paulus noch sonst im NT noch überhaupt in der Bibel. Vieles, was in der gegenwärtigen Ehediskussion als entscheidend für die Definition von Ehe

---

[39] Neuer Wettstein I/1.1 [wie Anm. 32], 474.
[40] Ebd. [wie Anm. 32], 479.

gilt, nämlich Verlässlichkeit, Treue und Liebe, findet sich zwar bei den Stoikern als Argument, aber nicht in gleicher Weise in der Bibel. Da wird die Ehe nüchterner, pragmatischer und distanzierter gesehen. Die einzige Stelle, die ausdrücklich ein von fürsorgender Liebe für die Frau geprägtes Eheverständnis voraussetzt ist Eph 5,21–33. Hier wird die Beziehung zwischen Christus und der Gemeinde auf das Verhältnis zwischen Mann und Frau in der Ehe angewandt. Damit erfährt die Ehe – wieder unter Berufung auf Gen 2,24 – eine theologische Aufwertung: Sie wird zum irdischen, sichtbaren Gleichnis des Verhältnisses von Jesus zu seiner Gemeinde. Dieses geistliche „Geheimnis" (vgl. μυστήριον, *mystērion*, in V. 32) soll das Verhalten in der Ehe und darüber hinaus im ganzen Haus prägen. Es schließt damit jede Form von egoistischem Ausnützen des anderen aus, weil dies nicht christusgemäß ist.[41] Ehe und Sexualität von Christen verkörpern Loyalitäten gegenüber Gott und dem Ehepartner; sie haben Anteil an dem Bundesverhältnis der Gottesbeziehung und den daraus erwachsenen Verpflichtungen und Segnungen. Dass man dabei glücklich im neuzeitlichen Sinn wird (oder werden soll) ist sicher nicht ausgeschlossen, aber das ist ein Kriterium, das sich bei Paulus (oder auch bei Jesus) nicht findet. „Trachtet zuerst nach dem Reich Gottes und seiner Gerechtigkeit" — das sagt Jesus in der Bergpredigt (Mt 6,33), nachdem er seine Jünger davor warnt, sich in Sorgen um Essen, Trinken und Kleidung aufzureiben. Auf familiäre Bande oder Verpflichtungen nimmt Jesus in anstößiger Weise *keine* Rücksicht. Seine Jünger ruft und reißt er aus ihren Familienbindungen heraus und die Sorge um deren Kinder, Ehefrauen oder Familien ist nirgends ein Thema, sieht man einmal von der Heilung der Schwiegermutter des Petrus ab, die in diese Richtung gedeutet werden kann.[42] Gleiches gilt für Paulus, der Ehe ausdrücklich als Hindernis für eine ungeteilte Hingabe im Dienst Jesu ansieht (1Kor 7,32–40). Auch praktizierte Sexualität ist für Jesus an keiner Stelle wichtig, und für Paulus ist sie ein Zugeständnis, mehr nicht (1Kor 7,1–9). Stattdessen steht die Sorge um Gottes Sache bei Paulus über allem, und nur wo das Verhalten von Eheleuten dem Zeugnis des Evangeliums Abbruch tut, greift er ordnend ein. Dasselbe gilt für das Binnenverhältnis der Eheleute. Ein besonderes Familienethos rein um der Familie willen kennt das NT nicht, sondern nur eine Einordnung der Familienstrukturen in den Herrschaftsbereich und -anspruch Gottes. Der Diskurs über Sexualität ist zudem nirgends direkt mit Fortpflanzung verbunden (in 1Kor 7, dem wohl

---

[41] Zur Stelle s. besonders Fleckenstein, Ordnet euch einander unter [wie Anm. 2], außerdem Karl Barth, KD III/4, 135–138.

[42] Mk 10,29–30 parr. Mt 19,29; Lk 18,29–30; Mt 8,21–22 par. Lk 9,59–60.

ausführlichsten Kapitel über Ehefragen, kommen Kinder nur am Rande vor, aber nicht im Sinne einer Ehebegründung). Auch wo Gen 1,27; 2,24 im NT zitiert werden, fehlt das Thema Fortpflanzung, das sich aus dem „ein Fleisch werden" ergibt. Diese eschatologische Überschreitung der Familie im Hinblick auf das Reich Gottes ist allerdings vor dem Hintergrund der starken, das Verhalten prägenden Familienstrukturen der antiken Welt zu sehen.[43]

In der Welt von Jesus und Paulus, der Welt des Neuen Testaments, stehen die verschiedensten Konzeptionen und Erwartungen an Ehe und Sexualität nebeneinander.[44] Das Positive der damaligen Situation ist, dass die Verantwortung beim Einzelnen liegt. Zumindest die freien Personen (d.h. nicht Sklavinnen und Sklaven) hatten sich darüber klar zu werden, warum sie so und nicht anders handeln. Der Rahmen war denkbar weit gesteckt und die Verantwortung lag bei jedem Einzelnen. Übertragen auf die Gegenwart heißt das: Es sollte nicht mehr vorrangig darum gehen, anderen – mit biblischen, biologischen, oder naturrechtlichen Gründen – vorzuschreiben, wie sie leben sollen. Die Kirchen haben das ethische Kapital, das sie sich im Laufe ihrer Geschichte erworben haben, inzwischen weitgehend aufgebraucht durch Machtmissbrauch, Zwangsmaßnahmen, Lieblosigkeiten, Heuchelei und vielfachen sexuellen Missbrauch; sie können darum nicht mehr erwarten, dass man außerhalb des eigenen Raumes auf sie hört.[45] Das bedeutet aber nicht das Ende der öffentlichen Wahrnehmung, auch nicht das Ende des öffentlichen Bekennens und Eintretens für das, was als Gottes Offenbarungswort zur Sache aufgetragen ist. Dies soll auch weiterhin geschehen in Verkündigung, Lehre und Seelsorge der *Kirche*. Wer davon etwas wissen will, ist eingeladen diese Botschaft zu hören, aber er oder sie brauchen nicht *darauf* zu hören. Es

---

[43] In der Gegenwart, in der stabile Familienbeziehungen als Ausnahmen karikiert werden, muss diese eschatologische Qualifizierung der Ehe anders formuliert werden. In einer Gesellschaft, in der die Vater-Mutter-Kinder-Familie als Auslaufmodell vor allem von denen verunglimpft wird, die daran gescheitert sind, repräsentiert gerade die gelingende Gemeinschaft des Glaubens und Lebens in der Familie Gottes Schöpfungs- und Erlösungswerk.

[44] Dabei ist die juristische Frage ausgeklammert: Als juristisch verbindlicher Akt wurde die Ehe von den jeweiligen Rechtssystemen für die darin Lebenden bestimmt; auf die innere Gestaltung der Ehe hat dies jedoch relativ wenig Einfluss, sieht man von Ehebruch und Scheidung als juristischen Vorgängen ab.

[45] Das gilt in beide Richtungen: Da, wo die Kirche meint kritisch Stellung zu gesellschaftlichen Entwicklungen nehmen zu müssen, wie für die Fälle, wo sie sich bestimmten gesellschaftlichen Strömungen anbiedert.

geht also nicht um ein Abschließen nach außen, sondern um ein bewusstes Fokussieren nach innen, vor allem aber um ein glaubwürdiges und authentisches Lebenszeugnis von Christen.

In zunehmendem Maße kann sich eine solche Haltung gleichwohl konfliktreich auf das Verhältnis zur Politik und zur Mehrheitsgesellschaft auswirken, besonders, wenn sich der Staat immer stärker inhaltlich auf *eine* Position festlegt und sie rechtsdogmatisch festschreibt. Das bedeutet im Extremfall eine ethische Staatsdiktatur, eine *Tyrannis* einschließlich ethischer Inquisition vor den Gleichstellungsgerichten, die nur sich selbst und das eigene Verständnis von Rechttun gelten lassen kann, aber nicht mehr länger die Glaubens- und Gewissensfreiheit der einzelnen Person zu achten bereit ist. Hier wird es dann darum gehen, gelassen und friedfertig dem Staat und seinen Ansprüchen zu widerstehen und ethischen Eingriffen auf die eigene Haltung und Lebensgestaltung passiv zurückzuweisen. Dazu gehört ferner, Gemeinden und Staat noch stärker zu entflechten (beide vor allem finanziell zu entflechten) und die Bereitschaft, wenn nötig für die eigenen Überzeugungen zu leiden. Der vielgeschmähte Satz, dass die Gläubigen Fürbitte leisten sollen „für alle Menschen, für Könige und für alle, die Autorität haben, damit wir ein stilles und ruhiges Leben führen können in aller Frömmigkeit und Ernsthaftigkeit" (1Tim 2,2), wird in so einem Kontext möglicherweise ganz neu verstanden. Er ist dann nicht länger Ausdruck einer „ordnungsfrommen Bürgerlichkeit", wie Schrage meint, sondern die Bitte einer Gemeinde, die der Staat – meinend, damit der Staatsräson zu dienen (vgl. Joh 16,2) – zu zerstören sucht.[46] In einer solchen Zeit ist es schon Segen genug, wenn einen die Herrschenden unbehelligt den eigenen Glauben leben lassen, ein Vorrecht, das bis heute vielen Christen in viel zu vielen Ländern dieser Welt vorenthalten wird. Die alte Kirche hat den staatlichen Übergriffen widerstanden, weil sich die einzelnen Gemeindeglieder auf die Solidarität der Gesamtkirche verlassen konnten, die nötigenfalls für Kinder und Familienangehörige sorgte. Es wird

---

[46] Wolfgang Schrage, Ethik des Neuen Testaments (GNT 4), Göttingen 1982, 213 f. Die Qualifizierung des Ethos der Pastoralbriefe als „Bürgerlichkeit" ist eine beliebte Karikatur von Seiten des liberalen protestantischen Bürgertums, das genau diese verweltlichte *civil religion* lebt, die sie den Pastoralbriefen zu Unrecht vorwirft und sich gleichzeitig damit rühmt, die paulinische Radikalität des Evangeliums zu bewahren. Vgl. dagegen Helmut Burkhardt, Ethik, Bd. 3: Die bessere Gerechtigkeit, Gießen 2013, 105 f., außerdem 277–283 über „die letzte Bewährung christlicher Zeugenschaft im Martyrium".

zu den Hauptaufgaben zukünftiger Gemeinden gehören, diejenigen zu unterstützen und sich für die einzusetzen, die aufgrund ihrer ethischen Haltung ihren Arbeitsplatz verlieren oder in anderer Weise juristisch bedrückt werden.

## 4. Die Sonderstellung sexueller Sünden im NT

Damit stellt sich jedoch die Frage, ob es Auseinandersetzungen um Ehe und Sexualität Wert sind, dass man sich deswegen in Widerspruch zur öffentlichen Meinung stellt bzw. innerhalb der Kirche streitet. Wenn das NT die familiären Beziehungen eschatologisch qualifiziert und auch die Zusammengehörigkeit von Sexualität und Fortpflanzung zumindest nicht betont, könnte man dann nicht den Schluss ziehen, dass es den Einzelnen und ihren Gewissen überlassen ist, wie sie auf diesem Gebiet Gott ehren und dienen?[47] Wenn das entscheidend Neue im Ehe- und Sexualitätsdiskurs des Neuen Testaments die Einbindung in die Christusgemeinschaft vor dem Horizont des Reiches Gottes ist, sollte dann nicht gelten, dass die an Jesus Gläubigen nicht mehr unter dem Gesetz, sondern unter der Gnade stehen (Röm 6,14–15; Gal 2,21; 5,4)? Die Liebe ist des Gesetzes Erfüllung (Röm 13,10; Gal 5,14) – warum sich also darüber streiten, wer wen liebt? Lässt sich die Argumentation des Paulus in Röm 14 nicht von Speise- und Kalenderfragen auf sexuelles Verhalten übertragen? Plakativ gefragt: Ist Sex in einer Hierarchie der Taten (und darum auch der Sünden) wichtiger als Essen und Trinken? Das ist eine ernst zu nehmende Frage, die aber m.E. – gerade angesichts dessen, was Paulus zuvor im Römerbrief geschrieben hat (1,24–27; 6,15; 13,13 f.) – eindeutig zu bejahen ist, auch wenn das nicht aufhebt, dass Christen für ihren Umgang miteinander in strittigen Fragen viel von Röm 14 lernen können.

### *4.1. Der Bauch vergeht, der Leib besteht*

Um zu verstehen, dass Essen und Trinken eine andere Bedeutung haben als Sexualität, lohnt es sich, die Argumentation des Paulus in 1Kor 6,12–20 genauer anzusehen. Der Abschnitt ist Teil des langen Abschnitts 5,1–7,40, indem es vor allem um Fragen der Sexualität, Ehe und Ehelosigkeit geht. Als Adressaten dieser Ermahnung sind solche angesprochen (s.o.), die ihre heidnische Vergangenheit mit ihren Verfehlungen hinter sich gelassen haben und als Geheiligte ein neues

---

[47] Vgl. Römelt, Sexualität und Gewissensfreiheit [wie Anm. 3].

Leben, das durch den Heiligen Geist bestimmt ist, leben können (6,9–11). Der zehnteilige Lasterkatalog in 6,9–11 wird angeführt von einem Sammelbegriff für männliches sexuelles Verhalten außerhalb der Ordnung Gottes (πόρνος, *pornos*, dasselbe Wort schon in 1Kor 5,9–11 für denjenigen, der zur Gemeinde gehört, sich aber durch seine sexuelle Praxis selbst ausschließt und darum von den anderen Gläubigen gemieden werden soll), dazu kommen als drittes bis fünftes Glied weitere männlich konnotierte sexuelle Sünden, wobei zwei der hier verwandten Adjektive üblicherweise mit homosexuellem Verhalten in Verbindung gebracht werden.[48]

Mit V. 12 beginnt ein neuer Unterabschnitt, und gleich zu Beginn betont Paulus zweimal, dass ihm „alles erlaubt ist." Viele Ausleger nehmen nun allerdings an, dass V. 12a, 12c und 13a („die Speisen für den Bauch und der Bauch für die Speisen") die von den Korinthern gebrauchten Losungen wiedergeben, die Paulus hier nur aufnimmt, um sie zu widerlegen. Selbst hinter V. 13b wird eine entsprechende korinthische Parole vermutet („der Leib für die Hurerei und die Hurerei für den Leib").[49] Dagegen spricht aber für 12a, dass Paulus genau diese Wendung in 10,23 positiv verwendet. Auch Schrage räumt ein, dass man „die Losung, recht verstanden, durchaus paulinisch interpretieren kann", solange sie „der bleibenden Abhängigkeit von Christus zugeordnet" bleibt.[50] Es entspricht durchaus paulinischem Verständnis, dass im Rahmen des Christusverhältnisses „alles erlaubt" ist, eben weil die Beziehung zu Christus jede Form von götzendienerischem, lieblo-

---

[48] Vgl. Schrage, EKK VII/1 [wie Anm. 36], 431–432. Vers 9 benennt μαλακοί (*malakoi*) was hier mit „Weichlinge" übersetzt wird (das einzige andere Vorkommen dieses Wortes in Mt 11,8 par. Lk 7,25 bezieht sich auf „weiche Kleider", wie sie die Höflinge des Königs tragen. Die andere Bezeichnung ist das nur hier vorkommende Wort ἀρσενοκοῖται (*arsenokoitai*), das aus dem Adjektiv ἄρσην (*arsēn*) „männlich" (für „männlich und weiblich" vgl. Mk 10,6 par. Mt 19,4; Gal 3,28) und κοίτη (*koitē*) „Bett" bzw. „Ehebett" (so Hebr 13,4) und darum auch „Geschlechtsverkehr" (Koitus), gebildet wurde: „Der mit Männern Schlafende". Zu den vielfältigen Versuchen, aus der Wortbildung eine Beschränkung dessen zu finden, was Paulus hier verurteilt (nämlich nur bestimmte Formen passiver Homosexualität und nicht Homosexualität im Allgemeinen) s. die Diskussion bei Loader, The New Testament on Sexuality [wie Anm. 1], 326–332; Theobald, Paulus und die Gleichgeschlechtlichkeit [wie Anm. 14], 65.

[49] Zur Diskussion und Literatur vgl. Renate Kirchhoff, Die Sünde gegen den eigenen Leib. Studien zu πόρνη und πορνεία in 1Kor 6,12–20 und dem sozio-kulturellen Kontext der paulinischen Aussagen (StUNT 18), Göttingen 1994, 73–83; Wolfgang Schrage, Der erste Brief an die Korinther, Bd. 2: 1Kor 6,12–11,16 (EKK VII/2), Neukirchen-Vluyn 1995, 10; Loader, Sexuality in the New Testament [wie Anm. 1], 72–73; ders., The New Testament on Sexuality [wie Anm. 1], 169–170.

[50] Schrage, EKK VII/2 [wie Anm, 49], 18.

sem und Gott gegenüber illoyalem Verhalten ausschließt. Dazu gehört insbesondere, dass man die gewährte Freiheit nicht dafür gebraucht, andere in ihrem Glauben zu gefährden (1Kor 8,9–13). Ebenso wichtig ist, dass der Gebrauch der Freiheit nicht in die Abhängigkeit von einer fremden Macht führt: Das von Paulus in Vers 12 gebrauchte Verb, das die LÜ mit „gefangen nehmen" übersetzt, ist von dem Nomen ἐξουσία (exousia) abgeleitet, womit „Macht", „Vollmacht" und „Autorität" ausgedrückt wird (dasselbe Wort ist für die staatliche Macht in Röm 13,1–3 verwendet). Es bedeutet „Herrschaft ausüben" (Lk 22,25), wird aber von Paulus nur im Zusammenhang von sexuellen Beziehungen gebraucht: Hier in 1Kor 6,12 und dann in der Eheparänese 1Kor 7,4, wo das Verb je einmal mit der Frau und dem Mann als Subjekt gebraucht ist: Weder der Mann noch die Frau haben die Vollmacht über ihren eigenen Leib (nämlich im Hinblick auf sexuelle Wünsche), sondern der jeweils andere. Gemeint ist, dass die Ehegatten einander in positiver Weise das Recht einräumen über ihren Leib zu verfügen. Ein solches Verhalten will aber Paulus im Hinblick auf jedes andere Verhältnis ausschließen, weil der Leib Gottes Gabe, mehr noch Gottes Wohnort ist. Dass er es ausdrücklich für die eheliche sexuelle Gemeinschaft gebraucht, zeigt die Wertschätzung, die er ihr – bei aller persönlichen Distanzierung und trotz der eschatologischen Qualifizierung – zubilligt.[51]

Gleichzeitig ist es unschwer nachvollziehbar, dass ein Satz wie „mir ist alles erlaubt", der zu einem bestimmten Kontext gehört, zum Freibrief für alle Arten von körperlichen Genüssen werden konnte. Aus dem unmittelbaren Zusammenhang ergibt sich (V. 13a), dass dieser Spitzensatz im Hinblick auf Speisen formuliert worden war. Im Rahmen der paulinischen Mission könnte damit auf die Speisegebote der Tora abgezielt worden sein. Diese waren aber, nach allem was wir wissen, in Korinth kein Thema. Der andere Kontext, in dem es um verbotenes Essen geht, ist der des sogenannten Götzenopferfleisches. Darüber war es in Korinth und Rom zu innergemeindlichen Streitigkeiten gekommen, wobei Paulus auf theologischer Ebene durchaus vertrat, dass im Hinblick auf Speisen „alles erlaubt" ist. Im Hinblick auf die Liebe und die „Schwachen" in der Gemeinde vertrat er dagegen die Position, dass es besser ist, auf den Gebrauch dieser Freiheit zu verzichten.[52] Es ist darum möglich, dass die Freiheitsbestimmung aus dem Kontext des Essens von manchen Korinthern auf sexuelle Freiheit übertragen

---

[51] Von hier aus ist dann auch die Brücke zu Eph 5,30–32 zu schlagen.
[52] Vgl. dazu Volker Gäckle, Die Starken und die Schwachen in Korinth und in Rom (WUNT II/200), Tübingen 2004.

wurde. Dann wäre den Korinthern dasselbe Missverständnis unterlaufen, das auch in vielen gegenwärtigen Diskussionen wieder begegnet, dass nämlich Ungleiches gleich behandelt wird.

Das ist aber nach Paulus ein Fehlschluss. Denn auch wenn für die Speisen gilt, dass alles zu essen erlaubt ist, so erinnert er im nachfolgenden Satz an den ursprünglichen Kontext, aus dem dieser Satz stammt: Speise geht in den Verdauungstrakt und wird ausgeschieden (vgl. Mk 7,18 f.), und beides gehört zur vergänglichen Welt. Speisen und „Bauch" haben keinen Transzendenzbezug, sie sind ausschließlich Teil der vergehenden Wirklichkeit. Zwar bleibt Paulus dabei: „Alles ist erlaubt" – aber dabei ist immer mit gesetzt – sofern es in Christus geschieht, oder, wie es Kol 3,17 formuliert: „Was immer ihr tut in Wort oder Werk, geschehe im Namen des Herrn Jesus, indem ihr Gott dem Vater durch ihn eure Dankbarkeit erweist." Die Bindung an Jesus impliziert die Beziehung zu Gott als Vater, die sich in Dankbarkeit und Loyalität erweist. Das Vatersein Gottes ist von seinem Schöpfersein jedoch nicht zu trennen, so dass das Bekenntnis zu Gott als Vater auch das zu ihm als Schöpfer einschließt. Die persönlichste Schöpfergabe aber ist der menschliche Leib, der in der Bibel von Anfang an mit einer bleibenden Würde ausgestattet ist: Der menschliche Leib gehört zur Gottebenbildlichkeit dazu (Gen 1,27; 2,7); sie zeichnet den Menschen vor allen anderen Geschöpfen aus. Diese sind durch den göttlichen Befehl allein erschaffen worden, der Mensch hingegen durch Gottes direktes Tun. Das in Gen 2,7 für Gottes Schaffen im Hebräischen verwendete Verb יצר (yṣr) wird auch für das Formen von Ton verwendet, d.h. Gott formt den menschlichen Leib wie ein Töpfer ein Gefäß. Dadurch ist der menschliche Leib in einzigartiger Weise als Gottes »Handwerk« ausgezeichnet, und er ist zudem alleiniger Empfänger des Lebensgeistes unmittelbar von Gott.[53] Der Empfang des Geistes setzt den Körper voraus und nur die Einheit von Geist und Leib macht den Menschen. Durch den Leib werden sie Wesen in Raum und Zeit und Gottes Abbilder in der Welt. Das ist auch der Grund für die feste Verankerung des Glaubens an die Auferstehung des Leibes in der christlichen Tradition – weil der Mensch nicht ist, was er sein soll, ohne den Leib. Gott ist es, der den Menschen „berührt."[54] Nicht nur der erste Mensch ist von Gott „geformt", sondern jeder einzelne Mensch wird von Gott im Mutterleib geformt (Jes 49,5;

---

[53] Die Erschaffung der Frau in Gen 2,21–22 ist sogar noch expliziter in ihrer Beschreibung als Gottes »Handwerk«.

[54] Hebräisch נגע (ng'), griechisch ἅπτω (haptō), so in Gen 32,26 (Gott „berührt" Jakob an der Hüfte); Jer 1,9 (Gott „berührt" den Mund des Propheten und legt seine Worte in dessen Mund;

Jer 1,5; Hi 10,8–11; 31,15; Gal 1,15). Dabei geht es nicht nur um den immateriellen Teil des Menschen, sondern um den Menschen als Ganzes, der nicht ohne Leib sein kann. Dieser Leib aber ist geheiligt durch die Berührung Gottes von Anfang an, er ist sein »Handwerk«. Gott steht am Anfang und am Ende des Lebens, als Hebamme (Ps 22,10–11; 71,6), der den Menschen aus dem Mutterleib zieht, und als Totengräber, der den Leib seines Knechtes und Freundes Mose selbst beerdigt (Dtn 34,6). So wie Gottes Berühren des Körpers Anfang und Ende jedes individuellen Lebens bestimmt, so auch Anfang und Neubeginn der menschlichen Geschichte: Von Adam angefangen bis zum neuen Himmel und der neuen Erde, wenn Gott alle Tränen von den Augen abwischen wird (Apk 21,4, vgl. 7,14). Der Leib ist das Geschenk, das der Schöpfer seinen Geschöpfen mitgibt: Mit diesem Leib verherrlichen oder verleugnen sie ihn, diesen Leib will er auferwecken, für die einen zum ewigen Leben, für die anderen „zu ewiger Schmach und Schande" (Dan 12,2). Gott kann in der Welt als Mensch in leiblicher Gestalt erscheinen, aber er ist nie einfach nur Mensch. Darum ist Gott nicht an den Leib gebunden, während Menschsein ohne Leiblichkeit nicht vorstellbar ist.

Diesen gesamtbiblischen Horizont gilt es im Auge zu behalten, wenn man verstehen will, warum für Paulus Sünden, die den „Leib" als Träger der von Gott gegebenen Identität betreffen, eine andere Qualität haben als reine Tat- oder Unterlassungssünden. Denn der „Leib" gehört nach dem zweiten Teil von V. 13 nicht in die Kategorie des Vergänglichen und Vorläufigen, weswegen die Beziehung zum eigenen Leib eine andere ist als die zur Speise und zum Bauch. Paulus unterscheidet sehr genau, und das ist in der Paulus-Exegese auch nicht strittig, zwischen dem Leib als einem für die Ewigkeit bestimmten Gefäß Gottes und der *sarx*, dem Fleisch, d.h. dem vergänglichen Bestandteil der leiblichen Existenzweise. „Der Bauch vergeht, der Leib aber wird auferweckt. Es gibt nur einen Auferstehungsleib, keinen »Auferstehungsbauch«."[55] Der Leib, griechisch σῶμα (*sōma*), ist für Paulus „kein Etwas, kein Teil und kein bloßes Attribut des Menschen, sondern der Mensch selbst, so wie er *leibt* und lebt."[56] Der Leib ist von Gott geschaffen, wird von Gott erhalten, und wird dereinst von Gott auferweckt

---

Hi 19,21 (Hiobs Krankheiten und Schicksalsschläge sind Gottes Tun, „die Hand Gottes hat mich berührt"); im NT ist es Jesus, der durch Berührung heilt (Mt 8,3 u.ö.).

[55] Schrage, EKK VII/2 [wie Anm. 49], 21, vgl. Kirchhoff, Sünde [wie Anm. 49], 176–193 über „Die Sonderstellung, die πορνεία unter den Sündentaten einnimmt" (176), weil damit „gegen das Eigentumsrecht Christi" verstoßen wird (188).

[56] Schrage, EKK VII/2 [wie Anm. 49], 22.

werden. Das Auferstehungskapitel 1Kor 15 bildet den Höhepunkt des Briefes und auch dort ist σῶμα (*sōma*) die entscheidende Bezeichnung für die eschatologische Lebensform. So wie Gott Jesus auferweckt hat, so wird er auch die an Jesus Gläubigen auferwecken. Damit ist impliziert: So wie Jesus in einer erneuerten Leiblichkeit, die aber die Spuren des gelebten Lebens weiter an sich trägt, Teil der ewigen Welt Gottes wurde, so werden auch die Christen die Spuren ihrer leiblichen Existenz in der Ewigkeit tragen. Im Leib wohnt Gott durch seinen Heiligen Geist, wodurch der Leib zum Ort der Gottesbegegnung und -vermittlung wird. Dies wird unterstrichen in V. 15: „Eure Leiber", so erinnert Paulus die Korinther, sind „Glieder Christi" und das bedeutet nichts anderes, als dass Menschen in ihrer leiblichen Existenz – und damit eben auch in der Art und Weise, wie sie mit ihrem Leib umgehen – Christus in dieser Welt repräsentieren. Für Paulus heißt das ganz konkret: Man kann nicht Sex haben, mit wem man will – weil Sex den Leib betrifft, nicht nur das Fleisch. Sex wirkt sich auf das aus, was bleibt, was auferweckt werden soll. So wie der Heilige Geist im Leib des Menschen Wohnung nimmt und sozusagen seine Spuren hinterlässt, so auch sexuelle Begegnungen. Sie stiften eine Einheit, die nach Gottes Willen nicht getrennt werden soll. Es ist schwierig, diesen Gedanken zu übersetzen. Gemeint ist, dass in der wesentlichen Leiblichkeit jedes Menschen, die das Samenkorn des Auferstehungsleibes bildet (vgl. 1Kor 15,44), etwas eingestiftet bleibt von jeder sexuellen Partnerschaft, und sei sie so oberflächlich und kurzfristig wie der Kontakt zu einer Prostituierten. Es ist nicht dasselbe, das macht er den Korinthern deutlich, ob man isst, wozu man Lust hat, oder ob man Sex hat, wenn einem danach ist. Denn Sex führt dazu, dass zwei Menschen „ein Leib" werden (V. 16), es ist ein Akt, der dem ursprünglichen Schöpfungsgebot aus dem Paradies und vor dem Fall entspricht (darum der Verweis auf Gen 2,24). Die Tatsache einer gefallenen Welt und gefallenen Schöpfung hebt diese Bestimmung nicht auf – weder für Jesus noch für Paulus. Aus diesem Grund formuliert Paulus hier imperativisch ohne jedes Wenn und Aber: „Flieht die *Porneia*" – und darauf folgt dann die entscheidende Begründung: „Jede Sünde, wenn ein Mensch sie tut, ist außerhalb seines Leibes (σῶμα, *sōma*). Wer aber Unzucht treibt (πορνεύω, *porneuō*), sündigt gegen seinen eigenen Leib."

Es ist darum falsch, wenn man immer wieder liest und hört, dass alle Sünden gleich sind und man darum aufhören soll, sexuelle Sünden besonders hervorzuheben. Eine Geizige und ein Betrüger sind beide in gleicher Weise Sünder. Impliziert ist mit diesem Hinweis, dass Unzucht (worunter zumindest nach dem traditionellen Verständnis sowohl vorehelicher Geschlechtsverkehr als auch homosexuelle Praktiken zählen) und Ehebruch auf derselben Ebene liegen wie etwa Geiz oder andere mit Besitz verbundene Sünden (das ist im NT die dritte Kategorie, nach Götzendienst und *Porneia*). Besonders die oben erwähnten Lasterkataloge (s. S. 37), die scheinbar ohne Unterschied Fehlverhalten auflisten, werden dabei als Argument genannt. Diese Beobachtungen sind auf der Textoberfläche durchaus zutreffend. Dennoch machen 1Kor 6,18 und andere Stellen deutlich, dass das Neue Testament (wie auch das Alte Testament und das Judentum) eine *Hierarchie der menschlichen Verfehlungen* kennt. An oberster Stelle steht jede Art von Götzendienst, gefolgt von *Porneia*.[57] Darum wird diesem Bereich auch mehr Raum in der neutestamentlichen Paränese eingeräumt als lieblosem Verhalten, Streit, den vielfältigen Zungensünden, Engherzigkeit und Geiz. Letztere sind allesamt traurige Erscheinungen unter Christen, aber sie bleiben in gewisser Weise an der Oberfläche und haben eine andere Qualität als Götzendienst. Man kann darin ein dreifaches Beziehungsfeld sehen, in dem der Mensch sich zu bewähren hat und eine entsprechende Abstufung des Gewichts der damit verbundenen Verfehlungen: Gegenüber Gott (Götzendienst), gegenüber sich selbst (wobei der „Leib" die Gesamtheit der menschlichen Existenz meint) und gegenüber den Nächsten (hierher gehören Zungensünden wie Verleumdung u.ä., sowie alles selbstsüchtige, glaubenslose Umgang mit materiellen Gütern).

## 4.2. Πορνεία *(porneia) im Aposteldekret*

Die besondere Stellung sexueller Sünden zeigt sich auch in im Zusammenhang der vier Einzelbestimmungen des Aposteldekrets (Apg 15,20.29; 21,25). Nach meinem anderswo begründeten Vorschlag[58] sind hier vier (bzw. drei) ethische Handlungsfelder angesprochen, in denen von Heidenchristen ein Verhalten angemahnt wird, das jüdischem Empfinden im Hinblick auf elementare Vollzüge menschlicher Existenz Rechnung trägt: An erster Stelle steht auch hier Götzendienst, der in jeder Form dem Bekenntnis zu dem einen Gott und Schöpfer widerspricht. Darauf folgt jede Form von *Porneia*. Die beiden weiteren Bestimmungen beziehen sich auf den Verzehr von Blut und damit verbunden von Fleisch,

---

[57] Vgl. Kirchhoff, Sünde [wie Anm. 49], 188: *Porneia* ist neben Götzendienst „die zweite Ausnahme von allen Sünden."
[58] Roland Deines, Das Aposteldekret – Halacha für Heidenchristen oder christliche Rücksichtnahme auf jüdische Tabus?, in: Jewish Identity in the Greco-Roman World – Jüdische Identität in der griechisch-römischen Welt, hg. v. J. Frey/D. R. Schwartz/St. Gripentrog (AJEC 71), Leiden 2007, 323–395.

bei dem das Blut im Leib erstickt ist (Aas). Auch dies widerspricht der von Gott dem Menschen gebotenen Ordnung, indem das Blut die unverfügbare Materie des Lebendigen ist, das sich Gottes schöpferischem Geist verdankt. Die zeitgenössischen jüdischen Texte lassen erkennen, dass Juden auch von Heiden ein Verhalten erwarteten, welches die dadurch abgesteckten Grenzen respektiert. Wo dies nicht der Fall ist, ist keine engere Gemeinschaft möglich, sondern nur Abkehr und Distanz. Mit anderen Worten: diese Bestimmungen definieren Grenzen, die um der Wahrung der jüdischen Identität wegen und im Hinblick auf die von Gott von seinem Volk geforderte Loyalität nicht überschritten werden dürfen. Umgekehrt gilt dann auch: Wo diese Grenzen eingehalten werden, ist ein Miteinander zwischen Juden und Nichtjuden – und darum geht es in der Apostelgeschichte zunächst – möglich.

Πορνεία (*porneia*) ist dabei zunächst einmal ein Allerweltswort und in gewisser Weise eine Selbstverständlichkeit, für Juden sowieso, aber auch für die neubekehrten Christen aus den Heiden; auch unter ihnen waren Unzucht, insbesondere Ehebruch, verpönt (wenn auch, wie oben gezeigt, eher als persönliche Option und selten als religiös begründete Erwartung), aber der jüdisch-christliche Geltungsbereich von πορνεία (*porneia*) ist deutlich weiter gesteckt als in der griechisch-römischen Welt. Was darum im Aposteldekret positiv erwartet wird, ist eine Sexualmoral, die in Übereinstimmung mit den biblischen Geboten steht, wobei diese biblische Norm jüdischerseits in der Regel naturrechtlich begründet bzw. in Übereinstimmung mit der Natur gesehen wird.[59]

Als Beispiel sei erneut auf Philo von Alexandrien verwiesen. Er beginnt eine Zusammenfassung der Tora mit der Verteidigung der Todesstrafe bei sexuellen Vergehen (Päderastie, Ehebruch, Vergewaltigung, Prostitution).[60] Diese Strenge wird von Philo ausdrücklich positiv hervorgehoben und gegen die Laxheit der heidnischen Strafen in dieser Hinsicht gestellt (7,1). Philos Auslegung des sechsten Gebots in *De specialibus legibus* III 1–50 kann zu großen Teilen als eine Art

---

[59] Vgl. H. Burkhardt, Der Naturrechtsgedanke im hellenistischen Judentum und im Neuen Testament, in: ders. (Hg.), Begründung ethischer Normen, Wuppertal 1988, 81–97, hier: 81–90. Zum jüdisch-christlichen Bedeutungsumfang von πορνεία (*porneia*) s. Kirchhoff, Sünde [wie Anm. 49], 34–37.

[60] Dieser Teil ist nur bei Eusebius, Praeparatio evangelica (VIII 7,1–20 = Hypothetika) überliefert. Parallele Sammlungen von Gesetzen in weitgehend gleicher Reihenfolge sind auch bei Josephus (Apion. II 190–219) und Pseudo-Phokylides erhalten, vgl. Karl-Wilhelm Niebuhr, Gesetz und Paränese. Katechismusartige Weisheitsreihen in der frühjüdischen Literatur (WUNT II/28), Tübingen 1987, 26–31.

Kompendium jüdischen Abscheus heidnischer Sexualität gelesen werden. So ist „die persische Sitte" innerfamiliärer Heiraten „nicht angemsessen" (οὐ θέμις, *ou themis*, III 12–13). Philo gebraucht dafür zweimal den Ausdruck *Frevel* (ἀνοσιούργημα, *anosiourgēma*, III 13.14) und zwar in superlativischer Steigerung: μέγιστον (*megiston*) bzw. δυσσέστερον ἀνοσιούργημα (*dyssesteron* anosiourgma, vgl. auch III 19). Solche Verbindungen zerrütten die Eintracht zwischen den Menschen und sind die Ursache von Krieg und Gewalt (III 15–19, so auch Arist 152). Dass innerfamiliäre Eheverbindungen für Philo eine Verletzung grundlegender Normen darstellen, wird deutlich an dem Vokabular, das er gebraucht, um seine Abscheu darüber auszudrücken: es ist eine „ungemeinschaftliche (unnatürliche) Gemeinschaft" (κοινωνία ἀκοινώνονητος, *koinōnia akoinōnonētos*) und eine „unharmonische Harmonie" (ἁρμονία ἀνάρμοστος, *harmonia anarmostos*, spec. III 23), die es zu verabscheuen gilt und von der man sich nur abwenden kann. Für die Frage des Aposteldekrets wichtig ist zudem Philos Bemerkung in III 19, wonach nicht nur die eigentlichen Täter freveln, „sondern auch alle, die ihre Tat aus freien Stücken mit unterschreiben." Die überaus harsche Kritik des Paulus am Verhalten der Korinther im Hinblick auf eine solche sexuelle Tabuverletzung in 1Kor 5,1–13, wo ein Gemeindeglied kritisiert wird, das ein sexuelles Verhältnis mit seiner Stiefmutter unterhielt, wird vor diesem Hintergrund verständlich. Es geht dabei nicht um eine Sünde unter anderen (vgl. 1Kor 5,10), sondern um eine Tabuverletzung, die selbst „unter den Heiden" nicht toleriert wird. Paulus ist erkennbar nicht an den Umständen interessiert: Die Frage von Liebe, Vertrauen, Zuneigung, Dauer etc. spielt für ihn keine Rolle in der Bewertung, obwohl er wenige Kapitel später »das Hohelied der Liebe« (1Kor 13) singt. Die in der gegenwärtigen Diskussion viel gebrauchten Neudefinitionen von Ehe als dauerhafter Gemeinschaft basierend auf Liebe, Fürsorge und Verlässlichkeit, kann sich jedenfalls nicht auf Paulus berufen, sehr wohl aber von ihm lernen, dass ein tiefes Verständnis von Liebe und eine klare Grenzen setzende theologische Position keine Gegensätze sind.[61] Allerdings setzt die Position des

---

[61] Vgl. Zwischen Autonomie und Angewiesenheit: Familie als verlässliche Gemeinschaft stärken. Eine Orientierungshilfe des Rates der Evangelischen Kirche in Deutschland (EKD), hg. vom Kirchenamt der EKD, Gütersloh 2013, in der „verlässliche Gemeinschaft" als zentrale Definition dessen, was Familie ist, etabliert werden soll. Familien werden weiter beschrieben als „sinnstiftender Lebensraum und Orte verlässlicher Sorge. In Familien werden unverzichtbare Leistungen für Gesellschaft und Wirtschaft erbracht und sozialer Zusammenhalt gestiftet" (14). Das ist maximal vage und offen für alles. Biblisch ist es dagegen nicht.

Paulus voraus, dass es ein Gericht und ein Verlorensein in demselben gibt, das der Mensch durch sein falsches Verhalten auf sich bringt.

Der jüdische Historiker Josephus leitet in *Contra Apionem* den Abschnitt über die „Ehegebote" mit der Aussage ein, dass das Gesetz nur eine Weise des Verkehrs zwischen Mann und Frau kennt, nämlich den „gemäß der Natur" (κατὰ φύσιν, *kata physin*) und dem Ziel von Nachkommenschaft (II 199). Ausdrücklich abgelehnt werden Sodomie (d.h. Zoophilie), außerdem Eheschließungen auf unethischer Grundlage (wegen der Mitgift, durch Vergewaltigung, Raub oder Betrug) sowie innerhalb enger Verwandtschaftsgrade (vgl. Lev 18,6 ff.).[62] Außerdem gilt jede Form sexuellen Verkehrs außerhalb der Ehe als untersagt, was Josephus ausdrücklich für Mann und Frau benennt (II 201). Auch Abtreibungen (vgl. PseudPhok 184 f.; Hypoth. VIII 7,7) sind verboten: eine Frau, die dies tut, gilt als „Kindsmörderin", weil sie „eine Seele vernichtet und das Volk verringert" (Apion. II 202). Eine vergleichbare Liste von sexuellen Vergehen bietet Josephus auch in seiner systematisierenden Wiedergabe der mosaischen Gebote in Ant. III 274–275. Das Übertreten dieser Ordnungen wird von ihm als „freveln", „sich überheben" bezeichnet (griechisch ἐξυβρίζειν, *exybrizein*, worin das Wort *Hybris* steckt).

Die genannten Beispiele lassen sich nahezu beliebig vermehren.[63] Sie zeigen eindrucksvoll, dass es im Rahmen der Sexualität für die am Alten Testament orientierten jüdischen Autoren Grenzen gibt (und zwar für alle Menschen), die gegen die der Schöpfung inhärente Ordnung und damit gegen den Schöpfer selbst verstoßen. Gemeinschaft zwischen Juden und Nichtjuden, und im Bereich der jungen Christengemeinden zwischen Judenchristen und Heidenchristen, war darum nur da möglich, wo Sexualität, bei aller Problematik dieser Terminologie, beschränkt war auf das, was als »natürlich« verstanden wurde, und das ist – bei Philo und Josephus sehr viel stärker als im NT – bestimmt durch die Fortpflanzung im Rahmen einer ehelichen Gemeinschaft. Das Apostoldekret lässt nicht erkennen, inwieweit etwa auch die verbotenen Verwandtschaftsbeziehungen ebenfalls mitgemeint sind (m.E. ja). Viel wichtiger ist, dass *Porneia* auch hier nicht

---

[62] Zu einem Gesamtbild von Josephus s. Loader, Philo [wie Anm. 1], 258–367.
[63] Vgl. Niebuhr, Gesetz und Paränese [wie Anm. 60], Register s.v. Blutschande, Homosexualität, Sicherung der Nachkommenschaft (Abtreibung, Empfängnisverhütung, Kastration, Kindesaussetzung), Sodomie, Unzucht (Prostitution, Vergewaltigung).

nur einfach eine Sünde in einer Liste ist, sondern grundlegenden Charakter besitzt. Sie erschwert nicht nur menschliche Beziehungen, sondern zerstört auch das Gottesverhältnis, wenn daran festgehalten wird.

### 4.3. Röm 1,26–27 als Ausdruck von Gottes Dahingegebenseins

Auch in dem viel diskutierten Abschnitt Röm 1,18–32 sind die beiden zentralen Verfehlungen der menschlichen Existenz die Verehrung falscher Götter und damit einhergehend die Abkehr von Gott als Schöpfer, die sich für Paulus am deutlichsten in praktizierter Homosexualität erweist. Der ganze Abschnitt ist geprägt von der rechten, aber verloren gegangenen Erkenntnis, die zum Dank gegenüber dem zu Ehrenden führen soll. Die irregegangene Erkenntnis verwechselt dagegen Geschöpf und Schöpfer und verunehrt sich darum am Geschaffenen, unter dem der „Leib" die höchste Stelle einnimmt. Die Übersetzung des griechischen Verbs ἀτιμάζω (*atimazō*) in der Lutherbibel („so dass ihre Leiber durch sie selbst geschändet werden") hat allerdings einen moralischen Beigeschmack, der hier nicht gemeint ist. Das Verb kann im NT „auslachen" bzw. „verhöhnen" (Mk 12,4; Lk 20,11) bedeuten, meint aber zumeist jemand die ihm zustehende Ehre verweigern (Joh 8,49 Jesus; Apg 5,41 den Jüngern und ihrer Botschaft von Jesus; Röm 2,23 Gott; Jak 2,6 den Armen). Der in ἀτιμάζω (*atimazō*) enthaltene Wortstamm τιμ* (*tim**, Ehre) ist auch in V. 26 (unehrenhafte Leidenschaften) noch einmal aufgenommen, dazu kommen in V. 25 die Verben „verehren" (σεβάζομαι, *sebazomai*) und „dienen" (λατρεύω, *latreuō*), die Gott allein angemessen sind, dem Paulus darum hier als „Schöpfer, gelobt in Ewigkeit" ausdrücklich Ehre erweist (so auch in Röm 9,5; 2Kor 1,3; vgl. 11,31).

Das beschriebene gleichgeschlechtliche Verhalten ist also lediglich die stärkste Illustration für die fehlende Erkenntnis, weil die Leiber von Mann und Frau offensichtlich und erkennbar zum gegenseitigen und wechselseitigen „Gebrauch" und „Nutzen" (χρῆσις, *chrēsis*, im NT nur hier gebraucht, kann beides bedeuten) geschaffen wurden. Es geht hier also in der Tat nicht darum, homosexuelles Verhalten als den Tiefpunkt des *Dahingegebenseins*[64] durch Gott darzustellen, sondern als Ausdruck dafür, wie sehr die Abkehr vom Schöpfer selbst die

---

[64] Das dreimalige παρέδωκεν (*paredōken*) in 1,24.26.28 ist auffällig. Das Wort bezeichnet normalerweise die Übergabe eines Straftäters an die Rechtsorgane, die für die Bestrafung zuständig sind, vgl. Michael Wolter, Der Brief an die Römer, Bd. 1: Röm 1–8 (EKK VI/1), Neukirchen-Vluyn 2014, 145. Weiter schreibt er: „Gottes Strafe für die in V. 21–2 beschriebene menschliche Schuld besteht nun darin, dass dieses Herrschaftsverhältnis umgedreht wird: Gott gibt die

elementarsten menschlichen Vollzüge – nämlich das Miteinander von Mann und Frau – verunklart. Entscheidend ist darum nicht ein bestimmtes sexuelles Verhalten, sondern die Verkennung und Nichtakzeptanz Gottes des Schöpfers, die sich in zweifacher Weise manifestiert: Im Götzendienst als Verkehrung der rechten Verehrung Gottes (die vertikale Dimension menschlicher Existenz) und in sexuellem Verhalten, das eine Verkehrung des rechten Gebrauchs des von Gott geschaffenen Leibes darstellt (die horizontale Dimension menschlicher Existenz).[65]

Das vielfach gebrauchte Argument, dass Paulus an dieser Stelle homosexuelle Praktiken im Blick hat, die mit einer monogamen, partnerschaftlich gelebten modernen Schwulenehe nichts zu tun haben, ist durchaus richtig. Praktizierte Homoerotik war zur Zeit des Paulus für die meisten, die sich solcherart betätigten, eine Option die in der Regel vor oder neben heterosexuellen Partnerschaften bzw. der Ehe ausgelebt wurde. Zwar gibt es auch antike Hinweise auf feste homosexuelle Partnerschaften (s.o. Anm. 31) bis hin zum grotesken »Spiel« mit Homoehen, aber ersteres wurde als Randphänomen im Unbestimmten gelassen und letzteres als perverse Praktiken eines hemmungslosen Kaisers verurteilt. Das Belassen von Grenz- und Ausnahmephänomenen im Unbestimmten (und damit im Gewissen des Einzelnen) erscheint mir als ein durchaus vernünftiges Verhalten und in jedem Fall dem öffentlich eingeforderten Zustimmungszwang gegenwärtiger Zivilgesellschaften vorziehbar. Es kann aber durchaus gefragt werden, wo Paulus auf der in Teil 1 dargestellten Skala eine monogame, feste homosexuelle Partnerschaft eingeordnet hätte. Wäre er so weit gegangen, auch hier das Argument gelten zu lassen, lieber eine feste, verbindliche Partnerschaft als ein ungezügeltes Begehren, lieber »heiraten« (bzw. »verpartnern«) als zu „brennen"? D.h. nicht nur die Ehe zwischen Mann und Frau ist eine akzeptierte Möglichkeit, obwohl Ehelosigkeit besser wäre, sondern auch eine solche feste Partnerschaft? Will man eine solche Möglichkeit erwägen, dann ist wichtig zu betonen, dass dies um der menschlichen Schwachheit und Herzenshärtigkeit der Menschen willen geschieht, ebenso wie dies bei der Scheidung der Fall ist. Es wird etwas ermöglicht,

---

Menschen in die Gewalt ihrer »Begierden«" (146). Wolter selbst will mit Bezug auf Gal 3,28 alle „unterschiedlichen sexuellen Identitäten" als „Bestandteil der guten Schöpfung Gottes und deren Vielfalt" ansehen (153–154). Paulus' Ablehnung homosexueller Praxis gebe lediglich „antipaganes jüdisches Stereotyp wieder" (153).

[65] Dass hier Paulus „ausschließlich" einen Missbrauch gegen den „in der Fortpflanzung liegenden Sinn von Sexualität" im Visier hat (so Theobald, Paulus und die Gleichgeschlechtlichkeit [wie Anm. 14], 75), halte ich angesichts des Fehlens jeglicher affirmativer Aussagen von Paulus im Hinblick auf die Fortpflanzung für unwahrscheinlich.

was Gott eigentlich nicht will – wobei der Unterschied bleibt, dass Scheidung eine von Gott Mose ausdrücklich eingeräumte Möglichkeit darstellt (die nach Mt 5,32; 19,9 im Falle von Ehebruch auch von Jesus erlaubt wurde), während eine homosexuelle Partnerschaft nur eine davon abgeleitete Analogie ist, der man sich bestenfalls mit Furcht und Zittern nähern kann sowie im Vertrauen darauf, dass Gottes Erbarmen größer ist als sein Wunsch zu richten.[66] Mir scheint das von Paulus her immerhin möglich zu sein, allerdings unter Einschränkungen, die in der Gegenwart von Befürwortern der Schwulenehe nicht akzeptiert werden würden. Es müsste festgehalten werden, dass eine solche Beziehung in jeder Weise hinter dem von Gott gewollten Bild der Ehe zurückbleibt und nur im Vertrauen auf seine vergebende Barmherzigkeit eingegangen werden kann. Sie müsste ferner darauf verzichten, sich im eigentlichen Sinn als Ehe zu verstehen (und ebenfalls darauf, Kinder zu haben). Man kann bei Paulus immerhin beobachten (etwa in der Beschneidungsfrage), dass er zu unterscheiden wusste zwischen theologischen Grundsätzen, die in jedem Fall gelten, und im Einzelfall begründeten Notwendigkeiten, die nicht dogmatisch, sondern seelsorgerlich und den Umständen entsprechend behandelt werden können. Der erbitterte Streit innerhalb der christlichen Kirchen ist dadurch bedingt, dass diese Frage auf die Ebene der Dogmatik gehoben wurde, indem die Befürworter eines erweiterten Eheverständnisses alle Formen fester und verbindlicher Partnerschaften zwischen (bis jetzt noch) zwei Menschen als »Ehe« anerkannt wissen wollen, die in gleicher Weise unter Gottes Segen und Verheißung steht wie die zwischen einem Mann und einer Frau. Damit ist der Weg zu einer seelsorgerlichen Begleitung, die im Vertrauen auf Gottes Vergebungsbereitschaft und in Anerkennung, dass wir in einer gefallenen Welt leben, eine solche Beziehung akzeptiert und in ihrer Gebrochenheit dennoch dem Segen Gottes anvertraut, nicht mehr möglich. Was Gott verwirft (und daran gibt es aus einer biblischen Perspektive keine Mehrdeutigkeit – weder bei der Scheidung, noch bei Ehebruch oder praktizierter Homosexualität), kann auch durch Umetikettierung nicht legitimiert werden.

---

[66] Das bedeutet gerade nicht, „Homo- und heterosexuelle Veranlagungen als Varianten der Sexualität als Schöpfungsgabe" anzuerkennen, wie Theobald, Paulus und die Gleichgeschlechtlichkeit [wie Anm. 14], 81, fordert.

## 4.4. Ergebnis

Der Leib ist einzigartig als Kommunikations- und Begegnungsort mit Gott. Es geht also nicht nur um die *Seel*sorge, sondern viel mehr noch um die *Leib*sorge Gottes: Gott erschafft den Menschen am Anfang als Leib mit seinen eigenen Händen, und er wird jeden Menschen mit einem neuen Leib auferwecken, der die Spuren des gelebten Lebens erkennen lässt. Gott nimmt in Jesus einen menschlichen Leib an und wohnt durch seinen Geist im Menschen. Die anthropologische Zentralstellung des Leibes in der biblischen Tradition ist darum als Grund zu erkennen, warum Sexualität als intimste Leiberfahrung eine Sonderrolle einnimmt.

Zwar kommt das Thema Fortpflanzung im NT, wie bereits erwähnt, in diesem Zusammenhang nicht vor, aber es ist dennoch zu überlegen, inwieweit die Zuordnung von Leib und Fortpflanzung auch für die Sonderstellung »leiblicher« Sünden[67] von Bedeutung ist. In der Gemeinschaft von Mann und Frau entsteht ein neuer Mensch, d.h. der Mensch hat in der Fortpflanzung Anteil an Gottes Schöpfungswerk. Das ist die grundlegende Aufgabe des Menschseins im Hinblick auf die ursprüngliche Schöpfung. Auch wenn die eschatologische Qualifizierung der Schöpfung von der Fortpflanzungspflicht entbindet, wird damit doch das ursprüngliche Gebot nicht entwertet. Zwar liegt der Sinn des Menschseins, das ist zu betonen, nicht in der Fortpflanzung, sondern im Reich und Lob Gottes, weshalb um dieses Reiches willen Ehe- und damit einhergehend Kinderlosigkeit das höhere und wichtigere Ziel darstellen kann. Familie und Kinder sollten darum *nicht* so im Zentrum der christlichen Sexualethik stehen, wie dies besonders in der römisch-katholischen Ehelehre der Fall ist. Auch sollte Kinderlosigkeit mit größerer Gelassenheit als Beauftragung Gottes angenommen werden, anstatt durch das technische Erzwingen der Erfüllung des Kinderwunsches problematischen Entwicklungen innerhalb der Medizin noch weiter Vorschub zu leisten. Das aber führt zu einem letzten notwendigen Punkt. Glaube bedeutet, Gott die Ehre zu geben für das, was er gibt und für das, was er uns vorenthält. Glaube hält Prüfungen und Zumutungen Gottes stand und sieht darin Chancen für ein verändertes Leben.

---

[67] Zu denen nicht nur sexuelle Sünden gehören, sondern z.B. auch vorsätzliche Körpermanipulationen und -mutilationen, außerdem jede Form des Mords als eines gewaltsamen Zerstörens des von Gott geschaffenen Leibes.

## 5. Selbstannahme und Gottes »bedingungsgebundene« Zuwendung zu den Menschen

*5.1. Von den Zumutungen des Glaubens*

Einschränkungen in der Lebensgestaltung anderer zu erwarten, steht immer in der Gefahr der Heuchelei: Anderen Wasser zu predigen und selber Wein zu trinken, warf schon Heinrich Heine den Predigern seiner Zeit vor. Es ist darum wenig überzeugend, wenn Vertreter eines biblischen Eheverständnisses von homosexuell empfindenden Menschen Verzicht fordern, aber wenig Neigung zeigen, sich dem Ignorieren von Gottes Willen in den eigenen Reihen zu stellen. Die erschreckende Zahl von Scheidungen unter Christen und die häufig damit verbundene Untreue in der Ehe wird viel weniger problematisiert als gleichgeschlechtliche Partnerschaften. Ersteres betrifft zahlenmäßig jedoch eine viel größere Zahl von Christen und schädigt das traditionelle Ehe- und Familienverständnis nachhaltiger und dauerhafter – insbesondere über die Kinder, die darunter zu leiden haben und von ihren Eltern kein gutes Vorbild erhalten – als das die Vertreter der Homoehe tun. Es zeigt sich darin ein grundsätzliches Problem des gegenwärtigen Christentums im Westen, das sich nahezu ausschließlich darum bemüht, dass es dem Menschen hier und jetzt gut geht und seine Bedürfnisse nach Liebe, Geborgenheit, Angenommensein, Hoffnung, Gemeinschaft, etc. erfüllt werden. Zumutungen und Verzichtleistungen um des Glaubens willen sind da nicht mehr möglich. Die praktizierte Laxheit im Umgang mit Scheidung und Wiederverheiratung als einem klaren Widerspruch gegen neutestamentliche Gebote macht die Argumentation gegen die Homoehe als im Widerspruch zur biblischen Lehre unglaubwürdig. Nicht nur in der Gegenwart, sondern auch weithin in der Geschichte der Kirche hat man die Zumutungen des Glaubens in erster Linie von denen erwartet, die sich durch ihre Veranlagung bereits in einer bedrängten und marginalisierten Position befanden.[68] Es sind dagegen die „Starken", die mit gutem Beispiel vo-

---

[68] Ausgrenzung, Kriminalisierung und Verfolgung von Homosexualität und anderen von der Mehrheit abweichenden sexuellen Identitäten ist historisch gesehen allerdings kein Alleinstellungsmerkmal der Kirchen. Der Einfluss humanistischer Pädagogik, Medizin und besonders der Psychotherapie auf die Pathologisierung devianter Sexualitätspraktiken ist weit weniger in der öffentlichen Diskussion präsent als der christlichen Tradition. Ein gutes Beispiel dafür bietet Uwe Sielert, Einführung in die Sexualpädagogik [wie Anm. 12], 16 ff. in seinem Abriss der Geschichte der Sexualpädagogik. Diese ist im westlichen Kulturkreis bis ins 17. Jh. durch die kirchliche Sicht bestimmt gewesen (er nennt allerdings keine Beispiele, wie das inhaltlich

ranzugehen haben und um der Liebe willen auf die „Schwachen" Rücksicht nehmen sollen. Christliche Ethik wird also nur dann Minderheitengruppen ethische Herausforderungen zumuten können, wenn die Mehrheiten ihrerseits bereit sind, das ihnen Zugemutete zuerst zu tun. Dass dies weithin nicht der Fall ist, hängt damit zusammen, dass „Jesu Botschaft von der bedingungslosen Liebe Gottes" mit Forderungen nach Einschränkung, Verzicht, Lebensveränderung und Enthaltsamkeit als im Widerspruch stehend angesehen wird.[69]

## 5.2. Billige Gnade, Geh-Struktur und Bedürfnisbefriedigungstheologien

Geistlich bzw. theologisch legitimiert werden Wunscherfüllungstheologien jedweder Herkunft in der Regel mit einem Gottesbild, das Gottes Liebe zu den Menschen so deutet, dass Gott bedingungslos alle und alles liebt und darum bedingungslos alle und alles segnet, sofern am Ende nur der Mensch nach seinem eigenen Wollen und Maßstab glücklich ist. Eine FAZ-Leserin kommentierte die Nachricht über den Ausgang der Abstimmung über die Einführung der gleichgeschlechtlichen Ehe in Irland mit den Worten: „Es entspricht voll und ganz der christlichen Botschaft der Nächstenliebe, Menschen so anzunehmen wie sie sind und sie nicht zu benachteiligen. Es ist eine christliche, katholische und gute Ent-

---

ausgesehen hat; es reicht, sie als »normativ«, »christlich-konservativ« und »repressiv« zu kennzeichnen). Dann erst kommen neue Leitdiskurse ins Spiel. Das von ihm zitierte Negativbeispiel ist die „Anti-Onaniekampagne" im 18. Jh., die er als „ein rein medizinisches, präventiv gemeintes Programm" beschreibt, das „von der Pädagogik der Philanthropen aufgegriffen und in Erziehung umgesetzt wurde". Das Ergebnis dieser abstrusen medizinisch-psychologischen Folgebeschreibungen der Selbstbefriedigung führte zu einer Vielzahl von Krankheitsbildern, die alle durch „Sexualunterdrückung" bedingt waren (18), wodurch im 20. Jh. (nach Freud) pädagogische Initiativen zur Befreiung der Sexualität erwuchsen (z.B. Max Hodan, Wilhelm Reich), die mit der 68er-Bewegung praktische Umsetzung in einer neue Sexualpädagogik fanden. Der endgültige Durchbruch gelang jedoch erst in den späten 80er-Jahren als Folge von Aids, medialer Vermarktung der Sexualität und feministischer Patriarchatskritik. Ein Bundesgesetz schreibt 1992 erstmals Sexualpädagogik als Lehrauftrag fest (20) und die »korrekte« Lehre über Sex (die neue sexuelle »Orthodoxie«) wurde so zur Aufgabe des Staates und nicht mehr länger primär der Familie. Maßgebliche (was nicht heißt „mehrheitliche") Stimmen in Kirche und Theologie schwenkten innerhalb kurzer Zeit auf dieses neue Leitbild um und versuchen sich seitdem als Teil dieser Form von »Befreiungstheologie« zu profilieren, was sowohl peinlich als auch typisch ist.

[69] Raedel, Zwischen Schöpfung und Erlösung [wie Anm. 4], 247, vgl. Herbst, Seelsorge und Homosexualität [wie Anm. 8], 257, wo die „Gemeinde als Ort bedingungsloser Annahme" beschrieben ist. Diese Liste lässt sich nahezu endlos vermehren und es wäre eine lohnenswerte Arbeit, dem Ursprung dieser frag-würdigen Rede von Gottes »bedingungsloser« Annahme aller nachzugehen.

scheidung, vom katholischen Volk getragen." Das ist die weit verbreitete Normaltheologie bei professionellen Theologen nicht weniger als beim Kirchenvolk sowie jenen, die zwar keine Christen sind, aber genau wissen, was Christen zu glauben haben. Nie findet sich ein Hinweis auf die Schrift als Offenbarungswort. Gleichzeitig wird jedoch mit großer Zuversicht über Gottes Wesen bzw. über Jesu Verhalten referiert, über das ohne Einzelnachweis und völlig unbeeindruckt von biblischen Vorgaben völlig frei verfügt wird, solange darin nur die umfassende Zuwendung Gottes bzw. Jesu zu allen seinen Geschöpfen zum Ausdruck kommt, und Gottes Wille so definiert ist, dass alle nach ihrer Façon selig werden können. Das wird natürlich nie so plump ausgedrückt, sondern mit verschwurbelten Liebesdefinitionen gearbeitet, die erkennbar nur dem einen Zweck dienen, nun einfach gar nichts mehr in Bezug auf sexuelles Verhalten und geschlechtliche Identität vorschreiben zu müssen.[70]

Bedingungslose Annahme der Menschen, so wie sie sind – über die Berechtigung dieser Aussage ließe sich immerhin noch diskutierten, auch wenn ich sie für grundsätzlich falsch halte. Der erste Satz der Verkündigung Jesu im Matthäus-Evangelium lautet (Mt 4,17): „Tut Buße, denn das Himmelreich ist nahe herbeigekommen!" Jesus hat den Menschen gerade nicht, wie sie waren, das Himmelreich versprochen. Er hat aber die dazu eingeladen, die von anderen als des Himmelreiches unwürdig angesehen wurden, d.h. seine Offenheit war, dass er alle einlud und für alle die Tür öffnete: für die Prostituierte und den Zöllner nicht weniger als für den Pharisäer und Schriftgelehrten. Aber niemand konnte so bleiben, wie er war. Das macht das Gleichnis vom königlichen Hochzeitsmahl sehr deutlich: die Eingeladenen, die die Einladung missachteten, wurden dafür bestraft und der Gast, dem es gelang ohne seine Kleidung zu wechseln (Kleidung als Metapher für Statuswechsel!) am Mahl teilzunehmen, wurde hinausgeworfen

---

[70] Als Beispiel vgl. Magnus Striet, Schöpfungsglaube und Homosexualitätskonzepte, in: »Wer bin ich, ihn zu verurteilen?« [wie Anm. 1], 161–174. Er dekonstruiert zuerst die Autorität der biblischen Texte, die – weil sie sich „menschlicher Autorenschaft" verdanken – als „zeitgeschichtlich verhaftet" zu gelten haben und darum nur eine bedingte „normative theologische Bedeutung" haben (167). Dann wird in freier Anknüpfung an biblische Versatzstücke davon geredet, „dass der freie Gott will, dass Menschen ihr Leben freiheitlich gestalten, sich wertschätzend und in ihrer Personwürde unbedingt anerkennend … auch das Begehren und die auf einem solchen Begehren aufbauende Partnerschaft" leben und diesem alles andere unterordnen. Striet fragt weiter, ob ein Gott, „der die Freiheit des Menschen und damit die Personwürde aller unabhängig davon, wie sie nun einmal empfinden und begehren, nicht achtet, überhaupt akzeptabel" wäre (171)? Es obliegt also dem Mensch darüber zu befinden, wie sich Gott zu verhalten hat, damit er „akzeptabel" ist!

(Mt 22,11). Dieser Text stellt sich quer zu *zwei* gegenwärtigen Dogmen, nämlich der bedingungslosen (nichtdiskriminierenden) Annahme aller wie sie sind und im evangelikalen Raum die zum Allheilmittel aller missiologischen Misserfolge erkorene Propagierung der Geh-Struktur anstelle der Komm-Struktur.[71] Letzteres sehe ich unmittelbar mit dem ersteren verbunden. Es ist die zeitgenössische Fassung der „billigen Gnade", die das Evangelium nur als Einladung und nicht mehr als eine Zumutung und Herausforderung des natürlichen Menschen sehen will. Das Evangelium lässt sich aber vom „Gehorsam des Glaubens" (Röm 1,5; 15,18) nicht trennen.

Es gibt ein missionarisches „Geht hin" – aber es ist nicht die Aufgabe der Kirche, jedem und jeder beständig nachzulaufen. Der Vater im Gleichnis vom verlorenen Sohn lässt diesen ziehen und wartet: Erst als er bereits auf dem Heimweg ist, geht er ihm das letzte Stück entgegen. Oder man nehme das Gleichnis vom großen Hochzeitsfest: Die Eingeladenen werden *einmal* eingeladen – aber die Tür bleibt nicht für alle allezeit offen. Von den zehn Jungfrauen im Gleichnis vom Warten auf den Bräutigam bleiben fünf draußen vor der Tür. Es kann gute Gründe geben, an den Hecken und Zäunen zu suchen: aber das Ziel ist es, sie in den Hochzeitssaal zu bringen und nicht, ihnen das Hochzeitsessen an die Ecken und Zäune zu bringen – oder denen, die der Einladung nicht folgen wollten, nachzutragen. Auch das Gleichnis vom verlorenen Schaf, das am ehesten als Beleg für das dem Einzelnen Nachgehen herangezogen werden kann (Lk 15,1–7 par. Mt 18,12–14), bedeutet nicht, dass sich nun dauerhaft alles um das verlorene Schaf dreht. Denn dann hätte der Hirte am anderen Tag 100 verlorene Schafe, weil alle seine ganze Aufmerksamkeit und Fürsorge ganz für sich wollten. Zudem geht es bei diesen drei Gleichnissen in Lukas 15 darum, den Pharisäern und Schriftgelehrten (15,1) zu verdeutlichen, warum Jesus auch die „Zöllner und Sünder" in das Reich Gottes einlädt (und diese nehmen die Botschaft an, vgl. Mt 21,32 f.). Bei Matthäus ist das Gleichnis Teil des Gemeinde- bzw. Kirchenkapitels Mt 18 und es geht um Verführung und um die „Kleinen" (18,6). Jesus ist zu den Menschen gegangen, die in den Städten und Dörfern lebten: aber er ist

---

[71] Zu letzterem Punkt siehe als ein Beispiel unter vielen H. Hempelmann, Welche Kirche hat Zukunft?, in: ThBeitr 46 (2015), 84–95, hier: 90. Wie sehr eine solche Voreingenommenheit für einen bedingungslos liebenden Jesus die Exegese beeinflusst, zeigt das Buch über das Jesusbild im Matthäusevangelium von Christoph Wrembek, Sentire Jesus – Jesus erspüren. Vom Gottesbild Jesu und vom Gottesbild von Menschen, Paderborn 2014. Darin werden mit großer Gelehrsamkeit alle Stellen, die von Gericht und Ausschluss aus dem Reich Gottes sprechen, den „Eiferern für das Gesetz" zugeschrieben, die die ursprüngliche Botschaft Jesu verfälschten.

keinem nachgegangen, der seinen Aufruf zur Nachfolge gehört hat und sich dann abwandte. Weder dem reichen Jüngling, der sich von seinem Besitz nicht trennen konnte, noch den Pharisäern oder Sadduzäern, die sich von ihm nicht den Willen Gottes erklären lassen wollten, noch den Zöllnern und Prostituierten. Diese in allen Jesusbüchern und populären Darstellungen allgegenwärtige Kategorie von gesellschaftlichen Außenseitern sind in den Evangelien Randfiguren (genauso wie die Armen), und in den meisten Fällen, wo sie vorkommen, machen diese sich auf den Weg zu Jesus (bzw. vorher zu Johannes dem Täufer; auch da müssen sich die Menschen von weither auf den Weg machen um zu ihm zu kommen). Damit sollen keine falschen Alternativen aufgebaut aber doch darauf hingewiesen werden, dass der bedingungslos liebende Jesus, der die „Sünder" und gesellschaftlichen Außenseiter bedingungslos annimmt und sich mit ihnen solidarisiert (was er ebenfalls nie tut) ein Klischee ist, das in den biblischen Aussagen nur wenig Anhalt hat.

Mehrheitlich hatte es Jesus, was gerne unterschlagen wird, mit den ganz normalen Menschen zu tun, die ihren Berufen nachgingen als Fischer, Handwerker und Bauern, die Familien hatten und sich um ihre Angehörigen Sorgen machten (kranke Schwiegermütter und Kinder), sich um ein Erbe stritten und über Scheidung nachdachten, Steuern zahlten und von allen möglichen Zukunftssorgen geplagt waren. Es waren Menschen, die beteten, fasteten, Almosen gaben, in die Synagoge gingen und ernsthaft so zu leben versuchten, wie es der Gott Israel von seinem Volk erwartete. Zudem war Jesus mindestens genauso oft zu Gast bei Pharisäern, den Pietisten und ernsthaft Frommen (mit all ihren Stärken und Schwächen) seiner Zeit, wie bei Zöllnern und Sündern.[72] Wenn es eine Gruppe bei ihm gab, die besonders im Mittelpunkt stand, dann waren es die Kranken (wobei auch da wieder genau darauf geachtet werden muss, welche Krankheiten vorkommen) und die von Dämonen Belasteten. Der entscheidende Unterschied zu den Schriftgelehrten seiner Zeit war wohl, dass Jesus keine Abgrenzung aufgrund von rituellen oder moralischen Reinheitskategorien praktizierte. Er hatte keine Berührungsängste und das wird immer da betont, wo er die Kranken, besonders Aussätzige, aber auch Verstorbene, berührte. Anstatt dem Meiden von ansteckender Unreinheit lebte Jesus eine ansteckende Reinheit. Überall, wo er mit einem Menschen in näheren Kontakt trat, da blieb der Mensch, nicht wie er war. Weder

---

[72] Vgl. dazu R. Deines, Pharisäer und Pietisten – ein Vergleich zwischen zwei analogen Frömmigkeitsbewegungen, in: JETh 14 (2000), 113–133.

der Zöllner Zachäus noch die namenlose Ehebrecherin blieben dieselben nach ihrer Begegnung mit Jesus (Joh 8,11: μηκέτι ἁμάρτανε, *mēketi hamartane*; „Sündige hinfort nicht mehr"; dieselbe Mahnung wird auch dem Geheilten vom Teich Bethesda mit auf den Weg gegeben, Joh 5,14, da es offenbar Schlimmeres gibt als 38 Jahre lang gelähmt vergeblich auf Heilung zu warten: μηκέτι ἁμάρτανε, ἵνα μὴ χεῖρόν σοί τι γένηται, *mēketi hamartane, hina mē cheiron soi ti genētai*). Für die polyamore Frau am Jakobsbrunnen wird man eine vergleichbare Wende in ihrem Verhalten voraussetzen dürfen (Joh 4,17 f.39), und auch die Prostituierten, die nach Mt 21,31 f. zusammen mit den Zöllnern den Pharisäern ins Himmelreich vorangingen, werden ihren Beruf mit ihrer Umkehr aufgegeben haben, wie aus dem Verb μεταμέλομαι (*metamelomai*) „Reue empfinden", „bereuen", „bedauern" in V. 32 zu erkennen ist, das zwar die genannten Gruppen aber eben nicht die Pharisäer vollzogen haben.[73] Gerade die Konversionssprache im Neuen Testament verweist vielfach auf solche Vorgänge, die ein Umdenken und Neuorientieren bezeugen.[74]

Gott will, dass alle Menschen gerettet werden und zur Erkenntnis der Wahrheit kommen, und seine Liebe und sein Werben gilt jedem einzelnen – aber das bedeutet nicht, dass Gott sich von jedem Einzelnen zum Narren halten oder sich vor jeden beliebigen Karren der Selbstverwirklichung spannen lässt. So sehr wir Gottes Liebe betonen dürfen, so sehr gilt auch, was in Jesaja 40,15 steht: „Siehe, die Völker sind geachtet wie ein Tropfen am Eimer und wie ein Sandkorn auf der Waage. Siehe, die Inseln sind wie ein Stäublein." Und weiter: „Alle Völker sind vor ihm wie nichts und gelten ihm als nichtig und eitel." Das besagt: Gott braucht die Menschen nicht, auch ganze Völker zählen nichts vor ihm. Er braucht sie nicht um Gott zu sein und der Mensch tut Gott keinen Gefallen, wenn er sich ihm im Glauben zuwendet. Es hilft dem *Menschen*, wenn er zu seinem Ursprung und

---

[73] Matthäus gebraucht das Verb zuvor in 21,29 für das Umdenken des einen Sohnes im Gleichnis von den zwei Söhnen: Erst wollte er den Willen des Vaters nicht tun, doch dann „bereute er es" und tat ihn doch. In Mt 27,3 ist es für die Reue des Judas gebraucht, der als Folge davon das Geld, das er für die Auslieferung Jesu erhielt, zurückbringen wollte. In den Evangelien gebraucht nur Matthäus 3-mal dieses Verb, ansonsten im NT nur noch in 2Kor 7,8 (2-mal: Paulus bereut nicht, dass er den harten Brief an die Gemeinde geschrieben hat, weil dadurch die Beziehung zu ihm wieder in Gang kam) und Hebr 7,21 (LXX-Zitat von Gottes Reue).

[74] Vgl. dazu R. Deines, Biblische Aspekte zu Umkehr – Konversion – Bekehrung, in: M. Reppenhagen (Hg.), Konversion zwischen empirischer Forschung und religiöser Kompetenz (Beiträge zur Evangelisation und Gemeindeentwicklung 18), Neukirchen-Vluyn: Neukirchener 2012, 13–49, hier: 38–39.

seiner Bestimmung zurückfindet, aber Gottes Gottsein wird durch den menschlichen Ungehorsam nicht geschmälert. Damit schließt sich der Kreis. Eingangs wurde betont, dass der Mensch wieder lernen muss, an Gott als Schöpfer zu glauben, bevor er sich von Gott etwas sagen lässt. Menschen müssen wieder vertrauen, dass Gott ihnen in der Bestimmung zum Mann- oder Frausein nichts vorenthält. Vielleicht fängt das damit an, dass wir dankbar dafür sind, dass uns Gott als Mann oder als Frau erschaffen hat. Wenn wir daran zweifeln oder Schwierigkeiten haben, dies – oder irgendeine andere der echten und scheinbaren Beeinträchtigungen und Beschränkungen, denen wir unterworfen sind (Krankheiten, Kinderlosigkeit, unerfüllte sexuelle Erwartungen und Bedürfnisse) – als die uns persönlich aufgetragene, »zugemutete« Bestimmung – die nie ohne Verheißung ist, weil Gott es gut mit den Seinen meint – anzunehmen, dann können wir darum ringen und uns gegenseitig helfen, uns der in Jesu Auferstehung eröffneten eschatologischen Hoffnung auf Gottes neue Schöpfung zu trösten, die verspricht, dass Gott all unserem Mangel aufhilft. Das christliche Credo beginnt mit dem Bekenntnis zu Gott als Vater und Schöpfer und endet mit der Auferstehung und dem ewigen Leben. Mehr geht nicht, aber mit weniger sollten wir auch nicht zufrieden zu sein. „Wer sein Leben erhalten will, der wird es verlieren. Wer aber sein Leben verliert um meines oder des Evangeliums willen, der wird es retten. Denn was nützt es dem Menschen, die ganze Welt zu gewinnen und Schaden zu nehmen an seiner Seele?" (Mk 8,35–36).

# Mitarbeiter und Mitarbeiterinnen Gottes

## Geschlechterverhältnisse in der Erweckungs- und Missionsgeschichte des 19. Jahrhunderts

ULRIKE TREUSCH

„Wenn Du zum Weibe gehst, vergiss die Peitsche nicht!"[1] – „Die Weiber seien untertan ihren Männern als dem Herrn."[2] – „Das allgemeinste und wichtigste Verhältnis der menschlichen Gesellschaft [...] ist unstreitig das Verhältnis der beiden Geschlechter."[3] Wären zum Ende des 19. Jahrhunderts in der deutschen Gesellschaft Aussagen zum Verhältnis von Mann und Frau erhoben worden, so wären diese drei Sätze wohl prominent unter den möglichen Antworten: Die auf Friedrich Nietzsches Erzählung *Also sprach Zarathustra* zurückgehende Redewendung deutet, ob ironisch gebrochen oder nicht, mit dem Stichwort „Peitsche" bereits an, dass das Verhältnis von Mann und Frau kein einfaches ist. Das Bibelzitat spiegelt die Rezeption dieses Verses im 19. Jh., als Eph 5,22 als biblische Weisung für eine hierarchische Beziehung von Mann und Frau in der Ehe galt, wie sie in Kirche und Staat des 19. Jh. vertreten und diskutiert wurde. Der Jurist und liberale Politiker Karl Th. Welcker (1790–1869) betont im Artikel „Geschlechtsverhältnisse" des Rotteck-Welckerschen Staatslexikons, einem politisch-juristischen Standardwerk des 19. Jh., die zentrale Bedeutung des Geschlechtsverhältnisses als das „allgemeinste und wichtigste Verhältnis der menschlichen Gesellschaft", nicht ohne zu ergänzen: „das schwierigste für eine juristische und politische Theorie."[4] Das Verhältnis von Mann und Frau und die ihnen je zukom-

---

[1] Nach Friedrich Nietzsche (1844–1900). Vgl. Friedrich Nietzsche, Also sprach Zarathustra. Ein Buch für Alle und Keinen, Erster Teil, Chemnitz 1883, Kap. Von alten und jungen Weiblein (München 1961, 53): „Du gehst zu Frauen? Vergiß die Peitsche nicht!"
[2] Eph 5,22 nach Luther-Übersetzung 1912.
[3] Karl Theodor Welcker, Art. Geschlechtsverhältnisse, in: Carl von Rotteck/ders. (Hg.), Das Staats-Lexikon. Encyklopädie der sämmtlichen Staatswissenschaften für alle Stände, 14 Bde., Leipzig ³1856–1866, Bd. 6 (³1862), 434–447, hier: 434. Das Staats-Lexikon wurde im 19. Jh. mehrfach aufgelegt und überarbeitet (1. Aufl. Altona 1834–1843, 2. Aufl. Altona 1845–1848).
[4] Ebd. [wie Anm. 3], 434.

menden Geschlechterrollen werden im 19. Jh. zum Gegenstand einer europaweiten Diskussion in Politik, Recht, Theologie und Literatur. „Männer ebenso wie Frauen stritten und verhandelten über das Verhältnis der aktuellen zu einer vernünftigen, natürlichen, gottgegebenen, richtigen oder erwünschten Geschlechterordnung."[5]

Die Frauen- und Geschlechterforschung seit den 1970er Jahren hat diese europäische Diskussion des 19. Jh. zunehmend erhellt. Die historische Theologie hat sich mit einigen Jahren Verzögerung v.a. der Frauengeschichte zugewandt und hier gezeigt, welche herausragenden Rollen „starke fromme Frauen"[6] im 19. Jh. im deutschsprachigen Raum einnehmen konnten.[7]

Der vorliegende Beitrag nimmt diese Arbeiten auf und führt sie weiter, indem er nach dem Verhältnis von Mann und Frau und den damit verbundenen Geschlechterrollen in der deutschen Erweckungs- und Missionsgeschichte fragt. Im Zentrum stehen dabei weder die „great women" noch die biblisch-theologische Erörterung von Frauen- und Männerrollen in den erweckten Kreisen des 19. Jh. Gesucht wird vielmehr nach der „normalen", als normativ empfundenen oder vermittelten, Männer- bzw. Frauenrolle in der deutschen Gesellschaft sowie im konservativ-protestantischen Milieu des 19. Jh., um vor diesem Hintergrund die herausragenden Frauen- bzw. Männerrollen einordnen zu können – als Regel und Ausnahme, Mehrheits- und Minderheitsverständnis. Dem Verständnis des 19. Jh. entsprechend, wird von zwei Geschlechtern, Mann und Frau, in einer Unterschiedenheit, aber Untrennbarkeit von sexuellem und sozialem Geschlecht ausgegan-

---

[5] Gisela Bock, Frauen in der europäischen Geschichte. Vom Mittelalter bis zur Gegenwart, München 2005, 122.

[6] So der Buchtitel von Peter Zimmerling, Starke fromme Frauen. Begegnungen mit Erdmuthe von Zinzendorf, Juliane von Krüdener, Anna Schlatter, Friederike Fliedner, Dora Rappard-Gobat, Eva von Tiele-Winckler, Ruth von Kleist-Retzow, Gießen ³1999. Vgl. ders., Starke fromme Frauen – Der Pietismus als Vorkämpfer für die Rechte der Frauen, in: Cornelia Mack/Friedhilde Stricker (Hg.), Begabt und beauftragt. Frausein nach biblischen Vorbildern, Holzgerlingen 2000, 450–476.

[7] Vgl. z.B. Martin H. Jung, Frauen des Pietismus. Von Johanna Regina Bengel bis Erdmuthe Dorothea von Zinzendorf. Zehn Porträts, Gütersloh 1998; vgl. ders. (Hg.), „Mein Herz brannte richtig in der Liebe Jesu". Autobiographien frommer Frauen aus Pietismus und Erweckungsbewegung. Eine Quellensammlung, Aachen 1999; Hartmut Krüger, Frauen im Pietismus. Ihr Dienst – ihre Verantwortung – ihr Einfluss, Marburg 2005; Adelheid M. von Hauff (Hg.), Frauen gestalten Diakonie, Bd. 2: Vom 18. bis zum 20. Jahrhundert, Stuttgart 2006, sowie Einzelstudien zu Frauen in Pietismus und Erweckungsbewegung.

gen und untersucht, welche Rollen Mann und Frau in ihrer jeweiligen historischen und gesellschaftlichen Situation im 19. Jh. einnehmen und welches Verhältnis der beiden Geschlechter sich darin zeigt.

Dabei konzentriert sich die Untersuchung auf die Erweckungsgeschichte in Deutschland, zu der sowohl die im strengen Sinn als Erweckungsbewegung bezeichneten Aufbrüche bis 1850 als auch die Gemeinschafts- und Heiligungsbewegung in der zweiten Hälfte des Jahrhunderts gezählt werden.[8] Aus diesen erweckten Kreisen gehen im 19. Jh. zahlreiche Missionsgesellschaften hervor; auch hier beschränkt sich die Untersuchung der Geschlechterrollen zunächst auf die ledigen und verheirateten Missionare und Missionarinnen, die ihrer Herkunft nach deutsch sind und in der äußeren Mission arbeiten.

Die nationale Eingrenzung ist vorläufig und mag auf den ersten Blick erstaunen, da sowohl die Erweckungs- als auch die Missionsgeschichte nicht nur stark von parallelen europäischen und nordamerikanischen Bewegungen beeinflusst, sondern auch selbst aktiver Teil eines europäisch-transatlantischen Netzwerks war. Zudem verband die Erweckten nationenübergreifend das Bemühen um eine Rechristianisierung Europas bzw. die Neuchristianisierung in der überseeischen Mission. Doch entfalten sich Geschlechterverhältnisse und -rollen auch in einem spezifischen gesellschaftlichen (nationalen, kirchlichen und theologischen) Kontext. Dazu zählt die Entwicklung eines deutschen Nationalstaats von den Napoleonischen Befreiungskriegen (1813–1815) über die Revolution von 1848 bis zum Deutschen Reich (ab 1871). Diese politische Entwicklung bedeutet für die Missionsgeschichte, dass Deutschland erst gegen Ende des 19. Jh. zur Kolonialmacht wurde und nun deutsche Missionare in deutschen Kolonien wirkten. Auch die theologische und kirchliche Situation in Deutschland, wo sich die universitäre

---

[8] Mit Erweckten sind hier diejenigen, mehrheitlich protestantischen Christen des 19. Jh. gemeint, die „die totale Erlösungsbedürftigkeit des Menschen", die „Gottessohnschaft Christi" und die „Versöhnung durch das stellvertretende Leiden und Sterben Christi am Kreuz" (so die Charakterisierung der Erweckten mit Gustav Adolf Benrath, Die Erweckung innerhalb der deutschen Landeskirchen 1815–1888. Ein Überblick, in: Hartmut Lehmann/Ulrich Gäbler (Hg.), Geschichte des Pietismus, Bd. 3: Der Pietismus im neunzehnten und zwanzigsten Jahrhundert, Göttingen 2000, 150–271, hier: 191) betonen und aufgrund einer persönlichen Gotteserfahrung eine Lebenswende erlebt haben. „Endzeitliches Bewußtsein", „Erfahrungsreligion" und „Sozietätsgedanke" sind weitere Kennzeichen der Erweckten (mit Ulrich Gäbler, Auferstehungszeit. Erweckungsprediger des 19. Jahrhunderts. Sechs Porträts, München 1991, 178). „Keiner dieser drei Punkte ist für sich selbst typisch für die Erweckung. Parallelen mit anderen Bewegungen und Strömungen wie Aufklärung und Pietismus liegen auf der Hand. [...] Das Zusammentreffen dieser drei Motive charakterisiert die Erweckung im europäischen und im amerikanischen Protestantismus" (ebd., 178).

Theologie im 19. Jh. mit den Einflüssen der Aufklärung auseinandersetzte, erst durch die Säkularisation und anschließende Mediatisierung Anfang des 19. Jh. gemischt-konfessionelle Territorien entstanden und im Verlauf des Jahrhunderts evangelische Freikirchen in Deutschland geduldet wurden, zählt zum spezifischen Kontext der deutschen Erweckungs- und Missionsgeschichte.[9] Zugleich erlauben parallele gesellschaftliche Entwicklungen in anderen europäischen Ländern, z.B. die Industrialisierung und der damit verbundene Pauperismus in England, einen punktuell vergleichenden Blick auf die Geschlechterverhältnisse außerhalb Deutschlands.

Vom Verständnis von Geschlecht und Geschlechterrollen im deutschen Bürgertum des 19. Jh. als einer soziologischen Wurzel der Erweckungsbewegung ausgehend (1), werden Geschlechterverhältnis und –rollen bei den Erweckten betrachtet, wobei komplementär zum Ehe- und Familienverständnis auch Diakonie, Adel und Freikirchen als Räume einer Erweiterung der Rollen von Mann und Frau untersucht werden (2). In einem dritten Schritt wird nach dem Geschlechterverhältnis in der äußeren Mission gefragt (3) und abschließend werden Grundzüge und Tendenzen zusammengefasst (4).

## 1. Das bürgerliche Verständnis der Geschlechter im 19. Jh.

### 1.1. Das rechtliche Verhältnis von Mann und Frau

> Unsere heutige vollkommenere naturrechtliche und christliche Staatstheorie ordnet nicht mehr, wie die griechische und römische, die Menschheit dem Staate, dem Bürger den Menschen unter. Sie macht vielmehr das Menschenrecht zur Grundlage des bürgerlichen Rechts, gründet also die Gleichheit des letztern auf die Gleichheit des erstern. Und doch ist so vielfache Ungleichheit zwischen dem Manne und der Frau, so große Verschiedenheit ihrer Lebensaufgaben und ihrer Kräfte, also auch ihrer Rechtsverhältnisse, schon durch die Natur selbst bestimmt.[10]

Diese Sätze aus dem bereits erwähnten Artikel „Geschlechtsverhältnisse" des Staats-Lexikons sind aufschlussreich für das Geschlechterverhältnis in Deutschland um die Mitte des 19. Jh. Denn der Autor versteht das Geschlechterverhältnis im Folgenden sowohl als naturrechtlich als auch als biblisch-christlich gegeben. Dabei betont er zunächst die Gleichheit aller Menschen, die sich rechtlich auch

---

[9] Vgl. zur religiösen Situation im 19. Jh. Thomas Nipperdey, Religion im Umbruch. Deutschland 1870–1918, München 1988.

[10] K. Welcker, Geschlechtsverhältnisse [wie Anm. 3], 435.

in einer teilweisen Anerkennung der Frau als juristischer Person zeigt. Zugleich existiert nach Welcker eine Ungleichheit von Mann und Frau, die sich darin zeige, dass der Mann aktiv und die Frau passiv-empfänglich sei, dass beim Mann die „ausgedehntere Wirksamkeit in der Außenwelt, bei der Frau die größere Beschränkung auf die Fortpflanzung, die Familie, das Haus"[11] charakteristisch sei. „Kaum bedarf es nun wohl noch besonderer Beweisführungen, dass bei solchen Verschiedenheiten der Geschlechter, bei solcher Natur und Bestimmung ihrer Verbindung eine völlige Gleichstellung der Frau mit dem Manne in den Familien- und in den öffentlichen Rechten und Pflichten [...] der menschlichen Bestimmung und Glückseligkeit widersprechen und ein würdiges Familienleben zerstören würde, dass dabei die Frauen ihrer hohen Bestimmung im häuslichen Kreise, [...] der wahren Weiblichkeit und ihrem schönsten Glücke [...] entsagen [...] müssten."[12]

In den Ausführungen Welckers spiegelt sich das rechtliche Verhältnis beider Geschlechter wie auch der gesellschaftliche Konsens über die Rollen von Mann und Frau in der bürgerlichen Gesellschaft des 19. Jh. wider, wie sich beides auch noch im Bürgerlichen Gesetzbuch von 1896, am Ende des hier betrachteten Zeitraums, wiederfindet.[13] Primär bezieht sich der Artikel auf die Beziehung von Mann und Frau in der Ehe, sekundär auch auf das Verhältnis von Vater zur volljährigen ledigen Tochter. In beiden Fällen ist das Verhältnis asymmetrisch; die Ehefrau bzw. unverheiratete Tochter hat die untergeordnete Rolle. Denn der Mann übernimmt mit der Eheschließung gegenüber seiner Frau die (zuvor väterlichen) Rechte und Pflichten der Leitung, des Schutzes, aber auch die Verfügungsgewalt. Die Frau hat ihrem Ehemann gegenüber sowohl eine Gehorsamspflicht als auch Anspruch auf Schutz und materielle Versorgung.

## 1.2. Die Ehe als Idealform menschlichen Zusammenlebens

Die Ehe ist konstitutiv für das Verhältnis der beiden Geschlechter im 19. Jh.; sie steht im Zentrum von Recht, Religion und Politik. In ihr finden die Rollen von Mann und Frau ihren charakteristischen Ausdruck und sie bildet, im 19. Jh. noch mehrheitlich unbestritten, die Grundlage der Gesellschaft. Auch da, wo sich z.B.

---

[11] Ebd. [wie Anm. 3], 439.
[12] Ebd. [wie Anm. 3], 442.
[13] Vgl. Bürgerliches Gesetzbuch, 18.08.1896, insbesondere Buch IV, Familienrecht, Erster Abschnitt. Bürgerliche Ehe. Online-Edition: https://de.wikisource.org/wiki/B%C3%BCrgerliches_Gesetzbuch (letzte Abfrage: 20.12.2015).

in der zeitgenössischen Literatur eine Faszination an der Devianz, konkret an Ehebruch und Formen außerehelichen Zusammenlebens, zeigt,[14] wird an der Ehe als normativer Grundgestalt menschlichen Zusammenlebens festgehalten.[15] Sie bildete sich in Deutschland als spezifisch bürgerliches Ehe- und auch Familienideal aus. Das Bürgertum und seine Werte bestimmen den öffentlichen Diskurs im 19. Jh., und auch die Träger der deutschen Erweckungs-, Heiligungs- und Gemeinschaftsbewegung kommen neben dem Adel v.a. aus dem Bürgertum.

Die bürgerliche Vorstellung vom Verhältnis der beiden Geschlechter spiegelt sich exemplarisch im Bild des Mannes als einer starken Ulme, an die sich die Frau als das „schwanke Efeu" emporrankt und anlehnt.[16] Dem Bild folgend, leben Frau und Mann als Ehepartner in einer Symbiose, in der der Mann der Starke, die Frau die Zarte-Empfindsame ist. Lebensweltlich entsprach dem, dass in der Regel die Ehefrauen jünger als ihre Partner waren und auch noch im 19. Jh. weniger formale Bildung erwerben konnten. Mit diesem Bild verband sich eine typisch bürgerliche, geschlechterspezifische Zuweisung von Aufgaben und Kompetenzbereichen.[17]

---

[14] Vgl. zur Ehekritik im 19. Jh. exemplarisch Margareth Lanzinger/Edith Saurer, Liebe und Arbeit. Geschlechterbeziehungen im 19. und 20. Jahrhundert, Wien 2014, 137–141.

[15] Vgl. Theodor Fontanes *Effi Briest* (1896), Gustave Flauberts *Madame Bovary* (1857), Nikolai Tolstois *Anna Karenina* (1877/78).

[16] Die Metapher findet sich z.B. im Roman von Ottilie Wildermuth, Aus dem Frauenleben, 1855. Vgl. den programmatischen Titel bei Karin Hausen, „... eine Ulme für das schwanke Efeu". Ehepaare im deutschen Bildungsbürgertum, in: Ute Frevert (Hg.), Bürgerinnen und Bürger. Geschlechterverhältnisse im 19. Jahrhundert (KSGW 77), Göttingen 1988, 85–117, hier: 85.

[17] Zu den Rollen von Mann und Frau im Bürgertum des 19. Jh. vgl. Ilse Brehmer/Juliane Jacobi-Dittrich u.a. (Hg.), Frauen in der Geschichte IV. „Wissen heißt leben...". Beiträge zur Bildungsgeschichte von Frauen im 18. und 19. Jahrhundert (Geschichtsdidaktik. Studien Materialien 18), Düsseldorf 1983; Geneviève Fraisse/Michelle Perrot (Hg.), Geschichte der Frauen, Bd. 4: 19. Jahrhundert, Frankfurt 1994; Ute Frevert, Bürgerliche Meisterdenker und das Geschlechterverhältnis. Konzepte, Erfahrungen, Visionen an der Wende vom 18. zum 19. Jahrhundert, in: dies. (Hg.), Bürgerinnen und Bürger [wie Anm. 16], 17–48; Ruth-Ellen B. Joeres/Annette Kuhn (Hg.), Frauen in der Geschichte VI. Frauenbilder und Wirklichkeiten. Interdisziplinäre Studien zur Frauengeschichte in Deutschland im 18. und 19. Jahrhundert (Geschichtsdidaktik. Studien Materialien 26), Düsseldorf 1985; Brigitte Mazohl-Wallnig (Hg.), Bürgerliche Frauenkultur im 19. Jahrhundert (L'Homme Schriften. Reihe zur Feministischen Geschichtswissenschaft 2), Wien 1995; Claudia Opitz-Belakhal, Von der politischen Einflussnahme der Frauen am Hof zur bürgerlichen Häuslichkeit? Überlegungen zum Wandel der Geschlechterbeziehungen um 1800, in: Corina Bastian/Eva Kathrin Dade u.a. (Hg.), Das Geschlecht der Diplomatie. Geschlechterrollen in den Außenbeziehungen vom Spätmittelalter bis zum 20. Jahrhundert (Externa 5), Köln 2014, 131–143; Birgit Panke-Kochinke, Die anständige Frau. Konzeption und Umsetzung bürgerlicher Moral im 18. und 19. Jahrhundert (Frauen in Geschichte und Gesellschaft 31), Pfaffenweiler 1991; Ingeborg Weber-Kellermann (Hg.), Frauenleben im 19. Jahrhundert. Empire

Im Übergang von einer durch Landwirtschaft geprägten, vorindustriellen Gesellschaft zu einer industrialisierten setzte sich die Arbeitsteilung durch, so dass der Mann zum Arbeiten außer Haus ging und durch seine Arbeit der finanzielle Versorger der Familie und ebenso ihr Repräsentant in der Öffentlichkeit wurde. Der Wirkungsbereich der Ehefrau war dagegen das Haus, wozu die Haushaltsführung und Verwaltung des Wirtschaftsgelds zählte, aber auch die Unterstützung ihres Ehemanns und die Kindererziehung (für die der Vater die letzte Verantwortung trug). Der Ehefrau wurden die Rollen der fürsorglichen Partnerin und Mutter zugeschrieben, und mit diesen Rollen und Aufgabenbereichen verband sich für die Frau eine zunehmende räumliche Beschränkung auf das Haus. Dabei hat die bürgerliche Ehefrau oft nur noch einen relativ kleinen Haushalt mit wenigen Dienstboten und ggf. unter Auslagerung von Arbeiten, wie z.B. das Wäschewaschen, zu führen und bewirtschaftete nicht mehr wie ihre Vorfahren einen großen Mehrgenerationen-Haushalt oder einen landwirtschaftlichen Hof. Die Beschränkung auf die häuslichen, privaten Räume bedeutete gleichzeitig einen Rückzug aus den öffentlichen Räumen, wobei einer der wenigen öffentlichen Räume für bürgerliche Frauen der Gottesdienst und kirchliche Versammlungen waren, und verbindet sich mit einem patriarchalisch-hierarchischen Verständnis der Beziehung von Mann und Frau.

Friedrich Schillers *Lied von der Glocke*, erstmals 1799 veröffentlicht, wurde zum Paradigma der bürgerlichen Rollen von Mann und Frau im 19. Jh. Die Popularität des Gedichts bis ins 20. Jh. hinein lag möglicherweise auch darin, dass die Verse das gesellschaftliche Verständnis der beiden Geschlechter widerspiegelten:

> Der Mann muß hinaus
> In's feindliche Leben,
> Muß wirken und streben
> Und pflanzen und schaffen,
> Erlisten, erraffen,
> Muß wetten und wagen
> Das Glück zu erjagen. [...]
> Und drinnen waltet
> Die züchtige Hausfrau,
> Die Mutter der Kinder,
> Und herrschet weise
> Im häuslichen Kreise,

---

und Romantik, Biedermeier, Gründerzeit, München ³1991; Hans-Ulrich Wehler (Hg.), Frauen in der Geschichte des 19. und 20. Jahrhunderts, Göttingen 1981.

Und lehret die Mädchen
Und wehret den Knaben,
Und reget ohn' Ende
Die fleißigen Hände.[18]

Ehefrau und Mutter – Hausvater und finanzieller Versorger sind die Rollen für Mann und Frau, wie sie das Ideal und schließlich die Norm der bürgerlichen Gesellschaft im 19. Jh. werden. Die Beschränkung der Frauen auf die Gestaltung der Häuslichkeit war für beide Ehepartner auch vorteilhaft. Für verheiratete Frauen gab es kaum Verdienstmöglichkeiten außerhalb des Hauses, und die Arbeit im Hause war in der Regel angenehmer als jede Arbeit, die sie möglicherweise zuvor als ledige Frau ausgeübt hatte. Die Ehemänner wiederum waren froh, dem Junggesellendasein zu entkommen, das sich zwischen Arbeit und einer oft kargen Schlafstätte abspielte, „fast ohne Möglichkeit, den Wunsch nach häuslicher Gemütlichkeit, nach mitmenschlicher Wärme [...] befriedigen zu können."[19] Allerdings war das bürgerliche Ideal für die untere Schicht, z.B. die Dienstboten, Fabrikarbeiter etc., kaum zu erreichen; die häusliche Idylle eines bürgerlichen Haushalts war für sie nicht Begrenzung, sondern Sehnsuchtsort.

## 1.3. Das Ideal des evangelischen Pfarrhauses

Zu einem solchen Sehnsuchtsort schlechthin wird im 19. Jh. das evangelische Pfarrhaus als vollkommene Verwirklichung der bürgerlichen Vorstellung von den Geschlechterrollen. Obwohl oder gerade weil der protestantische Pfarrer keiner primär außerhäuslichen Erwerbstätigkeit nachging, verkörperte das evangelische, ländliche Pfarrhaus, in dem Mann und Frau zwar unterschiedliche Aufgaben, aber an einem gemeinsamen Ort wahrnahmen, das bürgerliche Ehe- und Familienideal. Das Pfarrhaus galt als „exemplarischer Ausschnitt städtischer, bürgerlicher Lebenswelt auf dem Lande".[20] „Die Attraktivität dieses Modells beruhte ganz offensichtlich auf der engen Verzahnung von Amt und Familie, bei welcher sich das

---

[18] Friedrich Schiller, Lied von der Glocke (1799), erstmals veröffentlicht in: ders., Musen-Almanach für das Jahr 1800, Tübingen 1800, 251–272, hier: 256 f.
[19] Gerhard Schildt, Frauenarbeit im 19. Jahrhundert (Frauen in Geschichte und Gegenwart 27), Pfaffenweiler 1993, 130.
[20] Wolfgang Steck, Im Glashaus: Die Pfarrfamilie als Sinnbild christlichen und bürgerlichen Lebens, in: Martin Greiffenhagen (Hg.), Das evangelische Pfarrhaus. Eine Kultur- und Sozialgeschichte, Stuttgart 1984, 109–125, hier: 109.

Leben im Pfarrhaus zentrierte und das vorbildliche Familienleben direkter Bestandteil der Berufsleistung war."[21] Hier wird die Einheit von Glauben und Lebensführung ebenso greifbar wie das Ineinander von Arbeit und Freizeit, von Wohnort und Arbeitsort.[22] Der Pfarrer steht als Hausvater dem Haushalt vor, die Pfarrfrau ist Mitregentin im Blick auf die Kinder und die Bediensteten.[23] „Die Pfarrfamilie wird zum Bild stilisiert, als dessen Abbild sich jede andere bürgerliche Familie begreift"[24]; sie wird zum Sinnbild christlichen und bürgerlichen Lebens. Damit ist das bürgerliche Ideal von Ehe und Familie in der deutschen Gesellschaft des 19. Jh. ein zunächst protestantisch geprägtes Ideal.[25]

## 1.4. Wachsende Freiräume der bürgerlichen Frau

Mit steigendem Wohlstand des Bürgertums eröffnen sich für die bürgerliche Frau im 19. Jh. neue Handlungsräume. Unterstützt von Dienstboten und mit Arbeitserleichterung durch neue technische Möglichkeiten, hat sie zwar die Gesamtleitung des Haushalts inne, muss sich aber nicht mehr selbst zeitintensiv und körperlich der Hausarbeit widmen. Sowohl für die Ehefrau, zumindest des gehobenen Bürgertums, als auch für die „höhere Tochter" entstehen damit Freiräume, die nicht nur zum geselligen Verkehr genutzt werden, sondern auch das soziale Engagement fördern, ja zur gesellschaftlichen Pflicht machen.[26] Daran

---

[21] K. Hausen, „... eine Ulme für das schwanke Efeu" [wie Anm. 16], 112.
[22] Vgl. W. Steck, Im Glashaus [wie Anm. 20], 117: „In der alle Lebensbeziehungen umfassenden, in sich geschlossenen Welt des reformatorischen Pfarrhauses entdeckte später das Bürgertum das Ideal eines Hauses, das Vorbild universellen Familienlebens. In dem ebenso das ganze Leben umgreifenden Beruf des Pfarrers erkannte die bürgerliche Zeit das Ideal des familiären Berufs, die klassische Figur des Hausvaters wieder."
[23] Zur Rollenfindung protestantischer Pfarrfrauen vom 16. bis 20. Jh. vgl. die englischsprachige Darstellung von Ruth A. Tucker, First Ladies of the Parish. Historical Portraits of Pastors' Wives, Grand Rapids 1988.
[24] W. Steck, Im Glashaus [wie Anm. 20], 118.
[25] Geschlechterverhältnis und -rollen im Katholizismus werden in diesem Beitrag ausgeklammert. Doch sei auf die in den letzten Jahren intensivierte Forschung zur Rolle von Frauen in der katholischen Kirche des 19. Jh. hingewiesen, vgl. Irmtraud Götz von Olenhusen (Hg.), Wunderbare Erscheinungen. Frauen und katholische Frömmigkeit im 19. und 20. Jahrhundert, Paderborn 1995; dies. (Hg.), Frauen unter dem Patriarchat der Kirchen. Katholikinnen und Protestantinnen im 19. und 20. Jahrhundert (KoGe 7), Stuttgart 1995; Michaela Sohn-Kronthaler/Andreas Sohn, Frauen im kirchlichen Leben. Vom 19. Jahrhundert bis heute, Kevelaer 2008.
[26] Vgl. zur Selbstdefinition bürgerlicher Frauen durch wohltätige Arbeit die Studie von Lori D. Ginzberg, Women and the Work of Benevolence. Morality, Politics, and Class in the Nineteenth-Century United States, New Haven 1990.

kann die sozialmissionarische Arbeit der Frauen in der Erweckungsbewegung anknüpfen, und die gemeinsame wohltätige Arbeit führt bürgerliche und adlige Frauen zusammen.[27]

## 1.5. Die Unverheirateten in der bürgerlichen Gesellschaft

Wo die bürgerliche Ehe im gesellschaftlichen Fokus steht, werden dauerhaft unverheiratete Männer und Frauen an den Rand gedrängt. Dies gilt auch für die evangelischen Christen, obwohl z.b. Pietisten wie Philipp Jakob Spener oder Nikolaus Graf von Zinzendorf auch die Bedeutung des ehelos lebenden, Gott ganz hingegebenen Menschen betonten und damit das Ledigsein theologisch aufwerteten[28] und obwohl sich die unteren Schichten die Ehe-, Hausstand- und Familiengründung oft nicht leisten konnten.

Der ledige Mann hatte es dabei leichter als die ledige Frau.[29] Der Junggeselle musste Gehaltseinbußen hinnehmen; bestimmte Leitungspositionen setzten eine Eheschließung voraus. Doch war es ihm möglich, einen eigenen Haushalt zu begründen und er hatte volle Bürgerrechte. Bei unverheirateten Frauen entschieden der Stand und die finanzielle Situation über die Möglichkeit, außerhalb der Herkunftsfamilie zu leben und zu arbeiten, z.B. als Lehrerin und Privat-Erzieherin, wobei sich die beruflichen Möglichkeiten im Lauf des 19. Jh. erweiterten und auch bezahlte Tätigkeiten im Verkauf (als Ladenfräulein) oder in der Verwaltung (z.B. als Kontorfräulein) einschlossen.[30] Diese beruflichen Tätigkeiten waren sogar ausschließlich ledigen Frauen erlaubt; sie wurden notwendig, wo mit Voranschreiten der Industrialisierung und dem Bevölkerungswachstum auch bürgerliche Familien nicht immer die Versorgung der ledigen Töchter garantieren konnten. Auch der neue ‚Beruf' der Diakonisse gewinnt vor diesem Hintergrund an Bedeutung als Tätigkeit und Versorgungsmöglichkeit für ledige Frauen.

---

[27] Vgl. Christa Diemel, Adelige Frauen im bürgerlichen Jahrhundert. Hofdamen, Stiftsdamen, Salondamen 1800–1870, Frankfurt a.M. 1998, 197: „Wohltätigkeit entwickelte sich im Adel wie im Bürgertum zu einer spezifisch weiblichen Aufgabe."

[28] Vgl. Ulrike Gleixner, Pietismus und Bürgertum. Eine historische Anthropologie der Frömmigkeit in Württemberg 17.–19. Jahrhundert (Bürgertum Neue Folge. Studien zur Zivilgesellschaft 2), Göttingen 2005, 212 f.; Wolfgang Breul/Stefania Salvadori (Hg.), Geschlechtlichkeit und Ehe im Pietismus (Edition Pietismustexte 5), Leipzig 2014.

[29] Vgl. Cécile Dauphin, Alleinstehende Frauen, in: G. Fraisse/M. Perrot (Hg.), Geschichte der Frauen, Bd. 4: 19. Jahrhundert [wie Anm. 17], 481–497.

[30] Zu den Arbeitsmöglichkeiten von Frauen im 19. Jh. vgl. G. Schildt, Frauenarbeit im 19. Jahrhundert [wie Anm. 19].

## 2. Geschlechterverhältnis und Geschlechterrollen unter den Erweckten

*2.1. Vor Gott gleich – in der Welt ungleich*

Die Träger der Erweckungsbewegungen des 19. Jh. in Deutschland kamen vor allem aus dem protestantischen Bürgertum und dem Adel. Erreicht werden sollten durch die geistlichen Aufbrüche alle Bevölkerungsschichten, doch gelang dies sowohl der Erweckungs- als auch der Gemeinschafts- und Heiligungsbewegung kaum. Mit dem Evangelium erreicht wurde v.a. das Klein- bis Großbürgertum, im Verlauf des 19. Jh. aber immer weniger die Arbeiter, die oft das Objekt sozialdiakonischer Bemühungen blieben. Diese soziologischen Gegebenheiten legen nahe, dass auch die Erweckten das gesamtgesellschaftliche bürgerliche Ideal und das bürgerliche Verständnis der Geschlechterrollen teilten. Die Erweckten verstanden das bürgerliche Ideal der Ehe von Mann und Frau, die Unterordnung der Frau gegenüber dem Mann und die Aufteilung der Kompetenzbereiche auf Öffentlichkeit und Haus nicht nur als gesellschaftlichen Konsens, sondern auch als spezifisch christliche Ordnung, die der Schöpfungsordnung (vgl. Gen 1–3) entsprach. Das biblische Zeugnis als oberster Maßstab für Leben und Lehre bedeutete für die Erweckten zunächst die Stärkung der gesellschaftlichen Ordnung und der geschlechterspezifischen Rollen von Mann und Frau. Dieses Rollenbild vertraten sie auch in ihren Schriften, manchmal stereotyp und ausgeprägt, oft moderat. So schrieb der preußische Pädagoge Heinrich Dittmar (1792–1866) im ersten Band seiner Weltgeschichte:

> Aber das Weib [...] hatte, obgleich sie mit dem Manne die Eigenschaften und das Vermögen des Menschen vollkommen theilte, doch eine zärtere und weichere, für äußere Eindrücke empfänglichere Organisation erhalten, und bot darum der Versuchung einen leichteren Zugang, wie das noch jetzt bei dem Weibe der Fall ist, wenn sie es an Wachsamkeit fehlen läßt.[31]

Auch das Verständnis der Geschlechterrollen bei den Erweckten geht von einer Ungleichheit in Anlage und Begabung aus. Doch findet sich in den Schriften der Erweckten keine völlige Herabsetzung des weiblichen Intellekts der Frau oder

---

[31] Die Geschichte der Welt vor und nach Christus, für das allg. Bedürfnis dargestellt: mit Rücksicht auf die Entwicklung des Lebens in Religion und Politik, Kunst, Wissenschaft, Handel und Industrie der welthistorischen Völker. Für das allgemeine Bildungsbedürfnis dargestellt von Heinrich Dittmar, 6 Bde., Heidelberg 1845–60, hier: Bd. 1 (1846), 16 f. – Für den Hinweis auf dieses Zitat danke ich meinem Kollegen Dr. Jan Carsten Schnurr.

der Frau überhaupt. Denn Frau und Mann sind beide von Gott geschaffen und alle Erweckten teilen, unabhängig von ihrem Geschlecht, die persönliche Erfahrung der Gnade Gottes und seines Erbarmens über den sündigen Menschen. Die persönliche Gotteserfahrung verbindet die Erweckten über Standes- und Geschlechterschranken hinweg und führt sie in das Weitergeben dieser Erfahrung in Wort und Tat. Da alle Erweckten teilhaben an der Arbeit für das Reich Gottes, eröffnet dies im Verlauf des 19. Jh. sowohl für die männlichen Laien, die nun als Nicht-Ordinierte Laienprediger sein durften, als auch für die Frauen neue Wirkungsmöglichkeiten innerhalb der Erweckungsbewegungen.

Die nordamerikanische Frauenforschung hat gezeigt, dass Frauen in den amerikanischen Revivals des 19. Jh. neben der Rolle als Ehefrau und Mutter vier weitere Rollen möglich waren, als „Social Workers and Lay Evangelists" sowie als „Jungle Pioneers and Urban Church Planters" in der äußeren Mission.[32] Für die erweckten Frauen in Deutschland galt dies nicht. Jedoch konnten sich hier die geschlechterspezifischen Aufgabenzuweisungen und Rollen ändern, (1) in der Anfangsphase geistlicher Neuaufbrüche, z.B. in den Freikirchen, die sich zunächst als Vereine ab den 1830er Jahren in Deutschland etablierten, (2) in der diakonischen Arbeit und (3) im Adel.

## 2.2. Geschlechterrollen im geistlichen Aufbruch der Freikirchen in Deutschland

Mit der Entstehung der Freikirchen des 18. und 19. Jh. kam es im angloamerikanischen Raum, insbesondere in der Anfangsphase der neuen Bewegungen, zu einer Erweiterung der Rollen der Frauen und von nicht-ordinierten Männern innerhalb der christlichen Gemeinde, so z.B. in der methodistischen Bewegung, der Heilsarmee, bei den Siebenten-Tags-Adventisten und der späteren Pfingstbewegung.[33] „Diese Einheit von charismatischem Aufbruch und neuer Kirchenbildung schuf durchgehend eine Situation, in der die Frauen einen sehr großen Freiraum zur Entfaltung ihrer Gaben fanden. Einerseits war das vorwärtsdrängende Wirken

---

[32] Ruth A. Tucker, Daughters of the Church. Women and Ministry from New Testament Times to the Present, Grand Rapids 1987, 245.291. Vgl. Jane Harris, America's Evangelical Women: More than Wives and Mothers – Reformers, Ministers, and Leaders, in: Rosemary Skinner Keller/Rosemary Radford Ruether (Hg.), Encyclopedia of Women and Religion in North America, Bd. 1, Bloomington 2006, 447–457.

[33] Vgl. Karl Heinz Voigt, Zwischen Charisma, Amt und kirchlicher Ordnung. Frauen in den Freikirchen, in: Freikirchen-Forschung 13 (2003), 1–10, hier: 3.

des Geistes Gottes als die grundlegende Erfahrung gleichsam unaufhaltsam. Die Dringlichkeit der Verkündigung des Evangeliums gestattete keinen Aufschub. Wer selber die Erneuerung seines Lebens durch die Kraft des Geistes erfahren hatte, der konnte davon Zeugnis ablegen, egal, ob Mann oder Frau, auch egal, ob theologisch ausgebildet oder nicht. Die Rettung ‚Verlorener' hatte Vorrang vor allen anderen Aufgaben."[34]

Unterstützt wurde die Erweiterung der Aufgaben, die Frauen (und nicht-ordinierte Männer) innerhalb der neuen Gemeinden übernehmen konnten, dadurch, dass diese zunächst noch keine schriftlich formulierten Gemeinde-Ordnungen kannten. „Alles war in einer Bewegung des Aufbruchs und was dem Ziel der Erneuerung des Einzelnen durch das Wirken des Geistes diente und nicht gegen die biblischen Aussagen stand, das war legitim."[35] Für die Anfangszeit der methodistischen Bewegung in England und den USA sowie grundsätzlich in der Heilsarmee bedeutete dies, dass Frauen auch öffentlich predigten oder Sonntagsschulen gründeten und leiteten.[36]

Doch als die methodistische und baptistische Bewegung im 19. Jh. auch in Deutschland Fuß fasste, hatte dieser geistliche Aufbruch nicht die gleichen Auswirkungen auf das Geschlechterverhältnis wie im angloamerikanischen Raum. Vielmehr trafen die evangelisch-freikirchlichen Bewegungen in Deutschland auf die zahlenmäßig und gesellschaftlich dominierende protestantische, meist lutherische (Landes-)Kirche. Diese vertrat in Übereinstimmung mit dem gesellschaftlichen Geschlechterverhältnis auch innergemeindlich eine konservative Aufgabenverteilung, bei der der männliche, ordinierte Pfarrer die Gemeinde verantwortlich leitete und die Mitarbeit und theologische Mitsprache von Frauen und Nicht-Ordinierten beschränkt war. Allerdings waren, z.B. in pietistisch geprägten Gemeinden in der Landeskirche, Frauen durchaus in den nach Geschlechtern getrennten pietistischen Erbauungsstunden leitend tätig, und sie gründeten nun unter dem Einfluss der Erweckungsbewegung Frauenbibel- und Jungfrauenvereine sowie Frauenmissionsvereine. Doch die engagierte missionarische und

---

[34] Ebd. [wie Anm. 33], 2.
[35] Ebd. [wie Anm. 33], 2.
[36] Vgl. zur Heilsarmee: Catherine Booth, Das Recht der Frau zu predigen oder Das Predigtamt der Frau, Köln 2000; Flora Larsson, My Best Men are Women, London 1974; Christine Schollmeier, Frauen in der Heilsarmee, in: Freikirchen-Forschung 13 (2003), 53–65.

soziale Tätigkeit von erweckten Frauen und Männern, ob in landes- oder freikirchlicher Gemeinde, vollzog sich in Deutschland fast immer im Rahmen des traditionellen, bürgerlichen Geschlechterverhältnisses.

Ein Grund dafür war die enge Zusammenarbeit von evangelischer Kirche und (preußischem) Staat bzw. Deutschem Kaiserreich, die in ihrem Selbstverständnis zusammenwirkend die gesellschaftliche Ordnung gewährleisteten. Wo sich der Staat gegenüber demokratischen Reformbestrebungen restaurativ und zunehmend nationalistisch zeigte, prägte diese Haltung auch die evangelische (Staats-)Kirche. Für die Freikirchen als Minderheitskirchen in einer staatskirchlich bestimmten Gesellschaft bedeutete dies fast zwangsläufig eine Anpassung an die landeskirchlichen Verhältnisse, auch im Blick auf die Rollen, die Frauen und Männer in ihren Gemeinden einnehmen durften. Sie mussten als Minderheit gegenüber dem Staat und der evangelischen Kirche um Akzeptanz ringen, da erst in der Weimarer Republik (1918–1933) die Freikirchen als Körperschaft anerkannt wurden und bis dahin Gemeindegliedern der Freikirchen die bürgerliche Gleichstellung verwehrt blieb, so dass sie keine Staatsbeamten werden und keine öffentlichen Ämter bekleiden durften. Ihre Akzeptanz innerhalb der deutschen Gesellschaft war daher auch an die Übernahme des gesellschaftlichen Konsens' zu den Geschlechterrollen gebunden. So gingen die zunächst durch geistliche Aufbrüche eröffneten Freiräume für Frauen im Zuge der Institutionalisierung und Konsolidierung der Freikirchen zurück.

> Durchgehend ist innerhalb der Freikirchenforschung feststellbar, dass der Freiraum für die Frauen, der durch den geistlichen Aufbruch eröffnet worden war, mit zunehmender Strukturierung wieder eingeschränkt und in manchen Fällen fast ganz oder wieder verloren ging. Es entstanden kirchliche Ordnungen, die auch zwischen Predigt, Lehre und Leitungstätigkeiten differenzierten. Ebenso entstanden in den Gemeinden zunehmend Wertvorstellungen, die den hauptamtlichen, durch angestellte und beauftragte Pastoren ausgeführten Dienst dem der ehrenamtlich tätigen Nichtordinierten vorzogen, Das galt in gleicher Weise für den Kanzeldienst durch Frauen, Pastorinnen wie Laiinnen [...].[37]

Freikirchen, die primär in Deutschland wirkten, wie z.B. die Freien Evangelischen Gemeinden in der zweiten Hälfte des 19. Jh., waren „von Anfang an in der Mitwirkung von Frauen zurückhaltender".[38]

Prägend für die Erweckungsbewegung wurden aber neben vielen ordinierten und nicht-ordinierten Männern auch einzelne Frauen, wie z.B. die baltisch-adlige

---

[37] K. H. Voigt, Zwischen Charisma, Amt und kirchlicher Ordnung [wie Anm. 33], 4.
[38] Ebd. [wie Anm. 33], 4.

Missionarin Barbara Juliane von Krüdener (1764–1824), die ihren Zugang zu den politischen Salons zur Evangelisation nutzte und durch ihre Schriften und erwecklichen Predigten zur Vermittlerin der Genfer Erweckung wurde.[39] Die bürgerliche Amalie Sieveking (1794–1859) aus Hamburg engagierte sich nach ihrer Bekehrung sozial, gründete 1832 einen Frauenverein für Armen- und Krankenpflege sowie eine Ausbildungsstätte für Erzieherinnen und ein Kinderhospital und trat für eine von Frauen selbst verantwortete diakonische Tätigkeit ein.[40] Mit den Namen dieser beiden herausragenden Einzelgestalten verbinden sich zugleich die gesellschaftlichen Räume, in denen es innerhalb der Erweckungsbewegungen des 19. Jh. zu neuen Akzenten im Geschlechterverhältnis kam: in Diakonie und Adel.

## 2.3. Die Diakonisse als neue Frauenrolle

Der Stand der ehelos lebenden, sozial tätigen Diakonisse gehört zu den aus der Erweckung hervorgehenden neuen Lebensentwürfen für Frauen, während der männliche Diakon, z.B. der Bruder in Johann Hinrich Wicherns Rauhem Haus, eine untergeordnete Rolle spielte. Pfarrer Theodor Fliedner (1800–1864) gründete 1836 nach englischem Vorbild die Kaiserswerther Diakonissenanstalt. Weitere Diakonissenhäuser wurden aus erweckten Kreisen gegründet, v.a. in der zweiten Hälfte des 19. Jh. oft konfessionell geprägt, wie z.B. die 1854 von Wilhelm Löhe (1808–1872) gegründete lutherische Diakonie in Neuendettelsau. Doch die Kaiserswerther Diakonissenanstalt wurde für die meisten im 19. Jh. gegründeten Diakonissenanstalten zum Modell, auch für das Rollenbild der Frau als Diakonisse.[41]

---

[39] Vgl. zu Barbara Juliane Krüdener: Debora Sommer, Eine baltisch-adelige Missionarin bewegt Europa. Barbara Juliane v. Krüdener, geb. v. Vietinghoff gen. Scheel (1764–1824), Göttingen 2013; Martin H. Jung (Hg.), „Mein Herz brannte richtig in der Liebe Jesu". Autobiographien frommer Frauen aus Pietismus und Erweckungsbewegung. Eine Quellensammlung, Aachen 1999, 177–186; Peter Zimmerling, Barbara Juliane von Krüdener (1764–1824), in: A. M. v. Hauff (Hg.), Frauen gestalten Diakonie, Bd. 2 [wie Anm. 7], 45–57.

[40] Vgl. zu Amalie Sieveking: Inge Grolle, Amalie Sieveking (1794–1859), in: A. M. v. Hauff (Hg.), Frauen gestalten Diakonie, Bd. 2 [wie Anm. 7], 120–131.

[41] Vgl. zum neuen Stand der Diakonisse Catherine M. Prelinger, Die deutsche Frauendiakonie im 19. Jh.: Die Anziehungskraft eines Familienmodells, in: R.-E. B. Joeres/A. Kuhn (Hg.), Frauen in der Geschichte VI. Frauenbilder und Wirklichkeiten [wie Anm. 17], 268–285; dies., The Nineteenth-Century Deaconessate in Germany. The Efficacy of a Family Model, in: Ruth-Ellen B. Joeres/Mary Jo Maynes (Hg.), German Women in the Eighteenth and Nineteenth Centuries. A Social and Literary History, Bloomington 1986, 215–229; Jutta Schmidt, Beruf Schwester.

Der neue Stand der Diakonisse bot jungen Frauen eine Alternative zur Eheschließung, verbunden mit einem sozialen Dienst, z.B. in der Krankenpflege und Kindererziehung, und der dafür nötigen Ausbildung. Als Alternative zur Ehe knüpfte der Diakonissengedanke in den Kaiserswerther Anstalten an die bürgerlichen Rollen der Tochter und der Mutter an, und auch darin liegt ein Grund für den Erfolg des Modells. Denn die Diakonisse hatte statt der Rolle der Ehefrau und Gehilfin des Ehemanns die Rolle der Gehilfin inne, wie sie eine Tochter innerhalb der Familie hatte. Dazu gehörten auch Gehorsam und Demut gegenüber der Autorität des Familien- und Hausvaters, die der Vorsteher und Anstaltsleiter verkörpern konnte. Töchterlicher Gehorsam, demütiges Dienen und auch Selbstverleugnung im Dienst für Gott wurden zu Tugenden einer Diakonisse. Die Rolle der Mutter lebte die Diakonisse in einem erweiterten Raum, indem sie zur Mutter der von ihr betreuten Kranken, Alten und Kinder wurde. Ihre Aufgabenbereiche entwickelten sich aus der Tätigkeit einer Mutter heraus und umfassten daher v.a. die Arbeit mit Kleinkindern, die Krankenpflege und die Mädchenbildung. Die Diakonissen „wollten Mütter sein und sahen sich eingebunden in eine große patriarchale Familie, in der die Mutter Wärme und Liebe[,] aber auch Ordnung und Einordnung repräsentiert".[42]

Unter der Haube der Diakonisse nimmt die unverheiratete Frau damit einerseits eine neue Rolle für eine ledige Frau ein mit erweiterten Aufgabenbereichen und einer Tätigkeit außerhalb des Elternhauses.[43] Andererseits bleibt die Diakonisse strukturell innerhalb des gesellschaftlich üblichen Geschlechterverhältnisses von Mann und Frau, wo sie in der Diakonissengemeinschaft lebt, die von einem Anstaltsleiter als pater familias geleitet und verantwortet wird und in der

---

Mutterhausdiakonie im 19. Jahrhundert (Geschichte und Geschlechter 24), Frankfurt a.M. 1998.

[42] Elisabeth Moltmann-Wendel, Frömmigkeit und autonomes Handeln, in: A. M. v. Hauff (Hg.), Frauen gestalten Diakonie, Bd. 2 [wie Anm. 7], 17–31, hier: 30.

[43] Vgl. Ute Gause, Friederike Fliedner und die ‚Feminisierung des Religiösen' im 19. Jahrhundert, in: Martin Friedrich u.a. (Hg.), Sozialer Protestantismus im Vormärz, Münster 2001, 123–131, hier: 125: „In der Gründung der weiblichen Diakonie, weiblicher Armen- und Krankenpflegevereine und Gefängnisbesuchskreise, die zu einem großen Teil von Frauen initiiert wurden, kommt es bei gleichzeitiger Inanspruchnahme der Vorstellung eines besonderen weiblichen Geschlechtscharakters zu einem Aufbruch der Frauen in die Öffentlichkeit. In der diakonischen Liebesarbeit finden sie einen Bereich, der ihnen männlicherseits als spezifisch weibliche Domäne zugestanden wird und der zugleich beträchtliche emanzipatorische Folgen hat." Gause betont, dass dieser Aufbruch der Frauen motiviert ist durch „eine existentielle Frömmigkeit, die eine Selbstvergewisserung ermöglicht, aus der heraus öffentliches Handeln legitimiert wird" (126).

sie Unterhalt und Schutz erhält.[44] Prägte dieses Familien-Modell mehrheitlich die weibliche Diakonie des 19. Jh., so ist zu ergänzen, (a) dass der Arbeitsalltag der Diakonisse oft weitaus mehr als das Wirken einer gehorsamen Tochter war. Zwar war die Diakonisse zu Gehorsam gegenüber dem männlichen Anstaltsleiter, in der Regel ein Pfarrer, verpflichtet und musste die ihr zugewiesenen Aufgaben übernehmen. Das schloss aber nicht aus, dass sie Aufgaben mit großer Verantwortung übernahm, wie z.B. die Leitung einer Krankenstation oder eines Kinderheims.

(b) Zudem gab es neben Fliedners Modell auch andere Vorstellungen für die weibliche Diakonie. Denn das Ziel, den bürgerlichen Töchtern eine Alternative zur Ehe zu bieten, erreichte das Fliednersche Modell nicht immer. „Diakonisse wurde faktisch in erster Linie ein Aufstiegs- und Versorgungsberuf für Frauen aus dem unteren Mittelstand und schließlich auch den Unterschichten. Die Frauen des gehobenen Bürgertums bevorzugten größere Handlungsspielräume [...]. Mutterhausdiakonie Kaiserswerther Prägung war nicht die Antwort auf die Suche von Frauen nach einem selbstbestimmten Leben in einer geistlichen Gemeinschaft."[45]

Alternative Modelle einer weiblichen Diakonie setzten sich nicht durch. So beabsichtigte die bereits erwähnte Amalie Sieveking aus den Hamburger Erweckungskreisen, eine religiös motivierte, demokratisch gestaltete Frauengemeinschaft zu gründen, die Frauen Zugang zu Bildung und Arbeit ermöglichen sollte.[46] Ihr Entwurf wurde in erwecklichen Kreisen diskutiert, scheiterte aber u.a. daran, dass eine Frau in der Regel allein keine Institution gründen und ihr vorstehen konnte. Einen Ruf Fliedners, in Kaiserswerth als Oberin zu wirken, lehnte sie ab.

Das Durchbrechen des Vater-Tochter-Modells, etwa im Verzicht auf einen männlichen Anstaltsleiter, bleibt in den Diakonissenanstalten des 19. Jh. eine Ausnahme. So initiierte und gründete Wilhelmine Canz (1815–1901) in Würt-

---

[44] Vgl. C. M. Prelinger, The Nineteenth-Century Deaconessate [wie Anm. 41], 215: „Fliedner's success reflected the effective adaptation of the model of the traditional family – das ganze Haus – as the basis for institutional administration and development." So auch Ute Gause, Kirchengeschichte und Genderforschung. Eine Einführung in protestantischer Perspektive, Tübingen 2006, 184 f.
[45] So das Ergebnis der Untersuchung von J. Schmidt, Beruf Schwester [wie Anm. 41], 244.
[46] Vgl. zu Sievekings Schwesternschaftskonzeption J. Schmidt, Beruf Schwester [wie Anm. 41], 36–60. Eine weitere Alternative zu Fliedners Modell versuchte Franz Härter in der Gründung des Straßburger Mutterhauses mit einer Selbstverwaltung der Frauen, aber auch mit einem männlichen Hilfskomitee, wobei sich Härter selbst als Bruder der Diakonissen verstand, vgl. ebd., 61–83.

temberg in den 1860er Jahren die Großheppacher Schwesternschaft als Bildungsanstalt für Kleinkinderpflegerinnen.[47] Sie stand den Großheppacher Schwestern viele Jahre lang allein vor, bis sie schließlich einen männlichen Anstaltsleiter an ihrer Seite akzeptieren musste. Ihr Wirken hat auch dadurch eine Sonderstellung innerhalb der weiblichen Diakonie, dass sie nicht als junge Frau in eine Diakonissen-Anstalt eintrat, sondern zunächst viele Jahre die Haushaltsführung für ihren Bruder, einen Pfarrer, übernahm und erst nach dem Tod von Mutter und Bruder als gereifte Frau ohne eigene Familie zur Gründerin einer diakonischen Anstalt wurde.[48]

Nur im 1899 gegründeten Deutschen Gemeinschafts-Diakonieverband (DGD), der „innerhalb der Inneren Mission und innerhalb der Gemeinschaftsbewegung am stärksten durch die amerikanische Heiligungsbewegung geprägt wurde",[49] kam es zu einer deutlichen Öffnung der Geschlechterrollen. Hier besaßen die Diakonissen ein „unübliches Maß an Freiräumen, Verantwortung und Leitungsaufgaben".[50] Unter der missionarischen Zielsetzung ihrer Arbeit predigten die Diakonissen; sie lehrten öffentlich und sprachen auch in gemischtgeschlechtlichen Veranstaltungen, und innerhalb des Verbands wurden „die im DGD ausgebildeten männlichen Arbeiter deutlich eine Ebene unterhalb der Schwestern eingeordnet".[51]

(c) Schließlich wurde das Familien-Modell der weiblichen Diakonie bereits zeitgenössisch öffentlich kritisiert. Gräfin Adeline Schimmelmann spottete:

Es gibt nur einen Weg, auf welchem einer vornehmen Dame erlaubt ist, wirklich christliche Arbeit zu tun. Setzt euch eine weiße Haube auf und stellt euer geistiges Leben und eure Individualität unter die absolute Herrschaft – nicht Christi – sondern eines Diakonissenhauspastors und die einzige Sphäre, die christlichen Damen persönliche, direkte Arbeit erlaubt, steht euch offen. Da ich keinen Ruf in mir fühlte, meinen

---

[47] Zur Biographie vgl. Carla Kramer, Wilhelmine Canz (1815–1901), in: A. M. v. Hauff (Hg.), Frauen gestalten Diakonie, Bd. 2 [wie Anm. 7], 302–317.
[48] Auch die Witwe Regine Jolberg (1800–1870) gründete ein evangelisches Diakonissenhaus in Leutesheim bei Kehl und ein Schwesternheim, in dem bis 1870 mehr als 350 Kinderpflegerinnen eine Ausbildung erhielten.
[49] Frank Lüdke, Diakonische Evangelisation. Die Anfänge des Deutschen Gemeinschafts-Diakonieverbandes 1899–1933 (KoGe 28), Stuttgart 2003, 270.
[50] Ebd. [wie Anm. 49], 270.
[51] Ebd. [wie Anm. 49], 271. Lüdke, ebd., 272, hält aber fest, dass „die im DGD vielfach gelebte Wertschätzung von Diakonissen im Verkündigungsdienst nicht auch auf Frauen ausgedehnt wurde, die keine Diakonissen waren."

Mitmenschen unter so sklavischen Bedingungen zu dienen, und da ich mich entschlossen hatte, nur die Führerschaft Christi anzuerkennen, nahm ich mein Recht zu dienen, wie Er mich führen würde, allein in Anspruch [...].[52]

Die Frau, die hier die Rolle von Mann und Frau in der Diakonie kritisch kommentierte, konnte sich diese Worte erlauben. Denn sie war eine adlige Dame und ihr standen in der Gesellschaft wie in der Erweckungsbewegung größere Freiräume für ihre Betätigung zur Verfügung, wenn auch nicht unumstritten.

## 2.4. Die größere Freiheit der adligen Frau

Wie in der Gesellschaft des 19. Jh. kam dem Adel auch in der Erweckungsbewegung eine gewisse Sonderrolle zu. Zwar überwand die gemeinsame Erfahrung der Erlösung in Jesus Christus die Standesschranken, und sowohl adlige als auch bürgerliche Männer und Frauen wirkten in den Erweckungsbewegungen des 19. Jh. Doch war der Handlungsspielraum von Angehörigen des Adels größer und weniger vorherbestimmt als der der Bürger. Die gehobene Bildung, das Beherrschen mehrerer Fremdsprachen, das Netzwerk innerhalb des europäischen Adels sowie Auslandserfahrungen, aber auch die finanzielle Unabhängigkeit ermöglichten der erweckten, adligen Frau die Wahrnehmung neuer Rollen.

Waren adlige Damen traditionell zur Wohltätigkeit verpflichtet und galt die „Caritas als Adelspflicht"[53], übernahmen adlige Frauen auch in Zusammenarbeit mit bürgerlichen Frauen oft die führende Rolle in diesen Werken der Nächstenliebe.[54] Auch in der Heiligungsbewegung hatten einzelne Frauen aus dem Adel eine herausragende Rolle inne: Anna von Weling (1837–1900) lud 1886 zur ersten Blankenburger Allianzkonferenz ein und war bis zu ihrem Tod der Mittelpunkt der Allianzbewegung in Deutschland. Sie richtete ein Heim für Waisenkinder ein, verfasste erbauliche Erzählungen, leitete das Allianz-Werk, stellte Evangelisten an, verhielt sich aber zurückhaltend bei eigenen Ansprachen vor gemischtgeschlechtlichem Publikum.[55] Tony von Blücher (1836–1906) stand ihr in

---

[52] Gräfin Adeline Schimmelmann, Streiflichter aus meinem Leben am deutschen Hofe, unter baltischen Fischern und Berliner Socialisten und im Gefängnis einschließlich „Ein Daheim in der Fremde" von Otto Funke, hg. v. Jörg Ohlemacher (KTP 12), Leipzig 2008, hier: 77 f.
[53] C. Diemel, Adelige Frauen [wie Anm. 27], 195. Vgl. Lori D. Ginzberg, Women and the Work of Benevolence [wie Anm. 26].
[54] Vgl. C. Diemel, Adlige Frauen [wie Anm. 27], 195.
[55] Vgl. Werner Beyer, Brückenbauer – Väter und Mütter der Evangelischen Allianz, in: ders. (Hg.), Einheit in Vielfalt. Aus 150 Jahren Evangelischer Allianz, Wuppertal 1995, 23–123, zu Anna von Weling: 54–72.

nichts nach mit einer vielfältigen evangelistischen Arbeit in Berlin und der Gründung einer Sonntagsschule.[56] In der Überzeugung, von Gott dazu berufen und beauftragt zu sein, wirkten Anna von Weling und Tony von Blücher unermüdlich für das Reich Gottes und nahmen dabei auch Leitungsaufgaben wahr, die dem weiblichen Geschlecht in der zeitgenössischen Gesellschaft nicht zukamen. Darin erweiterten sie die Rolle der Frau innerhalb der Erweckten. Zugleich stellten sie aber in ihrem öffentlichen Auftreten die Unterordnung der Frau unter den Mann nicht in Frage.

Dies taten einige wenige adlige Frauen, indem sie selbst als Evangelistinnen auftraten. Die baltische Adlige Barbara Juliane von Krüdener (1764–1824) führte Anfang des 19. Jh. als Salondame und in breiter evangelistischer Verkündigung Menschen unterschiedlicher Schichten zu Jesus Christus. Eine vergleichbare Sonderrolle hatte die bereits zitierte Gräfin Adeline Schimmelmann (1854–1913) in der zweiten Hälfte des 19. Jh.[57] 1854 als Tochter einer norddeutschen, lutherischen Adelsfamilie geboren, war sie zunächst Hofdame am kaiserlichen Hof in Berlin, als sie im Alter von 40 Jahren noch einmal eine Wendung ihres Lebens und die Berufung, andere zu Christus zu führen, erlebte. Nachdem sie zunächst durch die Gründung von Seemannsheimen sozialkaritativ an der Ostsee wirkte, begann sie in Dänemark und Norddeutschland öffentlich missionarisch zu predigen. Zwischen 1890 und 1910 wirkte sie als ledige, weibliche freie Evangelistin in vielen Gebieten Deutschlands, unterbrochen von einer mehrjährigen Reise durch Nordamerika (1898–1900), wo sie sowohl Armenspeisungen organisierte als auch als Evangelistin in Tanzsälen und Musikhallen das Evangelium verkündigte. Dabei war ihr bewusst, dass sie mit ihrem Verhalten gegen die in Deutschland üblichen Geschlechterrollen verstieß:

---

[56] Vgl. ebd. [wie Anm. 55], 85–99. Weitere bedeutende Frauen der Heiligungsbewegung bei Stephan Holthaus, Heil – Heilung – Heiligung. Die Geschichte der deutschen Heiligungs- und Evangelisationsbewegung (1874–1909), Gießen 2005, 467–515.

[57] Vgl. zur Gräfin Schimmelmann neben ihrer Autobiographie (Schimmelmann, Streiflichter [wie Anm. 52]) auch Ruth Albrecht, Adeline Gräfin Schimmelmann. Deutsche Evangelistin nach amerikanischem Vorbild?, in: Hartmut Lehmann (Hg.), Transatlantische Religionsgeschichte 18. bis 20. Jahrhundert, Göttingen 2006, 72–108; dies., Frauen, in: Hartmut Lehmann (Hg.), Geschichte des Pietismus, Bd. 4: Glaubenswelten und Lebenswelten, Göttingen 2004, 522–555, hier: 538–540; dies., „Daß wir andere zu Jesus rufen". Frauen in der Erweckungsbewegung Norddeutschlands, in: PuN 30 (2004), 116–139, hier: 134–137; Jörg Ohlemacher, Adeline Gräfin Schimmelmann (1854–1913), in: A. M. v. Hauff (Hg.), Frauen gestalten Diakonie, Bd. 2 [wie Anm. 7], 392–406.

> Die Anschauungen über christliche Arbeit sind in Deutschland noch sehr verschieden von denen anderer Länder. Daher war meine Stellung als Pionierin für persönliche Missionsarbeit christlicher Damen eine, die mich großen Verfolgungen aussetzte. Die deutsche hochgestellte Dame arbeitet meist nur durch Vereine, in denen sie patronisierend wirkt. Mit eigener Person sich aber der Arbeit im öffentlichen Leben zu unterziehen [...] oder gar vom Evangelium sprechen zu wollen, wie es in England und Amerika so oft geschieht, wird als unverzeihlicher Bruch des gesellschaftlichen Anstands gesehen.[58]

Bei ihrer Abreise aus den Vereinigten Staaten wird sie verabschiedet mit den Worten:

> Wir in Amerika sind es gewöhnt, daß unsere Frauen im Dienst Jesu in der vordersten Reihe stehen. In Europa ist es nicht so, aber diese Arbeiterin um Christi willen hat dort bewiesen, daß eine Frau mehr leisten kann als ein Mann.[59]

Gräfin Schimmelmanns öffentliche evangelistische Verkündigung führte bei den deutschen Erweckten zur Ablehnung ihrer Person und mit dieser zur strikten Ablehnung der Evangelisation durch Frauen.[60]

Adeline Gräfin Schimmelmann durchbrach mit der Tätigkeit als Evangelistin die tradierten Geschlechterrollen, während das initiativ-organisatorische Wirken der meisten adligen Frauen am Ende des 19. Jh. sich noch innerhalb der gesellschaftlichen Geschlechterordnung bewegte. Dies galt insgesamt für das karitative Wirken, für erzieherische und pädagogische Arbeitsfelder sowie für das missionarische Wirken von Frauen unter Frauen. Am Ende des 19. Jh. spitzte sich bei den Erweckten die Diskussion um die Rolle von Mann und Frau zu auf das öffentliche Wirken von Frauen, insbesondere die öffentliche, evangelistische Wortverkündigung und, damit verbunden, ihr Wirken als Missionarinnen.

---

[58] Gräfin Schimmelmann, Streiflichter [wie Anm. 52], 77.
[59] Emil Richard Wettstein, Lebensbild der Gräfin Adeline Schimmelmann weil.[and] Hofdame I.[hrer] M.[ajestät] der Kaiserin Augusta, Berlin 1914, 149, hier zitiert nach R. Albrecht, Adeline Gräfin Schimmelmann. Deutsche Evangelistin [wie Anm. 57], 90.
[60] Vgl. R. Albrecht, Adeline Gräfin Schimmelmann. Deutsche Evangelistin [wie Anm. 57], 103 f.

## 3. Geschlechterverhältnisse und –rollen in der äußeren Mission

Die von Erweckten im 19. Jh. gegründeten Missionsgesellschaften für die weltweite Mission sind der herausragende Ausdruck deutscher erweckter Frömmigkeit.[61] Die eigene Bekehrungserfahrung wurde zum Movens, die Völker weltweit zu Christus zu führen, und auch in der äußeren Mission konnten sich Geschlechterrollen verändern. Dabei müssen die Geschlechterverhältnisse in der Mission differenziert betrachtet werden: (1) als Verhältnis von Mann und Frau, wie es deutsche Missionare und ihre Ehefrauen lebten, (2) als die Rollen von Mann und Frau, die deutsche Missionare in ihrer Arbeit gegenüber der indigenen Bevölkerung weitergaben und (3) im Blick auf die Rolle von Frauen als Missionsschwestern und als Missionarinnen.[62]

### 3.1. Geschlechterrollen bei deutschen Missionarsehepaaren

Die in der ersten Hälfte des 19. Jh. gegründeten deutschen Missionsgesellschaften, wie z.B. die Berliner Mission (gegr. 1824), die 1828 aus der niederrheinischen Erweckung hervorgehende Rheinische Missionsgesellschaft oder die von der württembergischen Erweckung geprägte Basler Mission (1815), senden den Mann als Missionar aus. Er ist derjenige, der von der Missionsgesellschaft angestellt und bezahlt wird, von ihr ggf. ausgebildet wird und der mit seiner Arbeit

---

[61] Nach dem Vorbild der London Missionary Society (1795) wurde 1815 die Basler Mission gegründet, geprägt von der württembergischen Erweckung, 1824 die Berliner Mission; die Rheinische Missionsgesellschaft (1828) geht aus der niederrheinischen Erweckung hervor. Weitere, teils konfessionell geprägte Missionswerke folgen (1836 Norddeutsche Missionsgesellschaft; 1836 Dresdner, später Leipziger Mission; 1849 Hermannsburger Mission). Vgl. den zum geflügelten Wort gewordenen Satz von Johannes Wallmann, Kirchengeschichte Deutschlands seit der Reformation, Tübingen $^7$2012, 197: „Die Mission ist das Lieblingskind der Erweckung."

[62] Die Missionsgeschichtsschreibung unterscheidet nicht immer zwischen der Rolle der Missionarsehefrau, der Missionsschwester und der als Missionarin ausgesandten Frau. Allgemein gilt, dass die Missionarsehefrau bislang weniger in der Forschung thematisiert wurde, während in den letzten Jahrzehnten die Rolle von Frauen, die aktiv und selbständig missionarisch wirkten, erschlossen wurde. Vgl. exemplarisch R. Pierce Beaver, All Loves Excelling. American Protestant Women in World Mission, Grand Rapids 1968, sowie die späteren Arbeiten des Autors; Fiona Bowie/Debora Kirkwood u.a., Women and Missions: Past and Present. Anthropological and Historical Perceptions (Cross-Cultural Perspectives on Women 11), Oxford 1993; Valerie Griffiths, Ihr Herz schlug für China. Mutige Frauen als Pioniere im Reich der Mitte, Basel 2006; Dana L. Robert, American Women in Mission. A Social History of Their Thought and Practice (The Modern Mission Era, 1792–1992. An Appraisal, A Series, hg. v. Wilbert R. Shenk), Macon 1997; Ruth A. Tucker, Guardians of the Great Commission. The Story of Women in Modern Missions, Grand Rapids 1988.

gegenüber der Missionsgesellschaft rechenschaftspflichtig ist. Im Missionsgebiet predigt und evangelisiert er, er lehrt theologisch, ist Leiter der Missionsstation und als solcher verantwortlich für Bau-Angelegenheiten und Finanzen und ist der Repräsentant der Mission gegenüber der lokalen (Kolonial-)Verwaltung. Im Anstellungsverhältnis, der ausgeübten Tätigkeit und der zu tragenden Verantwortung entsprach die Rolle des Missionars der des Mannes und Bürgers in der deutschen Gesellschaft des 19. Jh.

Wie für diesen war es auch beim Missionar erwünscht, dass er die Ehe schloss und mit seiner Ehefrau im Missionsfeld wirkte. Ob die Ehefrau als Missionsbraut nach dem Modell der Basler Mission dem Missionar zugeführt wurde[63] oder ob sie sich aufgrund einer persönlichen Beziehung mit dem angehenden Missionar vermählte – die Rolle der Missionarsfrau blieb die gleiche wie die der deutschen bürgerlichen Frau: Sie war ihrem Ehemann eine Gehilfin und Mutter der zu gründenden Familie. Dabei musste die Missionarsfrau die religiöse Voraussetzung erfüllen, selbst bekehrt und gläubig zu sein. Doch sie hatte keine theologische Ausbildung, oft keinerlei Vorbereitung auf den Missionseinsatz und keinen schriftlich formulierten Arbeitsauftrag, da sie auch nicht von der Missionsgesellschaft angestellt und bezahlt wurde. Es war vielmehr die Rolle als Ehefrau und Mutter, zunächst für die eigenen Kinder, erweitert für die indigene Bevölkerung, die von ihr – implizit – gefordert war. Dies galt für verheiratete Frauen auch noch Ende des 19. Jh., als die sog. Glaubensmissionen bereits ledige Frauen als selbständig tätige Missionarinnen aussandten.

Das Beispiel der Missionarsfrau Johanna Fellmann (1876–1962) soll dieses Geschlechterverhältnis illustrieren.[64] Johanna wirkte mit ihrem Mann von 1896 bis 1903 in Deutsch-Neuguinea (Melanesien), das erst in den 1880er Jahren zum kolonialen Schutzgebiet erklärt und ab April 1899 vollständig vom Deutschen Reich verwaltet wurde. Auf Einladung der deutschen Kolonialverwaltung ließ

---

[63] Vgl. Dagmar Konrad, Missionsbräute. Pietistinnen des 19. Jahrhunderts in der Basler Mission, Münster ²2001.
[64] Vgl. Ulrich Fellmann (Hg.), Von Schwaben in den Bismarckarchipel. Tagebücher der Missionarsfrau Johanna Fellmann aus Deutsch-Neuguinea 1896–1903 (Quellen und Forschungen zur Südsee, Reihe A: Quellen 3), Wiesbaden 2009. – Zu Heinrich und Johanna Fellmann, Johanna Diehl und Sarah Lyman vgl. das biographische Nachschlagewerk von Mückler, das sich u.a. dadurch auszeichnet, dass es auch die Missionarsehefrauen sowie evangelische und katholische Missionsschwestern namentlich aufnimmt: Hermann Mückler, Missionare in der Südsee. Pioniere, Forscher, Märtyrer. Ein biographisches Nachschlagewerk zu den Anfängen der christlichen Mission in Ozeanien (Quellen und Forschungen zur Südsee, Reihe B: Forschungen 6), Wiesbaden 2014.

sich Heinrich Fellmann (1871–1946) von der Wesleyanischen Methodisten-Gemeinschaft in Süddeutschland als Missionar dorthin senden. Er hatte zunächst im methodistischen Seminar in Bad Cannstatt eine Predigerausbildung absolviert und anschließend als Prediger gewirkt, bevor er sich für den Missionsdienst verpflichtete. Seine Frau Johanna war die Tochter eines methodistischen Pastors und hatte eine „Höhere Mädchenschule" besucht, wo sie v.a. Fremdsprachen- und Literaturkenntnisse erwarb. Die Eheschließung erfolgte mit Förderung durch die Eltern. Im Mai 1896 verlobt, fand im Oktober die Hochzeit statt, acht Tage später reiste das Ehepaar Fellmann aus.[65]

Johanna Fellmann führte während der Missionsjahre Tagebuch. Da dieses nicht zur Veröffentlichung bestimmt war,[66] erlaubt es einen nicht-redigierten Einblick in das, was für sie als Ehefrau eines Missionars auf einer entlegenen Missionsstation in Deutsch-Neuguinea wichtig war. Bemisst man ihre Prioritäten an der Quantität der Einträge im Tagebuch, vermittelt sie den Eindruck, dass ihr Denken und Handeln um die Haushaltsführung kreiste: Die ersten zwei Jahre wiederholt sich in den täglichen Einträgen, dass sie das Haus einrichtet, dekoriert, näht, bügelt, putzt und die große Wäsche macht.[67] Daneben ist ihr das Bewirten von Gästen und das Erwidern von Besuchen bei deutschen und englischen Mis-

---

[65] Vgl. die biographische Einleitung bei U. Fellmann, Von Schwaben in den Bismarckarchipel [wie Anm. 64], XII–XX.

[66] Vgl. dazu Ulrike Gleixner, Erinnerungskultur, Traditionsbildung und Geschlecht im Pietismus. Einleitung, in: dies./Erika Hebeisen (Hg.), Gendering Tradition. Erinnerungskultur und Geschlecht im Pietismus (Perspektiven in der neueren und neuesten Geschichte. Kultur, Wissen, Geschlecht 1), Korb 2007, 7–19, hier: 13.16 f., die feststellt, dass im 19. Jh. systematisch die Leistungen von Frauen in der Traditionsbildung der Frommen ausgeblendet wurden, indem autobiographisches Schreiben von Frauen (Tagebücher, Briefe) anders als die Missionsberichte der Männer nicht als Quelle ernstgenommen und publiziert wurden. Die Studien von Erika Hebeisen (Genealogisch. Zur geschlechterspezifischen Tradierung der Deutschen Christentumsgesellschaft, in: U. Gleixner/E. Hebeisen, ebd., 67–84) und Veronika Jüttermann (Erinnerung macht Geschlecht. Das Pfarrer- und Diakonissenbild des ostwestfälischen Protestantismus 1870–1918, ebd., 171–192) bestätigen diese These für die von ihnen untersuchten Bereiche.

[67] Vgl. exemplarisch: „Hatte sehr viel Arbeit. Nach dem Frühstück [...] hatte ich meine Wäsche zu besorgen." (Eintrag vom 5. April 1897; U. Fellmann, Von Schwaben in den Bismarckarchipel [wie Anm. 64], 43); „Wieder wurde tüchtig geputzt. Das Schlafzimmer ließ ich reinigen und ein wenig in Ordnung bringen. Ich habe auch die Möbel anders gestellt; nach und nach wird es, denke ich, ein ganz hübsches Zimmer." (7. April 1897; ebd., 44). „Was soll ich von heute berichten? Daß ich Brot gebacken, Spätzle gemacht, usw. Das fangt nun nach gerade an, ein bischen [sic] einförmig zu werden. Aber was soll ich sonst schreiben [...]?" (Eintrag vom 11. Mai 1897; ebd., 55).

sionaren auf benachbarten Inseln und bei Mitgliedern der deutschen Kolonialverwaltung wichtig.[68] Abgesehen vom Besuch des Gottesdienstes erwähnt sie kaum die außerhäuslichen und missionarischen Aktivitäten ihres Mannes noch scheint sie daran teilzuhaben. Tadelt ihr Ehemann sie in Anwesenheit der „boys", der einheimischen Helfer im Haus, kränkt sie dies zutiefst und sie hält diese Kränkung in ihrem Tagebuch fest.[69] Nimmt sich ihr Mann Zeit für einen Spaziergang, einen Ausflug oder das gemeinsame Singen, ist sie glücklich. Mit der indigenen Bevölkerung nimmt sie allmählich Kontakt auf, wo sie die „boys" anlernt in den Hausarbeiten[70] und nach knapp zwei Jahren mit den einheimischen „Mädels" einen Nähkreis gestaltet.[71] „Boys" und „Mädels" betrachtet sie auch als zu erziehende Kinder. In ihrem Selbstverständnis ist Johanna die Ehefrau eines Missionars. Als solche trägt sie Sorge für ein geordnetes und repräsentatives Heim und versteht das Missionshaus als ihren Arbeitsbereich, der von dem ihres Mannes getrennt ist. Die Rolle der Ehefrau wird ergänzt von der Mutterrolle, als sie 1901 ihr erstes Kind zur Welt bringt.[72]

Das Geschlechterverständnis und die geschlechterspezifischen Aufgabenbereiche eines deutschen Missionars und der Missionarsfrau sind hier nur exemplarisch an Johanna und Heinrich Fellmann skizziert worden. Weitere Tagebücher, wie z.B. das der Johanna Diehl, ebenfalls eine deutsche Missionarsfrau in Deutsch-Neuguinea, die wenige Jahre später mit ihrem Mann von der Rheinischen Mission ausgesandt wurde, zeigen aber, dass auch sie und ihr Mann die in der Heimat erworbenen Rollen fortführten.[73] Möglicherweise ist das – meist nicht reflektierte – Festhalten an den erworbenen Geschlechterrollen aus den Herkunftsländern der Missionare typisch. Das Tagebuch der nordamerikanischen

---

[68] Vgl. Eintrag vom 19. April 1897 (ebd. [wie Anm. 64], 49): „Heute kam gegen 3 Uhr ganz unerwartet Mr. Crump. [...] Ich war ein bischen [sic] in Aufregung wegen meiner Kocherei, es ging aber soweit schon recht, einer jungen Hausfrau sieht man schon was nach." Vgl. zum Bewirten der Gäste auch die Einträge vom 13. und 21. September 1897 (ebd., 92 f.) etc.
[69] Vgl. Eintrag vom 1. Februar 1899 (ebd. [wie Anm. 64], 144).
[70] Vgl. Eintrag vom 17. Mai 1897 (ebd. [wie Anm. 64], 57): „Die drei boys stellen sich im allgemeinen recht gut an zur Arbeit, natürlich in Anbetracht, daß ihnen noch alles so neu und ungewohnt ist."
[71] Vgl. Eintrag vom 26. Mai und 2. Juni 1898 (ebd. [wie Anm. 64], 133.135).
[72] Vgl. Eintrag vom 31. Dezember 1901 (ebd. [wie Anm. 64], 184).
[73] Zu Johanna Diehl vgl. Dieter Klein (Hg.), Jehova se nami nami. Die Tagebücher der Johanna Diehl. Missionarin in Deutsch-Neuguinea 1907–1913 (Quellen und Forschungen zur Südsee, Reihe A: Quellen 1), Wiesbaden 2005.

Missionarsfrau Sarah Lyman (1805–1885),[74] die mit ihrem Mann zeitgleich auf Hawaii wirkte, zeigt eine viel größere Mitarbeit in Missionsaufgaben und eine vielfältige Tätigkeit außerhalb des Hauses. Die bereits erwähnte größere Rollenvielfalt für Frauen in der nordamerikanischen Gesellschaft bedingte möglicherweise auch die stärker eigenständige missionarische Tätigkeit Sarah Lymans gegenüber den deutschen Missionarsfrauen Johanna Fellmann und Johanna Diehl.[75]

## 3.2. Export deutscher Geschlechterverhältnisse?

Zugleich aber wirkten deutsche Missionarsehefrauen in einer Hinsicht fast immer aktiv missionarisch: in der Vermittlung eines neuen Frauenbildes an die indigene Bevölkerung. Die Erweckten in Deutschland und auf dem Missionsfeld verstanden sich in ihrer missionarischen Tätigkeit als Kämpfer gegen die Unterdrückung von Frauen in den indigenen Kulturen. Die Gleichwertigkeit von Mann und Frau als Menschen, bei aller Verschiedenheit der Geschlechter, war nicht nur Thema missionarischer Predigten und Lehre, sondern der Missionar, wie z.B. Heinrich Fellmann, griff auch ein, wo einheimische Frauen misshandelt und geschlagen wurden oder wo sie, wie beispielsweise in China, durch das Einschnüren der Füße körperlich versehrt wurden. Die Missionarsfrauen unterstützten dies, indem sie solche Frauen in Missionshaus und -schule aufnahmen. Dabei vermittelten die deutschen Missionare zugleich ihr Verständnis der Rollen von Mann und Frau an die indigene Bevölkerung. Ob dies unreflektiert oder aus der Überzeugung der eigenen Geschlechterrollen als überlegene, genuin christliche Rollen von Mann und Frau geschah oder ob es sich hier um einen bewusst kolonialen Export des deutschen Geschlechterverständnisses handelt, ist umstritten.[76]

---

[74] Zu Sarah Lyman, ihrer Mitwirkung an der Missionstätigkeit ihres Mannes sowie ihren Tagebuchauszügen vgl. The Lymans of Hilo. A fascinating account of life in 19th century Hawai, Part 1 hg. v. Margaret Greer Martin, Part 2 hg. v. Nettie Hammond Lyman u.a., Hilo ²1979. Zu Johanna Diehl und Sarah Lyman vgl. auch die Diplomarbeit von Edeltraud Hruschka, Lebenswelten protestantischer Missionarsehefrauen in Ozeanien. Exemplarisch dargestellt anhand von ausgewählten Selbstzeugnissen dreier Missionsfrauen im Zeitraum von 1830 bis 1913, Wien 2012.

[75] Vgl. Dana L. Robert, Evangelist or Homemaker? Mission Strategies of Early Nineteenth-Century Missionary Wives in Burma und Hawai, in: IBMR 17 (1993, January), 4–12, zu nordamerikanischen Missionarsfrauen.

[76] Simone Prodolliet, Wider die Schamlosigkeit und das Elend der heidnischen Weiber. Die Basler Frauenmission und der Export des europäischen Frauenideals in die Kolonien, Zürich 1987, geht von einem kolonialen Export des europäischen Geschlechterverhältnisses aus. Dagegen betont Beate Eulenhöfer-Mann, Frauen mit Mission. Deutsche Missionarinnen in China

Denn diskutiert wurde unter den Erweckten das Geschlechterverhältnis nur da, wo die traditionelle Ordnung der Geschlechter durchbrochen zu sein schien. Dies war der Fall, als Ende der 1880er Jahre im Kontext von Erweckungs- und Heiligungsbewegung die Glaubensmissionen ledige Frauen dezidiert als Missionarinnen aussandten.

## 3.3. Weiblich, ledig und Missionarin

Bis in die 1880er Jahre waren deutsche ledige Missionarinnen die Ausnahme. Die Basler und die Rheinische Mission sandten zwischen 1840 und 1880 einzelne Missionarinnen aus, die als Erzieherinnen und Lehrerinnen wirkten. Davon abgesehen, dass nahezu alle dieser wenigen Frauen auf dem Missionsfeld heirateten und damit aus dem Missionsdienst ausschieden, wurde auch die Bezeichnung als Missionarin vermieden.[77]

Die 1842 gegründete Morgenländische Frauenmission sandte zwar ledige Frauen als Missionarinnen aus. Sie tat dies aber in Zusammenarbeit mit amerikanischen und britischen Missionsgesellschaften, nicht mit deutschen, da diese sich weigerten, Frauen als Missionarinnen auszusenden.[78] Streitpunkte waren die weibliche Predigttätigkeit, die Leitung der Missionsstationen, das öffentliche Repräsentieren der Missionsgesellschaft bei Konferenzen, aber auch die Taufe weiblicher Konvertitinnen. Die Übernahme dieser verkündigenden, leitenden und öffentlichen Aufgaben durch ledige Frauen als Missionarinnen war für die deutschen Missionsgesellschaften bis in die 1880er Jahre nicht denkbar. Der pädagogische und pflegerische Dienst von Diakonissen als Missionsschwestern und Missionsdiakonissen war dagegen in einer Kooperation von Diakonissenanstalten und Missionsgesellschaft möglich.[79] So beschreibt der Missionswissenschaftler Gustav Warneck (1834–1910) im Jahr 1872 Christiane Kähler als „erste rheinische Missionsschwester in Südafrika" und lobt ihre „Arbeit im Missionsdienst" als „Lehrerin", „Diakonissin" und „Gehilfin in Freud und Leid", verwendet aber dezidiert nicht die Bezeichnung Missionarin.[80]

---

(1891–1914), Leipzig 2010, 322: „Dass die Missionarinnen völlig unreflektiert und in imperialistischer Weise kulturelle Werte und Normen transferierten, lässt sich [...] nicht bestätigen."
77 Vgl. B. Eulenhöfer-Mann, Frauen mit Mission [wie Anm. 76], 62–68.
78 Vgl. ebd. [wie Anm. 76], 68–73.
79 Vgl. ebd. [wie Anm. 76], 75–79.
80 Gustav Warneck, Christiane Kähler. Die erste rheinische Missionsschwester in Südafrika, Barmen 1872, hier: ⁴1939, 31.44.45. Zu Warnecks Verständnis von Frauen in der Mission vgl.

In den nach 1880 gegründeten Glaubensmissionen, die aus der Heiligungsbewegung hervorgingen, wurden dagegen weibliche Missionarinnen ausgebildet und ausgesandt.[81] Beeinflusst durch Hudson Taylor, sandten ab 1890 auch deutsche Missionsgesellschaften, wie z.B. der deutsche Zweig der China-Inland-Mission, die Liebenzeller Mission, Missionarinnen nach China aus. Als Ausbildungsstätte für Missionarinnen wurde 1898 die Frauenmissionsschule in Bad Freienwalde an der Oder gegründet, die spätere Malche Ost. In der Liebenzeller Mission (ab 1900) wurden Männer und Frauen teils sogar koedukativ für die Mission ausgebildet.[82] Auch die Missionarinnen arbeiteten wie die Missionsschwestern und -diakonissen in Kindergärten, Mädchenschulen, Krankenhäusern und Anstalten, aber sie taten dies in einem Selbstverständnis, als Missionarinnen ausgesandt zu sein.[83]

Der Blick in die Geschlechterrollen in der äußeren Mission zeigt auch, dass sich die Diskussion der Geschlechterverhältnisse unter den Erweckten am Ende des 19. Jh. zuspitzte auf die Rolle der Frau und ihr öffentliches und verkündigendes Auftreten, was freilich untrennbar mit dem Verständnis der Rolle des Manns verbunden ist.[84] Darin deuten sich Diskussionsfelder des 20. Jh. bereits an.

---

B. Eulenhöfer-Mann, Frauen mit Mission [wie Anm. 76], 101–116, hier: 116: „Warneck unterstützte den Dienst der (ledigen) Frau in der Mission innerhalb der Grenzen, die seiner Ansicht nach die deutsche Kultur selbstverständlich setzte. Wie sonst wäre das Argument verständlich, dass bestimmte missionarische Tätigkeiten, die bei Britinnen und Amerikanerinnen zu beobachten waren, ‚unweiblich' und ‚undeutsch' waren?"

[81] Zur Rolle von Frauen in den Glaubensmissionen vgl. Christa Conrad, Der Dienst der ledigen Frau in deutschen Glaubensmissionen. Geschichte und Beurteilung (edition afem, mission scripts 12), Bonn 1998; dies., Der Dienst von Frauen in der Mission, in: C. Mack/F. Stricker (Hg.), Begabt und beauftragt. Frausein nach biblischen Vorbildern [wie Anm. 6], 477–489; V. Griffiths, Ihr Herz schlug für China [wie Anm. 62].

[82] Vgl. B. Eulenhöfer-Mann, Frauen mit Mission [wie Anm. 76], 90–95.

[83] Ebd. [wie Anm. 76], 307, konstatiert für Missionarinnen in China, dass „Missionarinnen zwar ebenfalls als ledige Frauen in einem Arbeitsgebiet professionell tätig wurden, der Kontext der Tätigkeiten von Diakonissen und Missionarinnen aber faktisch nicht vergleichbar war."

[84] Vgl. St. Holthaus, Heil – Heilung – Heiligung [wie Anm. 56], 499: „Der große Einfluss von Frauen in den ersten Jahren der Glaubensmissionen ist unbestritten. Allerdings lassen sich ab 1910 ein gewisser Rückgang des Einflusses und eine Begrenzung der Aufgabengebiete erkennen, insbesondere im internationalen Maßstab."

## 4. Abschließende Bemerkungen zum Geschlechterverhältnis bei den Erweckten

Der kurze Überblick über Geschlechterverhältnis und Geschlechterrollen in der Erweckungs- und Missionsgeschichte zeigt ein zunächst der deutschen bürgerlichen Gesellschaft des 19. Jh. entsprechendes, hierarchisches Verständnis von Mann und Frau mit geschlechterspezifischen Kompetenzen und Wirkungsbereichen, das in erwecklichen Kreisen zudem als biblisch verstanden wurde.

Dabei ist die Frage zu stellen, inwiefern die Erweckten den gesellschaftlichen Konsens im Blick auf die Geschlechterverhältnisse übernehmen bzw. inwiefern sie diesen auch selbst prägten. Ulrike Gleixner stellte für das 18. Jh. fest, dass das säkular-bürgerliche und das pietistische Ehe- und Familienverständnis einander entsprachen.[85] Insofern liegt es nahe, dass die Erweckten des 19. Jh. in ihrem Verständnis der Rollen von Mann und Frau an den Pietismus anknüpften und die bürgerlichen Geschlechterverhältnisse sowohl für sich übernahmen als auch durch biblisch-theologische Begründung festigten. Innerhalb dieses mehrheitlichen Verständnisses der Rollen von Mann und Frau finden sich in den Erweckungsbewegungen des 19. Jh. aber auch Impulse für eine Rollen-Öffnung, sowohl (a) als Teil der geistlichen Aufbrüche als auch (b) durch angloamerikanische Einflüsse.

(a) Geistliche Aufbrüche, ob in der deutschen Erweckungsbewegung und in den freikirchlichen Anfängen in der ersten Hälfte des 19. Jh. oder in den Glaubensmissionen am Ende des 19. Jh., gehen oft mit einer größeren Variabilität der Geschlechter-Rollen einher. Doch die Institutionalisierung und Konsolidierung der Bewegungen und ihre, besonders für die Freikirchen wichtige, gesellschaftliche Integration führte zu einer Verfestigung traditioneller Rollen von Mann und Frau.

Dies lässt sich nicht nur in den Erweckungsbewegungen des 19. Jh. beobachten, sondern ebenso an der deutschen Pfingstbewegung zu Beginn des 20. Jh. Hier

---

[85] Vgl. U. Gleixner, Pietismus und Bürgertum [wie Anm. 28], 398: „Ohne die Frau als religiöses Subjekt, als Gehilfin des Mannes, als Hausmutter und Erzieherin konnte das pietistische Projekt einer Spiritualisierung des Alltags nicht verwirklicht werden. Trotz dieser Ansprüche und damit einhergehender neuer Handlungsspielräume und Widerstandsmöglichkeiten bleibt die weibliche Geschlechterhierarchie im Grundsatz unangetastet. [...] Die pietistischen Eheentwürfe passen sich in die bürgerliche Geschlechterhierarchie ein: gegenseitige Unterstützung, Wertschätzung der Arbeitsbereiche Beruf und Haushalt bei gleichzeitiger Unterordnung der Frau unter den Mann." Ebd., 403: „Die Kultur des pietistischen Bürgertums hat in vielerlei Hinsicht die Entwicklung des neuzeitlichen Bürgertums beeinflusst."

bewirkte der geistliche Aufbruch zunächst eine Erweiterung der Frauenrolle, so dass Frauen auch gemeindeleitend tätig sein konnten.[86] So wirkten Frauen als Gemeindeleiterinnen und wurden in der frühen Pfingstbewegung auch ordiniert.[87] Doch nahm „die Zahl der Frauen in Leitungspositionen und Ämtern nach 1920 immer mehr ab",[88] während zeitgleich in der weltweiten Pfingstbewegung Frauen als Evangelistinnen und Verkündigerinnen wirkten und ordiniert wurden.[89]

Diese Entwicklung von einer in der Anfangszeit variablen Geschlechterrolle zur Verfestigung der Geschlechterrollen konstatierte bereits der Religionssoziologe Max Weber (1864–1920), der die Gleichstellung von Männern und Frauen im Blick auf Wirkungsbereiche und Kompetenzen in der religiösen Gemeinschaft als Charakteristikum nur einer ersten, pneumatischen Phase der Gemeinschaftsbildung sah.[90] Damit scheint die Entwicklung fester Geschlechterrollen innerhalb einer christlichen Gemeinde um der Ordnung willen historisch zwangsläufig zu sein, wobei die Rollen inhaltlich unterschiedlich gefüllt sein konnten.

(b) So unterschieden sich die Rollen von Mann und Frau in erwecklichen Kreisen in Deutschland im 19. Jh. von den zeitgenössischen Geschlechterrollen in anderen westlichen Ländern, insbesondere in England und den USA. Zwar eröffneten in allen westlichen Ländern die Industrialisierung und die Konzentration auf das städtische Leben zunächst Spielräume für die Veränderung der Rollen von Mann und Frau in der Gesellschaft. Doch war die gesellschaftliche Situation in den Vereinigten Staaten eine andere als in Europa: Ausgehend von einer grundsätzlich größeren christlich-religiösen Pluralität, verband sich in den USA im 19. Jh. der Kampf für die Abschaffung der Sklaverei sowie für die Einführung des Frauenwahlrechts und für die rechtliche Gleichberechtigung von Mann und Frau oft mit einer Öffnung der gemeindlichen Ämter für Frauen. Denn die von den

---

[86] Vgl. Klaus-Dieter Passon, Frauen in der Pfingstbewegung, in: Freikirchen-Forschung 13 (2003), 71–84.
[87] Vgl. ebd. [wie Anm. 86], 73.
[88] Ebd. [wie Anm. 86], 74.
[89] Vgl. ebd. [wie Anm. 86], 75 f.
[90] Vgl. Max Weber, Wirtschaft und Gesellschaft. Religiöse Gemeinschaften (1922), Studienausgabe der Max-Weber-Gesamtausgabe, Bd. I/22,2, Tübingen 2005, 61: „Höchst selten aber behauptet sie sich über diejenige erste Epoche der Gemeinde hinaus, in welcher die pneumatischen Charismata als Merkmale spezifischer religiöser Erhebung geschätzt werden. Dann tritt, mit Veralltäglichung und Reglementierung der Gemeindeverhältnisse, stets ein Rückschlag gegen die nun als ordnungswidrig und krankhaft empfundenen pneumatischen Erscheinungen bei den Frauen ein."

Revivals geprägten Frauen und Männer engagierten sich nicht nur für die Abschaffung der Sklaverei, sondern als Christen auch in der und für die Frauenbewegung in den USA, anders als in Deutschland.[91] Vor diesem Hintergrund findet sich bei den Erweckten in Deutschland v.a. dort eine Veränderung von Rolle und Kompetenzbereichen von Mann und Frau, wo Einflüsse aus dem angloamerikanischen Ausland stark waren, wie z.B. in der Heiligungsbewegung und den Glaubensmissionen.

Die enge Verbindung von evangelischer Kirche und Staat, verbunden mit einer politisch-restaurativen Haltung, sowie die als Angriff auf den christlichen Glauben verstandene liberale Theologie, die es aus Sicht der Erweckten zu bekämpfen galt, bildeten im Deutschland des 19. Jh. Rahmenbedingungen, die ein Festhalten an als etabliert geltenden Rollen von Mann und Frau in der Gesellschaft wie in der christlichen Gemeinde förderten. Ob darüber hinaus eine „Evangelikalisierung"[92] oder Feminisierung der Kirche[93] eine starre und hierarchische Rollenverteilung von Mann und Frau zusätzlich beeinflusste, bedarf noch weiterer Untersuchungen.

---

[91] Vgl. zum Verhältnis von Frauen(rechts)bewegung und Protestantismus in Deutschland Ursula Baumann, Protestantismus und Frauenemanzipation in Deutschland 1850 bis 1920 (Geschichte und Geschlechter 2), Frankfurt a.M. 1992. Anna Paulsen, Aufbruch der Frauen. Ein Beitrag zum Gespräch zwischen Frauendiakonie und Frauenbewegung, Lahr 1964, hat schon früh auf die zeitlich parallele Entwicklung von Frauendiakonie und Frauenbewegung in Deutschland aufmerksam gemacht. Vgl. auch Barbara Greven-Aschoff, Sozialer Wandel und Frauenbewegungen, in: GeGe 7 (1981), 328–346; Christine Keim, Frauenmission und Frauenemanzipation. Eine Diskussion in der Basler Mission im Kontext der frühen ökumenischen Bewegung (1901–1928) (Beiträge zur Missionswissenschaft und Interkulturellen Theologie 20), Münster 2005.

[92] Vgl. K. H. Voigt, Zwischen Charisma, Amt und kirchlicher Ordnung [wie Anm. 33], 10: „In den USA hat die Forschung gezeigt, wie die Evangelikalisierung der Kirchen gleichzeitig die Rolle der Frau eingeschränkt hat. Zu dieser Frage gibt es in Deutschland bisher noch keine Forschung, aber in groben Zügen lässt sich ein Trend erkennen. Die Freikirchen in Deutschland haben sich gegenüber der evangelikalen Bewegung sehr unterschiedlich verhalten. [...] Innerhalb dieses Spektrums lässt sich erkennen, wie bei den Distanzierten die Offenheit für das Zusammenwirken von Männern und Frauen weitaus höher ist als bei jenen, die sich den Einflüssen der evangelikalen Bewegung stärker geöffnet haben". Zu einer vergleichbaren Evangelikalisierung der Pfingstbewegung vgl. K.-D. Passon, Frauen in der Pfingstbewegung, 79. Anders Donald Dayton, The Evangelical Roots of Feminism, in: ders., Discovering an Evangelical Heritage, New York 1976, 85–98.

[93] Vgl. zur Feminisierung der Kirche im 19. Jh. Irmtraud Götz von Olenhusen, Die Feminisierung von Religion und Kirche im 19. und 20. Jahrhundert. Forschungsstand und Forschungsperspektiven (Einleitung), in: dies. (Hg.), Frauen unter dem Patriarchat der Kirchen [wie Anm. 25], 9–21; dies., Die Feminisierung von Religion und Kirche im 19. und 20. Jahrhundert, in: Ingrid Lukatis/Regina Sommer u.a. (Hg.), Religion und Geschlechterverhältnis (Veröffentlichungen der Sektion Religionssoziologie der Deutschen Gesellschaft für Soziologie 4), Opladen 2000,

Die skizzierten Geschlechterverhältnisse in der Erweckungs- und Missionsgeschichte des 19. Jh. haben keinen normativen Anspruch für die christliche Gemeinde heute, wenn hier auch die Wurzeln des heutigen Verständnisses von Mann und Frau sowie mancher Debatte über geschlechterspezifische Rollen in der christlichen Gemeinde liegen. Doch der Blick ins 19. Jh. zeigt die Diskussion und Entwicklung von Geschlechterrollen in einem Spannungsfeld von zeitgenössischer Kultur, biblischem Wort und geistlicher Aufbruchserfahrung. Die bleibende Herausforderung für die christliche Gemeinde liegt darin, die Rolle von Mann und Frau für die je eigene Gegenwart zu bestimmen und dabei, trinitarisch formuliert, das Verhältnis von Mann und Frau nach der Schöpfungsordnung, die beide Geschlechter verbindende Erlösungserfahrung und das aktuelle Wirken des Heiligen Geistes zu bedenken – damit Mann und Frau Mitarbeiter und Mitarbeiterinnen Gottes bleiben.

---

37–47. Ute Gause, Friederike Fliedner und die ‚Feminisierung des Religiösen' im 19. Jahrhundert [wie Anm. 43], 126, spricht treffender von einer „gesamtgesellschaftlich sich niederschlagenden ‚Intensivierung des Religiösen'". Vgl. auch Hugh McLeod, Weibliche Frömmigkeit – männlicher Unglaube? Religion und Kirchen im bürgerlichen 19. Jahrhundert, in: U. Frevert (Hg.), Bürgerinnen und Bürger [wie Anm. 16], 134–156.

# Geschlechtsidentität und Geschlechterrollen

## Perspektiven theologischer Anthropologie

CHRISTOPH RAEDEL

„Transgender kommt aus der Niesche. Es entsteht ein drittes Geschlecht". So war es vor einiger Zeit in einer großen deutschen Tageszeitung zu lesen. Und dann hieß es, quasi im Sinne einer Begründung dieser These weiter:

> Wenn Frauen die kulturelle Hegemonie erlangen; wenn sie gleichzeitig in harte Männerberufe vordringen; und wenn Männer in zunehmendem Maße Familien- und Pflegeaufgaben übernehmen, dann ist es nahe liegend, dass das biologische Geschlecht an Bedeutung verliert. Und dass Menschen sich immer stärker danach definieren, was sie tun. [...] Transgender ist auf dem Vormarsch. [...] Sobald man ernsthaft über die Geschlechtergrenzen hinausdenkt, ergeben sich beängstigend viele Möglichkeiten der Selbstdefinition. Und es stellen sich viele praktische Fragen.[1]

Einige dieser praktischen Fragen, man denke an Umkleideräume in Sporteinrichtungen oder an öffentliche Toiletten, werden dann auch gleich genannt.

Heute überrascht es kaum noch, solche als Trends markierten Aussagen in den Medien zu finden, werden darin doch sowohl lebensweltliche Beobachtungen aufgenommen (und verstärkt) als auch Anliegen bestimmter Theoriebildungen der „Gender Studies" in populärer Form unter die Leute gebracht. Spannend bleibt die Frage, wie Christen überhaupt und christliche Theologen sich zu solchen Analysen verhalten sollen. Denn einerseits enthalten sie einen zu großen Wahrheitskern, um einfach ignoriert oder geleugnet werden zu können. Andererseits vergrößern sie einen einzelnen „Mikrotrend" (so wird die beschriebene Entwicklung auch im Zeitungstext bezeichnet) isoliert von im Ganzen recht widersprüchlichen gesellschaftlichen Entwicklungen in unzulässiger Weise und reduzieren die Wirklichkeit damit auf eine bestimmte, offenbar gewünschte Facette. Um nur ein Beispiel zu nennen: In der Tat verlieren Geschlechterstereotype im Westen vor allem in Milieus der Mittelschicht an Bedeutung für das Rollenverständnis von Männern und Frauen. Im Spannungsfeld von Familie und Beruf

---

[1] Mark J. Penn, Das Jahrhundert der Frauen, in: DIE WELT, 4. September 2015.

gelten partnerschaftlich ausgehandelte Aufgabenverteilungen für Väter und Mütter heute als akzeptiert und die in der Romantik noch scharf konturierte Differenz in den Wesenszügen von Frau und Mann ist „modernisierten" Geschlechtervorstellungen gewichen, die privat gelebt – und von der Politik beworben – werden. Man denke an den Mann, der sich einfühlsam und fürsorglich um sein Kind kümmert oder die Frau, die zielstrebig ihren beruflichen Aufstieg verfolgt.

Allerdings ist dies nur ein Ausschnitt aus der komplexen gesellschaftlichen Wirklichkeit. Denn die „traditionelle Männlichkeit" hat keinesfalls ausgedient. „Das Erwartungsprofil von Großindustrie, Politik und Verwaltung für erfolgreiche Karrieren", so schreibt Männerforscher Walter Hollstein, „hat sich für Männer nicht gewandelt [...] So ist die Erwartungshaltung an das männliche Geschlecht, leistungsstark, beherrscht und kämpferisch zu sein, noch immer die Eingangspforte für Karriere und Gratifikation".[2] Eher widersprüchlich als „trendig" sind auch die Entwicklungen auf dem Berufsausbildungsmarkt. Hinsichtlich der gewählten Studienfächer bleiben einige Fächer wie die sogenannte MINT-Sparte, also die mathematisch-ingenieur- und naturwissenschaftlichen Fächer, fest in männlicher Hand. Weiblich dominierte Sparten wie Grundschulpädagogik ziehen demgegenüber unverändert nur wenige Männer an, während sich schließlich in einigen Fächer, wie z.B. Humanmedizin oder Pharmazie, die Mehrheitsverhältnisse in den vergangenen Jahrzehnten zugunsten der Frauen geändert haben. Bei Ausbildungsberufen hat sich in den zurückliegenden Jahrzehnten die Geschlechter-Segregation sogar noch verstärkt: Ein wachsender Anteil von Mädchen wählt unter den zehn häufigsten Ausbildungsberufen aus, die mehrheitlich von Frauen ergriffen werden. Dazu gehören die Zahnarzthelferin und Sprechstundenhilfe, Erzieherinnen und Friseurinnen sowie Berufe der Kranken- und Altenpflege.[3] Im Blick auf kulturvergleichende Geschlechterstudien haben im Übrigen Metastudien die Annahme als Fehlschluss erwiesen, dass die Größe von Geschlechterunterschieden umso geringer ausfällt, je egalitärer eine Gesellschaft hinsichtlich ihres Verständnisses von Geschlechterrollen eingestellt ist.[4]

---

[2] Vgl. Walter Hollstein, Was vom Manne übrig blieb. Das missachtete Geschlecht, Stuttgart ²2012, 81.

[3] Ann-Christin Hausmann/Corinna Kleinert, Berufliche Segregation auf dem Arbeitsmarkt. Männer- und Frauendomänen kaum verändert, in: IAB Kurzbericht 9 /2014, hrsg. v. Institut für Arbeitsmarkt- und Berufsforschung der Bundesagentur für Arbeit.

[4] Für die Belege vgl. Jens B. Asendorpf/Franz J. Neyer, Psychologie der Persönlichkeit, Berlin ⁵2012, 353.

Die angedeuteten, zum Teil gegenläufigen Entwicklungen verlaufen, darauf sei schließlich noch hingewiesen, durchweg *innerhalb* des binären Geschlechtercodes männlich/weiblich. Nur eine statistisch kaum fassbare kleine Minderheit verbindet Entwicklungen, bei denen Geschlechterstereotypen überwunden werden (sollen), mit dem Anliegen, damit die natürliche Zweigeschlechtlichkeit in Frage zu stellen. Diese Minderheit erscheint in der medialen Verstärkung viel größer als sie eigentlich ist. Das dürfte mit journalistischen Auswahlkriterien zu tun haben (Stichwort: Was hat hier den größten Nachrichtenwert?), aber auch damit, dass gerade Journalisten sich überdurchschnittlich stark Milieus zurechnen, in denen tradierte Geschlechtervorstellungen abgelehnt werden.

In meinem Beitrag soll es nun allerdings nicht um eine Analyse solcher gesellschaftlichen Trends gehen. Vielmehr möchte ich in der Perspektive der theologischen Anthropologie das im Eingangszitat gefallene Stichwort der „Selbstdefinition" aufgreifen und als Leitfrage formulieren: Wer oder was bestimmt eigentlich, wer ich bin? Ist die eigene Geschlechtsidentität etwas, das sich durch autonome „Selbstdefinition" wählen oder beschreiben lässt? Und kann sich das menschliche Selbstbewusstsein so vollständig von den Konstitutionsbedingungen des Selbst ablösen, die in der biologischen Herkunft und der natürlichen Leiblichkeit des Menschen gegeben sind? Diesen Fragen nachzugehen bedeutet mehr als die intellektuelle Neugier zufriedenzustellen, handelt es sich doch um Fragen, deren Beantwortung darüber entscheidet, ob eine Gesellschaft Bestand hat oder sie die eigenen Grundlagen für Zusammenleben und Fortbestand in Frage stellt. Die Interpretation des Konzepts „Geschlechtsidentität" hat unvermeidlich Auswirkungen darauf, wie wir soziale Institutionen wie Ehe und Familie verstehen und welche Bedeutung wir ihnen für das Miteinander in einer Gesellschaft zubilligen. Im Folgenden möchte ich die Diskussion in folgender Weise führen: Zunächst soll erörtert werden, was Geschlechtsidentität überhaupt konstituiert (1), bevor ich auf die Probleme der autonomen Selbstdefinition von Geschlechtsidentität eingehen werde (2). In einem dritten Schritt werde ich die Geschlechtsidentität theologisch im Zuspruch des Evangeliums, neue Schöpfung in Jesus Christus zu sein, gründen (3), bevor abschließend die ethischen Implikationen des Lebens in Geschlechterrollen diskutiert wird (4).

## 1. Identitätskonstitution: Mann und Frau als Geschöpfe Gottes

*1.1. Das Projekt der Selbstdefinition des Menschen*

Nach christlich-theologischem Verständnis muss, wer den Menschen verstehen will, über ihn hinausfragen. Der Reformator Calvin hat diese Einsicht programmatisch an den Beginn seiner *Institutio* gesetzt, wenn er feststellt, dass der Mensch sich selbst nicht wahrhaft erkennen kann, „wenn er nicht zuvor Gottes Angesicht geschaut und dann von dieser Schau aus dazu übergeht, sich selbst anzusehen".[5] Der Gottesbezug ist nach einhelliger christlicher Überzeugung konstitutiv für das Verstehen des Menschen und findet seinen verdichteten theologischen Ausdruck in der Rede von der Gottebenbildlichkeit des Menschen. Der Religionsphilosoph Romano Guardini bezeichnet die damit ausgesagte Gottbezogenheit als „die Grundform, in der das Menschliche besteht; der Grundbegriff, aus welchem heraus er allein verstanden werden kann".[6] Anders gesagt: Das Menschsein hat einen Sinn, und dieser Sinn ist nur von Gott als schöpferisch-personalem Grund des Menschen her zu erschließen.

Mit der Aufklärung wird dieses Vorverständnis grundlegend in Frage gestellt: Wer den Menschen verstehen will, so heißt es nun, der muss nach der Verfasstheit des menschlichen Selbstbewusstseins fragen, nicht nach einem dem Menschen unverfügbaren Erschließungsgeschehen. Was den Menschen ausmacht, das wird also nicht länger im Rückbezug auf Gott eruiert, sondern in der Frage nach den allgemein einsehbaren Strukturen des menschlichen Bewusstseins. So arbeitete I. Kant heraus, dass die menschliche Person (und nur sie) als „Zweck an sich selbst" existiert, worin sie sich kategorial von den Dingen unterscheidet, die als Mittel zum Zweck dienen.[7] Was den Menschen vor allen anderen Lebewesen auszeichnet, ist damit sein „Vermögen der Selbsterfassung",[8] also sein Vermögen, sich als ein um sich selbst wissendes Vernunftwesen autonom das Gesetz seines Handelns geben zu können. Diese selbstbezügliche Ich-Struktur erhebt den Menschen über

---

[5] Johannes Calvin, Unterricht in der christlichen Religion/Institutio Christianae religionis. Nach der letzten Ausgabe von 1559 übers. und bearb. von Otto Weber. Im Auftr. des Reformierten Bundes bearb. und neu hrsg. von Matthias Freudenberg, Neukirchen-Vluyn, 2008, 23 (I,1,2).

[6] Romano Guardini, Den Menschen erkennt nur, wer von Gott weiß, in: ders., Gläubiges Dasein. Die Annahme seiner selbst, Mainz ³1993, 90.

[7] Vgl. Immanuel Kant, Grundlegung zur Metaphysik der Sitten, 433,29.

[8] Edith Düsing, Kants ethischer Personalismus im Horizont der biblischen Imago-Dei-Lehre, in: Christian Herrmann (Hg.), Leben zur Ehre Gottes. Themenbuch zur Christlichen Ethik, Bd. 1: Ort und Begründung, Witten 2010, 251–271, hier 261 (im Original kursiv).

die animalische Natur, an der er mittels seiner Leibverfasstheit ebenfalls teilhat. Für Kant ist allerdings klar, dass die Maximen des eigenen Handelns in Übereinstimmung mit dem Sittengesetz stehen müssen, und ob dies gegeben ist, wird durch die Prüfung der Handlungsmaximen auf ihre Universalisierbarkeit ermittelt. Kant postuliert also mit dem Sittengesetz eine transzendentale Bedingung für die Möglichkeit, sich als autonomes Vernunftwesen selbst – recht – zu erfassen und sichert seinen Ansatz damit gegen einen rücksichtslosen Individualismus ab. Zugleich aber arbeitet er einer leibfeindlichen Dichotomie zu, wenn er die Tiernatur des Menschen mit dessen Leib identifiziert, während er die Vernunftnatur dem Geist zuordnet.

Auch John Locke rückt die Frage nach der personalen Identität des Menschen aus dem Horizont des Gottesbezugs heraus und in den Horizont ethischer Verantwortung ein. Die Identität der Person hängt auch für ihn nicht am vorfindlichen Dasein des empirischen Menschen, auf den andere zeigen können, sondern am unmittelbaren Selbstbewusstsein des Menschen.[9] Das Selbst ist für ihn gerade nicht Teil der materiellen Welt, sondern bezeichnet das Vermögen, vergangene und gegenwärtige Handlungen miteinander zu verknüpfen. Identität wird damit durch das bei allen Handlungen mitlaufende Selbstbewusstsein hergestellt. Die Identität, das ist der hier entscheidende Punkt, ist eine – wesentliche – mentale Konstruktionsleistung des Menschen, die sich auf keine wie auch immer geartete empirisch-substantielle Kontinuität stützen darf. Wiederum begegnet uns eine Vorstellung von Identität, die von der Leiblichkeit des Menschen abstrahiert und rein selbstbezüglich konstruiert ist. Für Kant und Locke war noch nicht absehbar, dass die mentale Konstruktionsleistung sich einmal auch auf die Geschlechtsidentität erstrecken würde, da der Geschlechtskörper als Teil der animalischen Natur des Menschen für die Begründung der sittlichen Autonomie und personalen Identität der Person nicht von Belang war.[10] Im Ausblenden der Leibverfasstheit des Menschen aus der Frage nach der personalen Identität ist die Möglichkeit, ein Geschlechtsbewusstsein unter vollständiger Absehung von der anatomischen Geschlechtlichkeit des Menschen zu konstruieren, aber zumindest theoretisch vorbereitet, auch wenn die Aufklärungsphilosophen letztlich nicht zu bevorzugten Quellen der Geschlechtsdekonstruktion werden sollten. Es bleibt aber schon vom

---

[9] Vgl. John Locke, An Essay Concerning Human Understanding, ed. by Peter H. Nidditch, Oxford 1975, 341 (II, XXVII,17).
[10] Kant hat sich in seiner Anthropologie gleichwohl mit der Geschlechtsnatur des Menschen auseinandergesetzt; vgl. dazu den Beitrag von Harald Seubert in diesem Band.

Ansatz her zu fragen, ob sich die personale und damit auch geschlechtliche Identität des Menschen überhaupt durch Selbstdefinition bzw. Selbsterfassung die Person erfassen lässt oder ob nicht aus theologischen wie aus philosophischen Gründen Identität vielmehr in den *Beziehungen* konstituiert ist, in die ein Mensch (z.T. ungefragt) hineingestellt ist und in denen er als Person lebt.[11]

## 1.2. Identität als Beziehungsgeschehen

Was war geschehen, als die Vorstellung davon, was die menschliche Person sei, ihren Gottesbezug verlor? Und musste es dazu nicht kommen, weil es sich bei der Auffassung, die Gottebenbildlichkeit des Menschen sei die „Grundform, in der das Menschliche besteht" (R. Guardini), um eine theologische Behauptung handelte, die mit vernünftigen Gründen, zudem in einer pluralen Gesellschaft, nicht länger einsichtig zu machen und daher abzulegen ist?

Arbeiten wir uns von den Konsequenzen her an diese Frage heran: Als Gott aus dem Horizont menschlicher Persondefinition verschwand, schwand damit auch die Erinnerung daran, dass erst *Gottes* Personsein erhellt, was es heißt, eine *menschliche* Person zu sein. Denn Gottes Personsein ist, wie der orthodoxe Theologe John Zizioulas eindrücklich herausgearbeitet hat, „being *as* communion".[12] Die Trinitätslehre sagt nichts anderes aus, als dass die Seinsweise Gottes (seine *hypostasis*) ein Sein in Beziehung ist, dass die Beziehungen also nicht erst nachträglich zur Person *hinzutreten*, sondern die personale Seinsweise, auch des Menschen, in seinen Beziehungen *besteht*. Verschwindet Gott aus dem Horizont menschlichen Selbstverständnisses, wird der Mensch einsam, wird das Beziehungswesen Mensch zum selbstgenügsamen Individuum. Ein rein selbstbezügliches Person-Verständnis gebiert den Individualismus, der zwar die Option zur Gemeinschaft kennt, dem aber das In-Beziehung-Sein nicht schon wesentlich eingeschrieben ist. Während also in der Lesart einer von der Religion emanzipierten Anthropologie das Individuum in der *Unterscheidung* von anderen definiert ist, wird das Personsein, *coram Deo* interpretiert, in der *Beziehung* zu anderen Personen bestimmt.[13]

---

[11] Vgl. dazu auch Christiane Tietz, Personale Identität und Selbstannahme, in: KuD 61 (2015), 3–21.
[12] Vgl. John Zizioulas, Being as Communion. Studies in Personhood and the Church, New York 1985, bes. 15–65.
[13] Vgl. Kevin Vanhoozer, Human Being, Individual and Social, in: Colin Gunton (Hg.), The Cambridge Companion to Christian Doctrine, Cambridge 1997, 158–188, hier 174.

Das Personsein des Menschen ist somit eine Geschichte miteinander verwobener Beziehungen und auch vollzogener Beziehungs(ab)brüche. Diese Geschichte hat, sehr grob gesagt, eine *vertikale* und eine *horizontale* Dimension. Sie umfasst sowohl Gottes Geschichte mit den Menschen als auch die Geschichte der – zunächst ganz umfassend verstandenen – Mitmenschlichkeit. Im Blick auf diese beiden narrativen Dimensionen möchte ich zunächst von der Gottebenbildlichkeit des Menschen sprechen und danach von der kommunikativen Hinordnung von Mann und Frau aufeinander als Bedingung der Möglichkeit eines von Mitmenschlichkeit getragenen Daseins des Menschen überhaupt.

## 1.3. Geschaffen nach Gottes Ebenbild

Das Verständnis dessen, was mit der Ebenbildlichkeit des Menschen (vgl. Gen 1,26) genau gemeint ist, hat die Theologen über die Jahrhunderte hinweg beschäftigt und tut dies heute noch. Die verschiedenen, zum Teil miteinander konkurrierenden Auslegungen brauchen hier nicht referiert zu werden.[14] E genügt, an drei Auslegungstypen zu erinnern: Im Sinne einer *strukturellen* Interpretation ist schon bei Augustin die Vernunftseele als Sitz der Ebenbildlichkeit verstanden worden. Dieser Ansatz ist dann später von Calvin aufgenommen und im Sinne der Reformation vertieft worden.[15] Hier ist die Vernunftfähigkeit des Menschen der zentrale Aspekt, also seine Fähigkeit, im eigenen Geist Gottes Geist zu vernehmen. Die *funktionale* Interpretation bezieht die Ebenbildlichkeit des Menschen auf die Beauftragung durch Gott, sein Repräsentant auf der Erde zu sein (vgl. Gen 1,28) und interpretiert den Begriff damit eng am Text, der diesen Zusammenhang ausweist.[16] Der Titel Gottebenbildlichkeit gilt dann nicht als „Antwort auf die moderne Frage, wer oder was der Mensch *ist*, sondern sagt, *wozu* er da ist".[17] Schließlich lässt sich von einer *relationalen* Interpretation sprechen, bei

---

14 Vgl. Christoph Markschies, Gottebenbildlichkeit II. Christentum, in: RGG⁴ 3, 1160–1163; Wolfhart Pannenberg, Gottebenbildlichkeit als Bestimmung des Menschen in der neueren Theologiegeschichte, München 1979.
15 Vgl. J. Calvin, Inst. I,15,3 [wie Anm. 5].
16 Dass diese Deutung starken Anhalt am biblischen Text findet, hat sowohl evangelische als auch römisch-katholische Dogmatiker von deren Stichhaltigkeit überzeugt; vgl. Wolfgang Schoberth, Einführung in die theologische Anthropologie, Darmstadt 2006, 116 f.; Erwin Dirschl, Grundriss Theologischer Anthropologie. Die Entschiedenheit des Menschen angesichts des Anderen, Regensburg 2006, 114 ff.; Christian Link, Schöpfung. Ein theologischer Entwurf im Gegenüber von Naturwissenschaft und Ökologie, Neukirchen-Vluyn 2012, 99 f. Vgl. dazu auch den Beitrag von Julius Steinberg in diesem Band.
17 C. Link, Schöpfung [wie Anm. 16], 99.

der die Verfügbarkeit und Ansprechbarkeit des (leibgeistig verfassten) Menschen für Gott in den Mittelpunkt gestellt wird. Diese Deutung findet sich bereits bei Luther und ist im 20. Jahrhundert stark in der Theologie des Wortes Gottes (Barth, Bonhoeffer, Brunner) vertreten worden. So bezeichnet E. Brunner die Gottebenbildlichkeit (ihrer formalen Seite nach) als „responsorische Aktualität". Das heißt: Die Verantwortung des Menschen, also die Freiheit zum verantwortlichen Handeln ist „die dem Menschen *unabänderlich* gegebene Seins*struktur*".[18] Diese Interpretationsansätze müssen nicht gegeneinander, sie können auch aspekthaft als Deutungen der Gottbezogenheit gelesen werden, ohne dass die zwischen ihnen vorhandenen Spannungen damit geleugnet werden müssten.

Für unseren Zusammenhang ist wichtig, dass erstens die Gottebenbildlichkeit die *Fundamentalunterscheidung* zwischen dem Schöpfer und den Geschöpfen markiert. Gott ist der personale Grund der Schöpfung, auf den sie bezogen und von dem sie zugleich wesenhaft unterschieden ist. Zweitens markiert die Gottebenbildlichkeit das Menschsein als *bipolar strukturierte Einheit* im Horizont geschöpflicher Vielfalt. Die Tiere und Pflanzen sind erschaffen „nach ihrer Art", der Mensch jedoch „als Mann und Frau", ohne dass von Artgrenzen die Rede wäre. Nach Gen 1 sind *beide*, Mann und Frau, Gesprächspartner Gottes und *gemeinsam* seine Repräsentanten in der Welt. Die Gottebenbildlichkeit markiert nun, drittens, den Menschen als *sozio-sexuelles* Wesen. Gott ist personale Gemeinschaft und in der worthaften Anrede erfährt der Mensch seine Bestimmung zum einen zur *ewigen* Kommunikation mit Gott[19] und zum anderen zur *endlichen* Kommunikation in der Gemeinschaft menschlicher Personen.[20]

Im Licht dieser doppelten Bestimmung zur Kommunikation, zur Anrede und Anerkennung, ist nun die Aussage zu bedenken, die im zweiten Schöpfungsbericht zwischen der Erschaffung Adams und Evas steht: „Es ist nicht gut, dass der Mensch allein sei" (Gen 2,18). Der Text wirkt paradox: Dieses Urteil ist Ausspruch Gottes, und das bedeutet doch zunächst einmal, dass Adam nicht wirklich

---

[18] Emil Brunner, Dogmatik, Bd. 2: Die christliche Lehre von Schöpfung und Erlösung, Zürich 1960, 68.

[19] Vgl. Martin Luther: "Wo also und mit wem auch immer Gott redet, sei es im Zorn sei es in der Gnade, der ist gewiß unsterblich. Die Person des redenden Gottes und das Wort machen deutlich, daß wir solche Geschöpfe sind, mit denen Gott bis in Ewigkeit und unsterblicher Weise reden will", WA 43, 481, 32–35 (Genesisvorlesung 1535–1545).

[20] So schreibt Dietrich Bonhoeffer: „Worin unterscheidet sich die Freiheit des Schöpfers von der Freiheit des Geschaffenen, wie ist das Geschaffene frei? Darin, daß das Geschaffene bezogen ist auf das andere Geschaffene, der Mensch frei ist für den Menschen", Schöpfung und Fall, hg. v. Martin Rüter und Ilse Tödt (DBW 3), München 1989, 60.

allein ist. Gott ist doch da, und zwar für ihn, den Menschen, da. Was bräuchte der Mensch mehr als das Dasein des Schöpfers für ihn? Findet der Mensch in Gott nicht alles, was er zum Leben braucht? Die Antwort auf diese Frage muss eine doppelte sein, und sie ist für die gesamte weitere Argumentation von großer Tragweite: Die erste Antwort auf diese Frage lautet: Nein, Adam hat nicht alles, was er zum Leben braucht, denn im Unterschied zu seinem Schöpfer ist er *endliches* Geschöpf, und um der Fülle der in ihn hineingelegten Möglichkeiten kreatürlicher Kommunikation Ausdruck geben zu können, braucht er ein *geschaffenes*, ein endliches Gegenüber. Und das heißt ganz grundlegend: Es braucht der Mann die Frau und die Frau den Mann. Ohne das menschliche, gegengeschlechtliche Du bleibt am menschlichen Ich eine Leerstelle, die anthropologisch *Defizit*charakter hat.[21] Aber das ist nicht die ganze Wahrheit. Denn diese Leerstelle hat zugleich theologischen *Verweis*charakter: Denn es ist ja richtig – und in diesem Sinne lautet die Antwort auf obige Frage „Ja" –, dass der Mensch in Gott alles hat, was er zum Leben braucht, und zwar zu einem ewigen Leben in Fülle. Es ist dann auch *Gott*, der Adam eine Hilfe, eine Entsprechung findet und daher verweist das geordnete (nicht das von der Sünde entstellte) Verlangen nach Gemeinschaft den Menschen letztlich auf die seinem Leben Grund und Ziel gebende Gemeinschaft mit Gott. Wo Mann und Frau als endliche Geschöpfe einander finden, ist dies auch – freilich nicht nur – Gleichnis der Gemeinschaft Gottes mit seinem Volk, ist die den Schöpfer anbetende Gemeinschaft von Mann und Frau, wie Bonhoeffer es ausdrückt, „Kirche in ihrer ursprünglichen Gestalt".[22]

Der anthropologische Defizit- und der theologische Verweischarakter der Leerstelle des Ich, das ohne das Du des Partners bleibt (aus welchen Gründen auch immer) stehen jedoch biblisch nicht statisch und unverbunden nebeneinander. Vielmehr ist es so, dass in der Überlieferung Israels der Defizitcharakter stärker hervortritt als im Neuen Testament. Man denke nur an die unbedingte Notwendigkeit der Eheschließung oder an die als Fluch empfundene ungewollte Kinderlosigkeit. Die Land- und Messias-Verheißungen sind immer rückgebunden an die biologischen Vorgänge von Fortpflanzung und Geburt, wobei die Gemeinschaft mit Gott dem Bundesvolk Israel in der Verheißung stets präsent ist.[23] In der Perspektive des in Jesus Christus anbrechenden Gottesreiches tritt jedoch der Verweischarakter des Ehebundes eindeutig *vor* den Defizitcharakter der Leerstelle

---

21 Im Text heißt es: „Für den Menschen ward keine Hilfe gefunden, die um ihn wäre" (Gen 2,20).
22 D. Bonhoeffer, Schöpfung und Fall [wie Anm. 20], 94.
23 Vgl. Ex 23,30; Dtn 10,22; Jes 9,5.

am „ungebundenen" Menschen. Das Kind, auf das sich die Messias-Verheißungen bezogen, ist nun geboren, nicht Fleisch und Blut werden das Reich Gottes erben, sodass die Weitergabe des Lebens von jeder soteriologischen Funktion frei bleibt. Seine Familie sind für Jesus diejenigen, die „Gottes Willen tun" (Mk 3,35). Die Metaphorik der Ehe wiederum wird auf den Bund zwischen Christus und seiner Gemeinde bezogen (Eph 5,32), die Erwartung der Gläubigen ist die Hochzeit des Lammes Christus mit der Brautgemeinde (Apk 19,7). So gewinnt die ekklesiale Bindung Vorrang vor der familialen.

## 1.4. Geschaffen als Mann und Frau

Halten wir fest: Ist das Geschöpf Mensch als geschlechtlich bipolar strukturierte Einheit von Mann und Frau erschaffen, dann ist das Ich-Du-Verhältnis zwischen einem Mann und einer Frau, wie es im Ehebund Gestalt gewinnt, als *Grundform* – nicht als einzige Form – des kommunikativen Miteinanders von Menschen zu verstehen. Diese Aussage hat in den Diskussionen der zurückliegenden Jahrzehnte ihre Selbstverständlichkeit verloren und bedarf daher der näheren Prüfung und Begründung.

Zunächst ist dem Missverständnis zu wehren, wonach die Geschlechterdifferenz auf Gott als ein ebenfalls sexuelles Wesen zurückverweist. Die Geschlechterdifferenz ist vielmehr ein Merkmal unserer Endlichkeit. Sie weist den Menschen als *Geschöpf* aus: „Durch die Differenzierung in männlich und weiblich", so H. Seebass, „bleiben die Menschen davor bewahrt, sich mit dem einzigartigen Gott Israels zu vergleichen, der Geschlechtlichkeit nur für die Schöpfung bestimmt hat".[24] Nach dem Zeugnis der Schöpfung realisiert sich die leibbezogene Existenz des Menschen in der Zweigeschlechtlichkeit, weshalb auch das Vorkommen z.B. von Intersexualität im Horizont dieser anthropologischen Grundbestimmung interpretiert werden muss (s.u.).

Der Mensch weist als sozio-sexuelles Wesen immer schon über sich hinaus. Es gehört zu den problematischen Folgen der Leiblosigkeit des neuzeitlichen Nachdenkens über den Menschen, dass die Leibsignaturen von Mann und Frau nicht mehr auf ihre wechselseitige Verweisstruktur hin abgelesen werden (dür-

---

[24] Horst Seebass, Genesis I. Urgeschichte (1,1–11,26), Neukirchen-Vluyn 1996, 82.

fen). Dabei ist selbstevident, dass der Mensch einen Menschen des anderen Geschlechts braucht, „um Seinesgleichen hervorzubringen".[25] Der Mensch verdankt sich selbst diesem Angewiesen-Sein von Mann und Frau aufeinander; diese Signatur des Daseins zu leugnen ist Undankbarkeit gegen die Gabe des eigenen Lebens. Der zweigeschlechtlich signierte Leib markiert das Vermögen des Menschen, mit einem Partner des anderen Geschlechts „eins" zu werden, ohne zu einem Einzigen zu verschmelzen: Selbsthingabe ist eben nicht Selbstauslöschung. Den relationalen Charakter der menschlichen Person zu erfassen, ist daher nicht unter Ausblendung ihrer Leiblichkeit möglich.

Bildet sich Identität in leiblich vermittelten Beziehungen, so gilt dies auch für die Geschlechtsidentität einer Person. Beziehungen aufzubauen und zu gestalten setzt zweierlei voraus. Zum einen bedürfen Beziehungen der Nicht-Identität: Ich begegne im Anderen nicht lediglich dem Spiegelbild meines Selbst, ich höre in seinem Wort nicht lediglich das Echo meiner Worte. Vielmehr begegnet das Ich dem Geheimnis des Du. Mann und Frau sind einander Geheimnis und sie sind zugleich doch aufeinander *angewiesene* Träger ihres Geheimnisses, das zu enträtseln nur in der Begegnung geschehen kann. Beziehung braucht zum zweiten Kommunikation. Einander *etwas* mitteilen heißt in Beziehung sein. Die äußerste Form der Kommunikation aber ist die *Selbst*mitteilung. Sich selbst mitzuteilen, ohne sich zu verlieren, sich hinzugeben, ohne dass der Zauber des Geheimnisses, das man ist, vergeht – darin liegt die den Menschen mit Gott verbindende und zugleich von allen anderen Geschöpfen unterscheidende Weise personaler Existenz.[26] Träger dieser Selbstmitteilung ist das Wort, doch schließt die personale Begegnung immer die gesamte Person ein.[27]

Halten wir fest: Menschsein realisiert sich in der *dialogischen Polarität* von Mann und Frau.[28] „Polarität" steht dabei für die Grundgegebenheit der *Zweige*schlechtlichkeit, die in Zeugung und Schwangerschaft biologisch greifbar und zu der bei gesunder Selbstannahme ein eigenes Verhältnis entwickelt wird. Das „Dialogische" steht für die *kommunikative* Bezogenheit der Menschen als Mann und

---

[25] Olivier Boulnois, Haben wir eine geschlechtliche Identität? Ontologie und symbolische Ordnung, in: IKZ Communio 35 (2006), 336–354, hier 342.

[26] In diesem Sinne ist auch Martin Buber zu verstehen, der sagt: „Ich werde am Du; Ich werdend spreche ich Du", Ich und Du, Heidelberg 1983, 18.

[27] Auch die sexuelle Kommunikation lebt vom deutenden Wort. Wo es fehlt bzw. bewusst vermieden wird, wird Sexualität zur Befriedigung des eigenen Begehrens an einem anderen Menschen, dem die Anerkennung als Person verweigert wird.

[28] Für die folgenden Überlegungen vgl. auch Alistair I. McFadyen, The Call to Personhood. A Christian Theory of the Individual in Social Relationships, Cambridge 1990, 31 f.

Frau, in deren Beziehung es weder um *Verdopplung* einer Identität noch um eine *essentielle* Differenz geht, denn essentiell ist allein die Differenz zwischen Schöpfer und Geschöpf. Die geschlechtliche „Identität-in-Differenz"[29] wendet einen Menschen dem anderen zu, sie eröffnet den Raum einer in Freiheit und Liebe gelingenden Kommunikation. A. McFadyen sagt: „In this gender interdependence, then, there is a fidelity to one's own being coupled with an openness to the other which is respectful of the other's difference and mystery".[30]

In der dialogischen Polarität von Mann und Frau wird der Mensch als soziosexuelles Wesen ansichtig. Seine Sexualität ist einerseits seiner Natur eingeschrieben, so dass kein Mensch sie einfach zu leugnen in der Lage wäre. „Das Tier wird von der Sexualität gleichsam periodisch befallen, der Mensch dagegen ist das erotische Wesen, dessen Sein vom Bewusstsein der Geschlechtsdifferenz permanent geprägt ist".[31] Damit dürfte auch zusammenhängen, dass nach Einschätzung der Familiensoziologie eine „freiwillige und dauerhafte Partnerlosigkeit [...] immer noch zum Selbstverständnis der allerwenigsten Partnerlosen im mittleren Lebensalter" gehört.[32] Die Sexualität des Menschen ist andererseits aber auch nichts, was ihn in der Weise befällt, dass er ihr ohnmächtig ausgeliefert ist. Vielmehr ist der Mensch das – um in Fellmanns Worten zu bleiben – „erotische Wesen", das sich zu seiner Sexualität nicht nur verhalten kann, sondern verhalten muss und dessen Sich-Verhalten mit einem Verhalten korreliert, für das der Mensch Verantwortung zu übernehmen hat.

Schöpfungstheologisch betrachtet ist die dialogische Polarität von Mann und Frau somit die *Grundgestalt* aller weiteren sozialen Anerkennungsverhältnisse zwischen Menschen, bei denen Kommunikation möglich wird durch die dialogische Differenz in einem weiteren, die Unterschiedenheit der Geschlechter übergreifenden Sinn. Alle Differenzen, die sich im Blick auf Menschen angeben lassen (wie soziale, ethnische, kulturelle und religiöse Unterschiede) setzen als Bedingung der Möglichkeit des Daseins vielfältigen Lebens die Geschlechterpolarität voraus. Ohne die Anerkennung dieser Polarität wird jede weitere Differenz gegenstandslos.

---

[29] Vgl. ebd. [wie Anm. 28], 34. McFadyen spricht dort sowohl von „identity-in-difference" als auch von „proximity-in-distinction".
[30] Ebd. [wie Anm. 28].
[31] Ferdinand Fellmann, Das Paar. Eine erotische Rechtfertigung des Menschen. Um ein Nachwort erweiterte Neuausgabe, Freiburg 2013, 26.
[32] Rüdiger Peuckert, Das Leben der Geschlechter. Mythen und Fakten zu Ehe, Partnerschaft und Familie, Frankfurt 2015, 27.

Die Grundgestalt der Beziehung von Mann und Frau findet in den kulturell überlieferten, in vielen Facetten dem Wandel unterliegenden Institutionen von Ehe und Familie ihren Ausdruck. Die Überdehnung der Kategorie der „Schöpfungsordnungen" im Neuluthertum der 1930er Jahre hat in den Diskussionen der Nachkriegsjahre zunächst zu einer diese *Begrifflichkeit* vermeidenden Neubesinnung auf die, wie sie z.B. Bonhoeffer in seiner Ethik nannte, „Mandate" geführt, bevor seit den 1960er Jahren die problematische Verwendung der Kategorie der Schöpfungsordnungen dazu gebraucht wurde, um die mit ihr bezeichnete *Sache* überhaupt in Frage zu stellen. In kritischer Aufnahme dieser Diskussionen hat Ernst Wolf vorgeschlagen, von *Institutionen* zu sprechen.[33] Institutionen beziehen sich auf die lebensnotwendigen Grundverhältnisse des menschlichen Daseins (wie Generativität und Partnerschaft). Sie sind Orte der Kommunikation und Interaktion und sie haben eine Entlastungsfunktion, denn sie nehmen die Menschen „aus dem freien Spiel der Kräfte heraus und stellen sie auf diese Weise in die Freiheit, sich zu sich selbst und anderen ausdrücklich zu verhalten".[34] Sie sind in ihrem Grundriss unverfügbar, unterliegen aber zugleich einem Wandel, weil sie erst in der Annahme durch den Menschen verwirklicht werden, und zwar in der menschlichen Interaktionen eigenen Ambivalenz. Die Wirklichkeit der Institutionen ist nach Wolf also „nicht nur ein Zustand, sondern ein Vorgang".[35] Zusammenfassend formuliert Wolf dann: „Institutionen sind soziale Daseinsformen der geschaffenen Welt als Einladung Gottes zu ordnender und gestaltender Tat in der Freiheit des Glaubensgehorsams gegen sein Gebot".[36]

Besonders markant an dieser Definition ist die Rede von der „Einladung Gottes" zu einem an seinem Gebot geordneten Leben. Im Blick auf Ehe und Familie ist daran wichtig: Der Mensch kann diese Einladung Gottes annehmen und dann ausgestalten, wobei innerhalb des einen Grundrisses Variabilität sichtbar werden wird. Der Mensch kann Gottes Einladung auch zurückweisen, nur eins kann und darf er nicht: die an ihn ergangene Einladung Gottes nach eigenem Belieben *verändern*. Genau diese Voraussetzung von Institutionen wird aber missachtet, wenn zum Beispiel die Ehe von der Matrix der heterosexuellen Zweigeschlechtlichkeit

---

[33] Vgl. Ernst Wolf, Sozialethik, Göttingen ³1988, 169 ff.
[34] Alexander Deeg/Stefan Heuser/Arne Manzeschke, Identität? Existentielle Vollzüge und institutionelle Orte des Selbstwerdens und des Selbstseins, in: dies. (Hg.), Identität. Biblische und theologische Erkundungen, Göttingen 2007, 306.
[35] E. Wolf, Sozialethik [wie Anm. 33], 173.
[36] Ebd. [wie Anm. 33].

abgelöst wird oder wenn Familie in einer Weise definiert wird, die von der durchaus in weitere Verwandtschaftsverhältnisse ausgreifenden, im Zentrum aber triangularen Kernfamilie absieht.

## 2. Identitätswiderspruch: Sünde als Missverhältnis im Verhältnis zu sich selbst und zu anderen

Die Spuren der schöpferischen Bestimmung Gottes für den Menschen sind im Prinzip für jeden Menschen einsehbar. Das eigene Leben wird empfangen, nachdem ein Mann und eine Frau einander „brauchten", um ihresgleichen, also eine menschliche Person, hervorzubringen. Menschliches Leben entwickelt sich aus einer Beziehung äußersten Angewiesenseins (während der Schwangerschaft auf die Mutter, nach der Geburt auf die Eltern) und weist den Menschen in zwischenmenschliche Anerkennungsverhältnisse ein.

Aber es steht nicht gut um diese zwischenmenschlichen Anerkennungsverhältnisse. Nicht alle Kinder wachsen in einer von Liebe und Wertschätzung getragenen Familie auf, viel zu viele ungeborene Kinder dürfen das Licht der Welt gar nicht erst erblicken. Beziehungen entstehen und scheitern, Sexualität wird als sexuelle Gewalt zum Mittel der Machtausübung und Unterdrückung. Auch die Geschlechtsidentität nimmt nicht bei jedem Menschen die schöpfungsanthropologisch skizzierte Entwicklung, weil entweder die natürliche Geschlechtsanlage nicht eindeutig ist (Intersexualität) oder Personen den Eindruck haben, den falschen Geschlechtskörper zu bewohnen (Transsexualität). Das Projekt der Selbstdefinition des Menschen scheitert daran, dass wir „jenseits von Eden" leben, dass Gottes schöpferische Absicht uns abseits der Offenbarung nur in ihrer durch die Signatur der Sünde gebrochenen „natürlichen" Daseinsweise zugänglich ist.

### 2.1. Das natürliche im Unterschied zum geschöpflichen Leben

Nach christlicher Überzeugung ist die uns empirisch zugängliche Welt nicht einfach identisch mit der guten Schöpfung Gottes, weil sie unter der Signatur der Sünde steht, die Paulus als eine verhängnisvolle Macht versteht.[37] Durch die Sünde werden die personalen Anerkennungsverhältnisse pervertiert, was auch die Schöpfung insgesamt der Knechtschaft der Sünde unterwirft (vgl. Röm 8,18 ff.).

---

[37] Vgl. Udo Schnelle, Paulus. Leben und Denken, Berlin ²2014, 572–574.

Wenn man auch Gottes Schöpfungswerk und die uns zugängliche natürliche Erfahrungswelt nicht voneinander entkoppeln darf, so sind beide gleichwohl zu unterscheiden.[38] D. Bonhoeffer hat vorgeschlagen, vom „Natürlichen im Unterschied zum Geschöpflichen" zu sprechen, „um die Tatsache des Sündenfalls einzuschließen" und „vom Natürlichen im Unterschied zum Sündhaften, um das Geschöpfliche mit einzuschließen".[39] Die Unterscheidung zwischen dem Geschöpflichen und dem Natürlichen ist also eine soteriologische Markierung, in der die natürliche Welt gleichnisfähig bleibt für Gottes Absicht und Verheißung für die Schöpfung, sie aber mit der ihr verheißenen Gestalt nicht schon identisch ist. Natur ist, so formuliert es Christian Link, „einer Momentaufnahme der Schöpfung vergleichbar. Sie ist das gefrorene, erstarrte, auf die Gegenwart fixierte Bild, das man erhält, wenn man die Schöpfung von der Aura der ihr [in Christus] verheißenen Zukunft abschneidet".[40]

Was wir daher im nichttheologischen Sprachgebrauch als „natürlich" bezeichnen, nämlich „das Dasein der Dinge, sofern es nach allgemeinen Gesetzen bestimmt ist",[41] erweist sich in hohem Grade als ambivalent. Es weist sowohl Spuren der verwirklichten Schöpferabsicht als auch die Signatur der Sünde auf. Erkenntnistheoretisch und theologisch ist es daher verfehlt, vorfindliche Abweichungen von der heterosexuellen Zweigeschlechtlichkeit als „*Schöpfungsvariante*" legitimieren zu wollen. Während nicht bestritten zu werden braucht, dass solche Abweichungen vorkommen und sich individualisierte Schuldzuweisungen verbieten (vgl. Lk 13,1–5), muss der Kategorienfehler in dieser Behauptung freigelegt werden. Als Erkenntnisnorm des schöpferischen Handelns Gottes gilt hier nämlich die „Momentaufnahme" der empirisch erforschbaren Natur, die wegen der Sünde abseits der Schriftoffenbarung aber keinen *unverstellten* Zugang zu Gottes Schöpferhandeln mehr bietet, sondern der Auslegung durch die Schrift bedarf.

Ist das Natürliche nach Bonhoeffer „das nach dem Fall auf das Kommen Christi hin Ausgerichtete",[42] dann sind natürliche Phänomene, auch im Bereich

---

[38] Paulus konnte „Schöpfung" und „Natur" noch synonym verwenden (vgl. Röm 1,18–31), da er sich noch nicht mit der heute vorherrschenden Auffassung auseinandersetzen musste, „Natur" meine das Dasein der Dinge, soweit es sich nach allgemeinen Gesetzmäßigkeiten und damit unter Absehung von Gott bestimmen lässt.
[39] Dietrich Bonhoeffer, Ethik (DBW 6), Gütersloh ²1998, 165.
[40] C. Link, Schöpfung [wie Anm. 16], 284.
[41] Immanuel Kant, Prolegomena zu einer jeden künftigen Metaphysik, § 14.
[42] D. Bonhoeffer, Ethik [wie Anm. 39], 165.

der Geschlechtlichkeit des Menschen daran zu beurteilen, worin in der Auslegung Jesu „im Anfang" (Mk 10,6-9) die schöpferische Absicht Gottes bestand. Dabei meint „Anfang" nicht einfach *initiium* in einem zeitlich-geschichtlichen Sinn, sondern *principium*, also die Grundverhältnisse menschlichen Daseins, wie sie von Gott her geordnet worden sind. In der heterosexuellen Zweigeschlechtlichkeit haben wir es dem Zeugnis Jesu nach mit einer Einrichtung Gottes „in principio" zu tun. Empirisch aufweisbare Abweichungen davon sollten allerdings *nicht* als Beleg einer irgendwie besonderen Sündhaftigkeit gelesen werden; davor warnen Jesus und Paulus, die mit großer Tiefenschärfe die Sündhaftigkeit *aller* Menschen betonen. Entwicklungsabweichungen gehören vielmehr zu der mitgegebenen, bei jedem Menschen von der Sünde signierten Ausstattung seiner Natur, zu der sich ein Mensch verantwortlich verhalten muss, die sich aber nicht als verlässlicher Kompass für Entscheidungen über Grundfragen der Lebensführung eignet.

Es ist daher weder schrift- noch wirklichkeitsgemäß, Abweichungen von der heterosexuellen Zweigeschlechtlichkeit theologisch normalisieren zu wollen.[43] Allerdings sollte das berechtigte Anliegen solcher wenn auch in der Sache nicht tragfähigen Versuche gewürdigt werden. Der lebensweltliche Entdeckungszusammenhang ist nämlich häufig die Erfahrung, dass solchen Menschen – auch in christlichen Gemeinden – die Anerkennung vorenthalten wird, die ihnen als Menschen unabhängig von irgendwelchen Leistungsmerkmalen zukommt. Wo dies geschehen ist oder noch geschieht, sind Umkehr und Reue geboten. Zugleich ist darauf zu dringen, den gelebten Respekt vor dem „Anrecht jedes Menschen auf Anerkennung des Menschseins, das seinerseits Achtung verdient",[44] nicht in eins zu setzen mit einer begrifflich wenig aufgeklärten „Akzeptanz" von Selbstdefinitionen und Lebensentwürfen, die im Lichte von Gottes in Jesus Christus offenbartem Handeln nicht in Ordnung sind. Der ethische Grundimperativ wechselseitiger Anerkennungsverhältnisse besteht doch gerade darin, die Würde des anderen zu achten, *obwohl* an ihm nicht alles „in Ordnung" ist. Wer normalisiert und vergleichgültigt, was nicht in Ordnung ist, macht die Achtung, die Menschen einander gewähren sollen, billig und belanglos.

---

[43] Vgl. dazu Isolde Karle, „Da ist nicht mehr Mann noch Frau". Theologie jenseits der Geschlechterdifferenz, Gütersloh 2006.
[44] So Wilfried Härles Definition von Menschenwürde, Ethik, Berlin 2011, 242 (dort kursiv).

Empirische Befunde zu Geschlechterdifferenzen werden im Horizont dieser Einsichten immer ambivalent ausfallen. Für die Frage der theologischen Einordnung und Bewertung solcher Befunde ist nicht erheblich, ob Abweichungen angeboren sind oder nicht. Was zum Beispiel erwiesenermaßen nicht (primär) Ausdruck gesellschaftlicher Konstruktionen ist, muss damit nicht schon per se im ethischen Sinne als gut deklariert werden. So zeigen kulturvergleichende Studien, dass in allen untersuchten Kulturen Männer eine deutliche Präferenz für promiskuitive Sexualkontakte haben, während Frauen eine Präferenz für treue Sexualbeziehungen aufweisen.[45] In der empirisch arbeitenden Psychologie wird anerkannt, dass es sich hierbei um einen Geschlechterunterschied handelt, der sich mit gesellschaftlichen Prägungen allein nicht erklären lässt. Nach christlicher Überzeugung sind promiskuitive Neigungen aber selbst dann nicht als gut – oder als „Schöpfungsvariante" – zu beurteilen, wenn sie bei Männern angeboren sind.

## 2.2. Der Mensch im Selbst-Widerspruch

Die *Selbst-Definition* personaler Identität versagt daran, dass der Mensch sich als Sünder in einen Selbst-*Widerspruch* verfangen hat, der es ihm unmöglich macht, sein Selbstverhältnis und damit seine personale Identität durchsichtig und in Gottes Handeln gegründet zu gestalten. Sören Kierkegaard hat meisterhaft gesehen, was es bedeutet, vor Gott an sich selbst zu verzweifeln, was er als Grundgestalt der Sünde auffasst. Nach Kierkegaard konstituiert sich der Mensch nicht wie der Idealismus lehrte durch seinen Selbstbezug, sondern er wird durch das Gottesverhältnis konstituiert, das Bedingung des rechten Selbstverhältnisses des Menschen ist. Wenn Kierkegaard die Verzweiflung als Grundgestalt der Sünde bezeichnet, dann meint er damit nicht einen emotionalen Zustand in psychologischer Beschreibung, sondern das Missverhältnis im Selbstverhältnis des Menschen, das zwei Formen annehmen kann. Sünde ist danach: vor Gott bzw. mit der Vorstellung von Gott „*verzweifelt nicht man selbst sein wollen; [oder] verzweifelt man selbst sein wollen*".[46] Die Sünde kann also entweder die Form der Schwachheit oder die des Trotzes annehmen. Das bedeutet, sehr verkürzt gesagt, dass der

---

[45] Vgl. Jens B. Asendorpf/Franz J. Neyer, Psychologie der Persönlichkeit [wie Anm. 4], 355.
[46] Sören Kierkegaard, Die Krankheit zum Tode (GW 24. und 25. Abteilung), Düsseldorf 1954, 8. Kierkegaard nennt als dritte Form der Verzweiflung, sich nicht bewusst zu sein, ein selbst zu haben.

Mensch sein von Gott im rechten Wohlverhältnis – von Endlichkeit und Unendlichkeit, von Notwendigkeit und Möglichkeit etc. – gesetztes Selbstverhältnis nicht in der Weise vollzieht, wie es der Setzung Gottes, also den Grundbedingungen des von Gott geordneten Selbstverhältnisses, entspricht.[47]

Einfacher ausgedrückt liegt die menschliche Sünde darin, verzweifelt nicht die einem Menschen von Gott bestimmte Identität realisieren oder verzweifelt eine andere als die von Gott bestimmte Identität realisieren zu wollen. Überwunden wird die Verzweiflung, wenn der Mensch das Selbst sein will, als das ihn Gott gesetzt hat und er darin sowohl bejaht, *dass* er von Gott gesetzt ist als auch *wie* er von Gott gesetzt ist. Beides ist für Kierkegaard nur im Glauben an Jesus Christus möglich. Was aber trägt diese subjektivitätsphilosophische Analyse für die Frage nach der Geschlechtsidentität aus? Ich verstehe Kierkegaard dahingehend, dass in dieser Analyse die empirisch vorfindliche Geschlechtsidentität nicht schon identisch ist mit dem von Gott gesetzten Ich, denn damit wäre das im Selbst angelegte Verhältnis von Endlichkeit und Unendlichkeit zugunsten der Endlichkeit aufgelöst. Das „faktische" Selbst ist nämlich das endliche Selbst „mit seinen konkreten Beschaffenheiten und Umständen",[48] auf das gerne verwiesen wird, wenn jemand zum Beispiel sagt: „Ich bin schwul und das ist auch gut so" (B. Wowereit). Das von Gott gesetzte Selbst wird aber vollzogen, wo ein Mensch ein Verhältnis gewinnt zu dem das Selbst bestimmenden Verhältnis von Endlichkeit *und* Unendlichkeit. Umgekehrt darf auch die Endlichkeit nicht negiert werden, denn der Mensch ist unhintergehbar sozio-sexuell verfasst und muss sich zu seinen Empfindungen und seiner Beschaffenheit verhalten.

Was bedeutet es in dieser Hinsicht konkret, sein Selbst im Glauben annehmen zu können, also ein Ja zu finden zu der von Gott bestimmten Identität? Nach Kierkegaard vollzieht sich die gläubige Selbstannahme in einer Doppelbewegung:[49] Der Mensch muss, erstens, seine Schwachheit *annehmen*, sie für sich übernehmen als etwas, das zu ihm gehört (das mag eine Uneindeutigkeit der Geschlechtszugehörigkeit, eine fehlgeleitete Richtung oder problematische Intensität des sexuellen Begehrens sein etc.). C. Tietz bezeichnet dies als „Bewegung hin zu sich".[50] Sie bildet eine Doppelbewegung mit der „Bewegung von sich

---

[47] Für die folgenden Überlegungen vgl. Christiane Tietz, Freiheit zu sich selbst. Entfaltung eines christlichen Begriffs von Selbstannahme, Göttingen 2005, 27–123.
[48] Ebd. [wie Anm. 47], 64.
[49] Vgl. ebd. [wie Anm. 47], 90.
[50] Ebd. [wie Anm. 47].

weg",⁵¹ bei der sich der Gläubige durch Christus von seinem „faktischen" Sosein *unterscheiden* lässt, dieses faktische Sosein also die Macht verliert, den Menschen in seinem Selbstverhältnis, also in seiner im Glauben empfangenen (neuen) Identität, nicht länger zu bestimmen. Nur durch diese Unterscheidung kann der Mensch sich mitsamt seinen Schwachheiten auch tatsächlich bejahen. Was Kierkegaard in seiner Schrift *Die Krankheit zum Tode* nicht näher entfaltet, ist im nächsten Schritt näher zu bedenken: Was bedeutet es, im Glauben an Jesus Christus seine Identität neu zu empfangen und sich in ihr als neues Geschöpf in Christus beheimaten zu können?

## 3. Identitätszuspruch: Geschlechtsidentität als „neue Schöpfung" in Jesus Christus

### *3.1. Jesus Christus – der wirkliche Mensch*

Die christliche Lehrüberlieferung bekennt Jesus Christus als wahren Gott und wahren Menschen, so dass K. Barth Jesus Christus als den „wirklichen Menschen" bezeichnen kann.⁵² Jesus von Nazareth war dieser wirkliche Mensch als wirklicher *Mann*, und doch ist zu seiner Geschlechtsidentität mehr zu sagen als allein dies. Bei genauerer Betrachtung lassen sich an der Geschlechtsidentität des Gottessohnes drei Sachmomente erkennen: ein Einzigartiges, ein Paradigmatisches und ein Programmatisches:

(a) *Einzigartig* war seine Geschlechtsidentität darin, dass Jesus um eine *irdische* Mutter und einen *himmlischen* Vater wusste. Er bezeugt damit für seine Person auf eine einzigartige Weise, dass jedem Menschen die Zugehörigkeit zu einer natürlichen Familie *und* zur im Glauben eröffneten Gottesgemeinschaft bestimmt ist. Diese Doppelbestimmung ist biographisch so bei keinem anderen Menschen zu konstatieren und hat in der biblischen Überlieferung ihren Niederschlag im Zeugnis von der jungfräulichen Empfängnis Mariens sowie der Adoption des Kindes durch Joseph, den Verlobten der Maria, gefunden.

---

⁵¹ Ebd. [wie Anm. 47].
⁵² Vgl. K. Barth, KD III/2, 158 ff.

(b) *Paradigmatisch* ist Jesu Geschlechtsidentität darin, dass die Sexualität ebenso selbstverständlich zu seiner Person gehört wie seine ethnische Zugehörigkeit, seine kulturelle und sprachliche Prägung, die zeitliche Situierung seines Wirkens, seine intellektuelle Ausstattung und das physische Leistungsvermögen. Da die Evangelien kein Interesse zeigen, diese Identitätsmomente im Detail auszuleuchten, ist es wenig ertragreich, Licht in das Dunkel mancher uns interessierenden Fragen zu bringen, z.B. die Frage, wie im Einzelnen der heranwachsende Jesus seine eigene Sexualität entdeckt und sich zu ihr verhalten hat.

(c) *Programmatisch* ist seine Geschlechtsidentität darin, dass seine Lebensgestalt als unverheirateter, kinderloser Mann die Konventionen seiner Zeit sprengte, Jesus aber dabei nicht – um im Bild zu bleiben – einen Krater der Verwüstung zurückließ. Vielmehr tat er zweierlei: Er bestätigte zum einen die Lebensgestalten Ehe und Familie, indem er durch die menschliche Herzenshärte hindurch Gottes schöpferische Absicht *in principio* zur Geltung brachte und wendete zum anderen die Metaphorik der Familie auf das eigene Verhältnis zu seinen Nachfolgern an. Mit dieser Einweisung in die Lebensgestalt Gemeinde erfuhr der Stand der unverheirateten Jesus-Nachfolger eine eschatologisch begründete Aufwertung, die geschichtlich beispiellos war, mit dem Ergebnis, dass Verheiratete und Ledige in ihrem jeweiligen Stand als Kinder des Gottesreiches und Glieder der Gemeinde ihrem Herrn nachfolgen können, ohne dass sich Letztere als Christen zweiter Klasse vorkommen müssen.

## 3.2. Jesus Christus – das Bild Gottes

Es ist dieser wirkliche Mensch Jesus von Nazareth, der im Neuen Testament als der Sohn Gottes oder auch als das Bild Gottes bekannt wird. Die Bezeichnung „Bild Gottes" bildet dabei das Scharnier zwischen der Lehre von der Schöpfung und der Lehre von der Erlösung. Nach christlichem Verständnis erhellt erst das Christuszeugnis des Neuen Testaments, was in Gen 1,26 mit dem Menschen als Bild Gottes in letzter Konsequenz gemeint ist. Folgt man im Verständnis der in Gen 1,26 verwendeten Präpositionen, wie Paulus es wohl mit der Überlieferung der Septuaginta tat, dann ist Jesus Christus, der präexistente Gottessohn, das Bild, *nach dem* der Mensch geschaffen wurde.[53] „*Er* ist das Bild des unsichtbaren Gottes, der Erstgeborene aller Schöpfung" (Kol 1,15).[54] Das Neue Testament bezeichnet damit den gekreuzigten und auferstandenen Jesus als das Bild Gottes (so auch 2 Kor 4,4), an dem Gottes alle Menschen umfassende Bestimmung aufleuchtet: Menschsein heißt „grundlegend und umfassend: mit *Gott zusammen sein*".[55] Die Schöpfung ist auf Christus als das Bild Gottes hin geschaffen, so dass die protologische Schöpfung ihren Zielpunkt in der Versöhnung durch Christus findet, der der „Erstgeborene aus den Toten" ist (Kol 1,18).

Für diesen Aussagezusammenhang erweist sich Kol 1,15-19 als Schlüsseltext.[56] Hier stellt der Apostel nämlich einen ausdrücklichen Zusammenhang zwischen der Christus-*Ikone* und der Christus-*Gemeinschaft* her, also zwischen dem wirklichen Menschen und der Teilhabe der Glaubenden an der Gemeinschaft mit ihm. Wenn Christus das Bild ist, *nach dem* der Mensch erschaffen (und dem er treulos) wurde, dann zielt Gen 1,26, vom Neuen Testament her gelesen, auf eine Ordnung des Zugehörens, die über die sexuelle Gemeinschaft der Ehe und die biologische Herkunft in der Familie hinausgeht, nämlich auf die Zugehörigkeit von Männern und Frauen zu Gott oder, um es mit Paulus zu sagen: auf die Zugehörigkeit der Gemeinde als Leib Christi zu Christus, ihrem Haupt.[57] Bei aller Wertschätzung der Ehe macht Paulus durch den Gebrauch der Metaphern deutlich: Die Identität der Christen gründet nicht primär im biologischen Herkunftsverhältnis, sondern in der Zugehörigkeit zum Leib Christi und dem Ursprung im Vater, von dem her alle Elternschaft ihr Urbild hat (Eph 3,15). Daher scheut sich Paulus nicht, die Ehemetaphorik radikal auf das Verhältnis des Zugehörens zu Christus anzuwenden, wenn er sagt: „[I]ch habe euch verlobt mit einem einzigen

---

[53] Nach Gordon Wenham gibt allerdings bereits der hebräische Text dieses Verständnis her: „[M]an is made `in the divine image´ just as the tabernacle was made `in the pattern´. This suggests that man is a copy of something that had the divine image, not necessarily a copy of God himself", Genesis 1–15 (WBC 1), Waco 1987, 32.

[54] Ich gehe im Folgenden von einer paulinischen Verfasserschaft des Kol (und auch Eph) aus, ohne die sich mit dieser Entscheidung verbundenen Einleitungsfragen hier diskutieren zu können; vgl. Lukas Bormann, Der Brief des Paulus an die Kolosser (ThHK 10/1), Leipzig 2012 (pro Pseudepigraphie); Eduard Schweizer, Der Brief an die Kolosser (EKK XII), Neukirchen ²1980 (pro Paulus-Schüler, aber von Paulus autorisiert); Peter O'Brian, Colossians-Philimon (WBC 44), Waco 1982 (pro paulinische Verfasserschaft).

[55] K. Barth, KD III/2, 161.

[56] Für die folgenden Überlegungen vgl. Helmut Merklein, Christus als das Bild Gottes im Neuen Testament, in: JBTh 13 (1998), 53–75.

[57] K. Barth geht so weit zu sagen, dass Jesus Christus nur zusammen mit der Gemeinde des Ebenbild Gottes sei, er denkt die Metaphorik von Haupt und Leib also konsequent zu Ende, vgl. KD III/1, 230.

Mann, damit ich Christus eine reine Jungfrau zuführte" (2 Kor 11,2). Als Pointe dieser und anderer Aussagen zur Frage der Identität stiftenden Zugehörigkeitsbeziehungen lässt sich formulieren: Als „neue Schöpfung" in Christus (2 Kor 5,17) kann ein Mann ohne Frau sein und eine Frau ohne Mann, aber das Haupt kann nicht ohne Leib und der Leib nicht ohne Haupt sein.

Das bedeutet: In der Ordnung des Heils geht die in Glaube und Taufe begründete Zugehörigkeit zum Leib Christi der Zugehörigkeit zur Herkunftsfamilie und noch mehr der Zugehörigkeit zu einer eigenen Familie voraus. Zugang zu dem Selbstverhältnis, das Gott gesetzt hat, hat der Mensch also nicht schon dadurch, dass er in versöhnten familiären bzw. persönlichen Beziehungen lebt (so wertvoll und wenig selbstverständlich dies ist), sondern erst in der im Glauben an Christus begründeten Zugehörigkeit zum Leib Christi. Folglich ist die Vorstellung einer in sich selbst gründenden und sich selbst genügenden menschlichen Autonomie eine Illusion. Wenn nun der „natürliche" Mensch die ursprüngliche Ganzheit und Klarheit seiner Identität in der sexuellen Vereinigung zu finden sucht, dann richtet Jesus diese Suche neu aus: Ganz, heil wird der Mensch nicht, indem er die Lösung seiner Probleme und Spannungen in das sexuelle Erleben hineinprojiziert, sondern wenn er sich als Glied am Leib Christi mit Christus, dem Haupt des Leibes vereinigen lässt, wenn also Sünder im Glauben durch den Geist Gottes Glieder am Leib Christi werden.

*3.3. Schöpfung „im Anfang" und „neue Schöpfung" in Christus*

Wird der gekreuzigte und auferstandene Mensch Jesus Christus als das Bild Gottes bezeichnet, der als das Haupt nicht vom Leib, der Gemeinde getrennt werden kann, dann bestätigt sich damit, dass die im Akt der Schöpfung angelegte Fundamental*unterscheidung* zwischen Schöpfer und Geschöpf die notwendige Bedingung für die *Gemeinschaft* von Schöpfer und Geschöpf ist. Als bleibende Bestimmung zu dieser Gemeinschaft ist auch der Sünder noch Ebenbild Gottes, dessen volle Verwirklichung allein in der Verbundenheit mit Christus, dem wahren Bild Gottes, möglich ist. Wenn nun der Ehebund zwischen Mann und Frau auch außerhalb der Gemeinschaft mit Christus gültig geschlossen werden kann, dann deshalb, weil die Ehe einen Verweischarakter hat, der ihr auch dann eigen ist, wenn er von den Ehepartnern nicht anerkannt wird. Der menschliche Ehebund hat Anteil am Urbild des Bundes, nämlich Gottes Bund mit seinem Volk, dessen für alle Völker offenstehende Gestalt im Bundesverhältnis Christi zu seiner Gemeinde aufleuchtet. Weil die Ehe von Mann und Frau auf ein tieferes Geheimnis verweist, deshalb kann die Überlieferung des Neuen Testaments die Sprache des Ehebundes (und das Bild der Familie) in Anspruch nehmen, um die neue in Christus anbrechende, das irdische Verhältnis ehelicher Zugehörigkeit transzendierende Wirklichkeit der neuen Schöpfung zu beschreiben.

Damit stellt sich jedoch eine grundlegende Frage: Wenn nach der Verkündigung Jesu und dem Zeugnis des Apostels Paulus die *ekklesiale* Identität, nämlich als „neue Schöpfung" in Christus, *vor* die biologische Identität tritt, können damit die Institutionen von Ehe und Familie als überwunden oder beliebiger menschlicher Neudefinition freigestellt gelten? Letztlich ist mit dieser Frage das Grundproblem der Verhältnisbestimmung zwischen protologischer Schöpfung und eschatologischer Neuschöpfung angesprochen. Die Klärung dieser Verhältnisbestimmung kann wiederum nur christologisch erfolgen: Im bereits zitierten Christushymnus des Kolosserbriefes wird Christus gelobt mit den Worten: „es ist alles in ihm und zu ihm geschaffen. Und er ist vor allem, und es besteht alles in ihm" (Kol 1,16b-17). Die theologische Tradition hat die Aussage dieses Textes in die Rede von Christi Schöpfungsmittlerschaft überführt, also in die Rede von der Beteiligung des Sohnes am Werk der Schöpfung.[58] Man muss der zum Teil spekulativen Ausgestaltung dieses Topos nicht folgen, um erkennen zu können, dass erst vor dem Hintergrund dieses Bekenntnisses die Autorität plausibel wird, mit der Jesus in der Beurteilung der Lebensgestalt Ehe auf den „Beginn der Schöpfung" (Mk 10,6) verweisen kann. Der Rekurs auf Gottes schöpferische Intention für das Leben in der Gemeinschaft der Ehe scheint mit dem Anbrechen des Gottesreiches nicht obsolet geworden zu sein. Es ist richtig: Der Bezugspunkt der Neuschöpfung Gottes ist der auferstandene Christus (und seine Gemeinde), aber eine allein auf der Nadelspitze der Glaubensentscheidung stehende Ethik, die keinen Bezug mehr hat zu den Lebensgestalten bzw. Institutionen, in denen sich das Leben der Glaubenden in dieser Welt vollzieht, übersieht, dass Christus „[stands] at the center of the *created* world".[59] Die neue Schöpfung, die in der Auferstehung Christi ihren proleptischen Realisationspunkt hat, ist, so Oliver O'Donovan,

---

[58] Vgl. Wolfhart Pannenberg, Systematische Theologie, Bd. 2, Göttingen 1991, 39–45.
[59] Oliver O'Donovan, Self, World, and Time. Ethics as Theology, vol. 1, Grand Rapids 2013, 93 (im Original ist das ganze Zitat kursiv).

> not an innovative order that has nothing to do with the primal ordering of man as creature to his Creator. It fulfils and vindicates the primal order in a way that was always implied, but which could not be realized in the fallen state of man and the universe.[60]

Die neue Schöpfung ist kein Neueinsatz beim Nullpunkt, *ex nihilo*, sondern Realisierung der Absicht des Schöpfers *in* der Überwindung der Sünde. Daher liegt in der Übernahme der Identität als Kind Gottes auch keine Zurückweisung der *natürlichen* Identitätsmomente des Christen, sondern deren Ausrichtung darauf, wie der Schöpfer es sich mit ihnen „von Beginn an" gedacht hat. Zugespitzt gesagt: Die natürliche (biologische, ethnische) Identität markiert ein Zugehörigkeitsverhältnis, das von der *Herkunft*, die ekklesiale Identität („in Christus") markiert ein Zugehörigkeitsverhältnis, das vom *Ursprung* in Gott her bestimmt ist und das erst in der Auferstehung der Toten vollständig sichtbar werden wird.[61]

Besonders eindrücklich wird die Verschränkung von protologischer und neuer Schöpfung in der Kreuzigungsszene, wie Johannes sie überliefert (Joh 19,25–27). In der Stunde seines Todes stehen die Mutter Jesu und der Lieblingsjünger unter dem Kreuz. Im Zeichen des Kreuzes, das Gottes Versöhnung in Kraft setzt, trifft Jesus Vorsorge für die materielle Existenz seiner leiblichen Mutter. Er befiehlt sie noch im Sterben der Fürsorge des Lieblingsjüngers an, der sich um sie wie um seine eigene Mutter kümmern soll. Dem Erlöser, der alle, die Gottes Willen tun, seine Schwestern und Brüder nannte, ist das Ergehen seiner leiblichen Mutter nicht gleichgültig. Und obwohl dieser Abschnitt des Johannes-Evangeliums weitreichende allegorische Ausdeutungen erfahren hat, beharrt der Text in seinem Wortlaut darauf, dass der Jünger die Anweisung schlicht lebensweltlich als Beauftragung verstand: „Und von der Stunde an nahm sie der Jünger zu sich" (Joh 19,27).

Diese Verhältnisbestimmung lässt sich noch weiter plausibilisieren. So gilt in der Ordnung des Seins, dass wir leiblich geboren werden, *bevor* wir aus Wasser und Geist von neuem geboren werden (vgl. Joh 3,3–5). Der sachlichen, weil soteriologischen Vorordnung der ekklesialen vor der natürlichen Identität entspricht die biographische Vorordnung der natürlichen vor der ekklesialen Identität. Durch Glaube und Taufe ist der Mensch befreit davon, von den Ordnungen natürlichen Zugehörens (Familie, Freunde etc.) eine seine Identität unerschütterlich

---

[60] Oliver O'Donovan, Resurrection and Moral Order. An Outline for Evangelical Ethics, Leicester ²1994, 54.
[61] Vgl. auch John Zizioulas, Being as Communion [wie Anm. 12], 50 ff.

begründende Anerkennung erwarten zu müssen, während Christus ihn dazu befreit, diese natürlichen Beziehungen so zu gestalten, dass in ihnen die Zugehörigkeit zu Gott gleichnishaft aufleuchtet.

Auch die Matrix der Zweigeschlechtlichkeit bleibt in Kraft, insofern sie qua Geborenwerden aus einer Frau für jeden Menschen die natürliche Voraussetzung der Zugehörigkeit zur neuen Schöpfung schafft. Um durch den Heiligen Geist Kind Gottes zu werden, muss ich biographisch zunächst Kind von biologischen Eltern sein. Wer neugeboren wird, steht bereits qua Geburt in einer natürlichen Generationenfolge. Er verdankt seinen Anfang anderen, insofern er dabei rein passiv war und sein Leben empfangen hat.[62] Auch Gal 3,28 enthält „keine eschatologische Bestreitung geschlechtlicher Zwiegestalt […].[63] In Christus wird nicht der geschlechtliche Leib gegenstandslos, sondern manch eine wichtige, kulturell geprägte Norm, die geschlechtlichen Körpern zugewiesen wird (etwa die Verpflichtung, zu heiraten und Nachkommen zu zeugen)".[64] Der entscheidende Punkt liegt vielmehr darin, dass die Neuschöpfung der *natürlichen* Identität das Recht und die Macht nimmt, das letzte Urteil darüber zu fällen, wer ich bin. Dieses Urteil nämlich ist nur im Vertrauen auf Gottes Zusage zu gewinnen. Sehr schön kommt dies in Bonhoeffers während seiner Haft in Berlin-Tegel verfassten Gedicht mit dem Titel „Wer bin ich?" zum Ausdruck. Der Durchgang durch wechselnde und widersprüchliche Fremd- und Selbstzuschreibungen führt Bonhoeffer zu der erneuten Frage: „Wer bin ich? Der oder jener?", die schließlich in der in der letzten Zeile gegebenen Antwort mündet: „Wer ich auch bin, Du kennst mich, Dein bin ich, o Gott!".[65] Der Beitrag Bonhoeffers zum Identitätsdiskurs besteht darin, „die Frage, wer ein Mensch ist, neu zu adressieren".[66] Die Frage

---

[62] Vgl. Karin Ulrich-Eschemann, Vom Geborenwerden des Menschen. Theologische und philosophische Erkundungen, Münster 2000.

[63] Zwar ist diese den Sinn des Textes maßlos überdehnende Interpretation sehr beliebt, vgl. u.a. I. Karle, „Da ist nicht Mann noch Frau" [wie Anm. 43], 228 ff., doch sind sich die Exegeten weithin einig, dass „it is not their distinctiveness, but their inequality of religious role, that is abolished `in Christ`", F.F. Bruce, The Epistle to the Galatians. A Commentary on the Greek Text (NIGTC), Grand Rapids 1982, 189. Im Kontext der paulinischen Briefe lässt sich festhalten: „Die Prägung durch Herkunft, Geschlecht oder gesellschaftlichen Status soll nicht verleugnet werden (vgl. 1 Kor 7,17–24; 11,2–16), aber sie ist nicht mehr ausschlaggebend für Identität und Wert eines Menschen", Walter Klaiber, Der Galaterbrief (Die Botschaft des Neuen Testaments), Neukirchen-Vluyn 2013, 119.

[64] Miroslav Volf, Von der Ausgrenzung zur Umarmung, Marburg 2012, 241 f.

[65] Dietrich Bonhoeffer, Widerstand und Ergebung. Briefe und Aufzeichnungen aus der Haft, hg. v. Christian Gremmels, München 1998, 513 f.

[66] A. Deeg/S. Heuser/A. Manzeschke, Identität? Existentielle Vollzüge und institutionelle Orte [wie Anm. 34], 321.

„Who am I?" wird zum „Whose am I?", zur Frage nach der Zugehörigkeit, die ihre ultimative Antwort in der Beziehung zu Gott findet, der den Menschen schuf „als Mann und Frau".

Und dennoch gilt: Auch in der Verheißung der neuen Schöpfung liegt keine Garantie dafür, dass in der Zeit des irdischen Lebens alle Zerklüftungen der natürlichen einschließlich der sexuellen Identität eines Christen schon jetzt geheilt werden. Daher war es so wichtig, im Anschluss an Kierkegaard auf die im Vorgang der gläubigen Selbstannahme liegende Doppelbewegung zu verweisen, die auch das Annehmen dessen einschließt, was dem Einzelnen aufgetragen ist. Vereinfacht gesagt: Gott nimmt Christen nicht immer die Last, aber er stärkt ihnen die Schultern. Und dies geschieht, theologisch gesprochen, durch die Gemeinde als Leib Christi, in der alle Glieder dazu aufgerufen sind, das Gesetz Christi zu erfüllen, indem einer des anderen Last trägt (Gal 6,2).

### 3.4. Die Identität als „neue Schöpfung" in Christus und das Leben der Geschlechter

Wenn die in der Schöpfung grundgelegten Institutionen des personalen Miteinander der Geschlechter im Horizont der Auferstehung Christi transzendiert, aber nicht überwunden werden, was bedeutet dies für das miteinander Leben von Männern und Frauen? Zunächst ist noch einmal an das schlechthin revolutionäre Motiv zu erinnern, das in der Sendung des menschgewordenen Gottessohnes auf für damalige Verhältnisse anstößige Weise zur Geltung kam: die Ehelosigkeit Jesu. Die jüdische Auslegung von Genesis 1 vorausgesetzt (und angesichts eines römischen Rechts, das faktisch zur Ehe verpflichtete), ist das überraschendste Identitätsmoment, dass Jesus keine Ehe einging und keine Kinder zeugte:

> Es bleibt zunächst bei der Feststellung, dass Jesus selbst der erste war, der die Lebensform der Ehelosigkeit wegen des Reiches Gottes lebte und sie als gültige christliche Lebensform rechtfertigte. Christliche Ehelosigkeit ist also von Beispiel und Wort Jesu her gerechtfertigt. Dabei geht es nicht um die Frage, ob es sich um eine bessere Lebensform handelt, sondern zunächst einmal darum, ob es überhaupt erlaubt ist, sich freiwillig einen derart massiven Eingriff in die anthropologische Grundstruktur zuzumuten.[67]

---

[67] Margareta Gruber, „Eunuchen wegen des Himmelreichs". Mt 19,12 als jesuanische Legitimation der christlichen Ehelosigkeit, in: GuL 76 (2003), 263–271, hier 270.

Diese letzte Frage wird von Jesus praktisch bejaht, allerdings wird auch diese von ihm gewählte – und von Paulus in 1Kor 7,7 ausdrücklich empfohlene – Lebensform theologisch rückgebunden, insofern sie ihre Legitimität von der Ausrichtung auf das Reich Gottes her erhält. Damit werden im Kommen Jesu und der Sammlung seiner Gemeinde zwei Lebensformen in versöhnter Verschiedenheit legitimiert: Die *Ehe* ist Gleichnis des Geheimnisses der Liebe Christi zu seiner Gemeinde und steht damit für die *Exklusivität* von Liebesbeziehungen, wie sie sich im Erwählungshandeln Gottes ausdrückt sowie für die Treue und Nichtaustauschbarkeit der Bundespartner. Das *Singlesein* bildet die Fähigkeit ab, den Horizont von durch biologische oder eheliche Verwandtschaftsverhältnisse getragenen Liebesbeziehungen zu transzendieren und Freundschaften zu leben, die von Vertrauen getragen sind, aber *nicht* in konkurrierenden Exklusivitätsverhältnissen zueinanderstehen.[68]

In der flüchtigen Wahrnehmung erscheinen beide Lebensgestalten als völlig gegensätzlich. Dieser Eindruck jedoch täuscht. Einige wenige Hinweise dazu müssen genügen. Zunächst verbindet beide Lebensgestalten eine grundsätzliche Offenheit für nichtsexuelle, gleichwohl recht verstanden intime, tiefe und tragfähige *Freundschaften*.[69] Wer die Ehe als Ersatz für solche Freundschaften versteht, hat die Exklusivität der sexuellen Beziehung mit der kommunikativen Offenheit verwechselt, die Verheiratete und Ledige sich bewahren sollten. Ehe und Ehelosigkeit sind zweitens dadurch eng aufeinander bezogen, dass der Ehe der Status der Ehelosigkeit vorausgeht, dass die Ehelosigkeit vorübergehender Natur sein und in eine Ehe münden kann, dies aber nicht der Fall sein muss. Auch die Zuweisung der sexuellen *Enthaltsamkeit* zum Stand der Ehelosen bzw. Singles ist

---

[68] Jana Marguerite Bennett beschreibt den christologischen Zusammenhang von Ehe und Ledigsein so: „Both marriage and virginity point toward humanity's eschatological future, but they do so because of their relationship with the body of Christ as a whole. Marriage, like celibacy, can be a life directed toward holiness and a life directed toward a perfect end in God. Jesus the Virgin, who is also the Bridegroom, combines all our states into one, into his body", Water Is Thicker Than Blood. An Augustinian Theology of Marriage and Singleness, Oxford 2008, 131.

[69] Der Topos Freundschaft hat in der Theologiegeschichte weithin ein Schattendasein geführt, nicht zuletzt aufgrund der Fixierung auf sexuelle Handlungen, die allein für die Ehe gutgeheißen wurden und außerhalb der Ehe nicht erlaubt waren. In neuerer Zeit hat er stärkere Beachtung erfahren; vgl. Thomas Söding, Freundschaft mit Jesus. Ein neutestamentliches Motiv, in: Communio 36 (2007), 220–231; vgl. v.a. Liz Carmichael, Friendship. Interpreting Christian Love, London 2004.

eine Verkennung der lebensweltlichen Realitäten.[70] Das Einüben sexueller Enthaltsamkeit ist auch Voraussetzung für eine Ehe, in der die Partner einander nicht zum Objekt ihrer nicht beherrschten Begierde degradieren. Denn aus praktischen, medizinischen oder anderen Gründen wird es immer wieder auch Zeiten geben, in denen es nicht zum ehelichen Verkehr kommen kann, ohne dass dies den monogamen Charakter der Ehe in Frage stellen dürfte. Schließlich zeigt sich die Verbundenheit beider Lebensgestalten darin, dass die „neue Schöpfung" in Christus nicht von der biologischen Familie her konstruiert ist, sondern von der *Gastfreundschaft Gottes* aus. Das christliche „Haus" soll und darf in gastfreundlicher Offenheit Zeugnis der Liebe Gottes sein, und dafür ist es unerheblich, ob der Gastgeber eine eigene Familie gegründet hat, in (quasi-)kommunitärer Hausgemeinschaft oder tatsächlich allein lebt.

## 4. Seine Identität leben: Geschlechterrollen und ethische Verantwortung

### *4.1. Geschlecht zwischen Konstitution und Konstruktion*

Mit dem begründeten Verweis auf die Zweigeschlechtlichkeit des Menschen ist Grundlegendes, aber noch nicht alles gesagt, denn die Geschlechtsidentität bewegt sich zwischen den Polen Konstitution und Konstruktion, theologisch ausgedrückt: zwischen Gabe und Gestaltung. Auf der Ebene der *Konstitution* kennen wir – empirisch – Mann und Frau sowie Formen der Intersexualität mit Uneindeutigkeiten der Geschlechtsentwicklung auf der chromosomalen, hormonellen oder anatomischen Ebene des biologischen Geschlechts (engl. „sex").[71] Die biologische Konstitution des Menschen schließt seine Identitätsbildung nicht *aus*, sondern schließt sie *auf*, in dem Sinne, dass sie als natürliche Vorgabe den Horizont der eigenen Lebensgestaltung eröffnet.

---

[70] Zum Verständnis der Keuschheit in der Alten Kirche vgl. Peter Brown, Die Keuschheit der Engel, München 1991; zur Bedeutung der Keuschheit vgl. Peter Riley, Civilizing Sex. On Chastity and the Common Good, Edinburgh 2000; Jenny Taylor. A Wild Constraint. The Case for Chastity, London 2008.

[71] Darin unterscheidet sich Intersexualität grundlegend von der Transsexualität, bei der ein in biologischer Hinsicht eindeutig einem Geschlecht zugehörender Mensch unter dem Eindruck leidet, im falschen Geschlechtskörper zu sein.

Auf der Ebene der *Konstruktion* wird die Geschlechtskonstitution im Sinne einer Vorgabe als Gestaltungsaufgabe ergriffen. Es geht darum, als ein Mann *dieser* Mann, als eine Frau *diese* Frau zu werden. Kurz: Jede Person, die im Anrecht auf Achtung allen Menschen gleich ist, soll sich in altersgemäßen Entwicklungsschritten als einzigartige Persönlichkeit verstehen und verantworten lernen. Es ist wichtig anzuerkennen, dass Menschen im Wechselspiel kulturell geprägter Fremd- und Selbstzuschreibungen ihre Geschlechtsidentität und – üblicherweise – auch eine bestimmte „Geschlechtsideologie", also ein Verständnis von Geschlechterrollen, ausbilden. Der Ausdruck „Gender" vermag die Ebene dieser Gestaltungsebene zu benennen, obwohl sich möglicherweise die Verwendung anderer, diskursiv weniger imprägnierter Begriffe empfiehlt (z.B. „soziales Geschlecht"). Sachlich geht es darum anzuerkennen, dass in der Geschlechtskonstitution beim Menschen (im Unterschied zum Tier) eine Gestaltungsaufgabe liegt, die ihren Ausdruck in einem Prozess der Identitätsbildung und einer diesem Weg entsprechenden Lebensführung findet.

In der Perspektive christlicher Anthropologie stehen Konstitutions- und Konstruktionsebene in einem Verhältnis zueinander, das die Unterschiedenheit ebenso wie die wechselseitige Bezogenheit der Ebenen miteinander verbindet. Wenn die Ausbildung der Geschlechtsidentität „nur in leibhaftiger Inkarnation wirklich ist, dann ist anzunehmen, daß relevante Differenzen in der leiblich-biologischen Konstitution zumindest tendenziell personal bedeutsam",[72] das heißt lebenspraktisch wirksam werden. Geschlechtskonstitution und -konstruktion können also nicht, wie dies in radikal (de)konstruktivistischen Gendertheorien geschieht, voneinander getrennt werden. Wo dies geschieht, geht dieser Ansatz üblicherweise zu Lasten der Leibdimension des Menschen, wird also die Ausbildung der Geschlechtsidentität auf einer „entleibten" Bewusstseinsebene lokalisiert, womit die Einheit von Seele und Leib zerschnitten wird. Wie schon zu Zeiten der Alten Kirche können solche neognostischen Tendenzen durchaus in einen leibbetonten Libertinismus umschlagen. Theoretische Leiblosigkeit resultiert heute in den seltensten Fällen in ethische Leibfeindlichkeit.

---

[72] Arno Anzenbacher, Geschlechterdifferenz und Familienpolitik, in: Nils Goldschmidt/Gerhard Beestermöller/Gerhard Steger (Hg.), Die Zukunft der Familie und deren Gefährdungen, Münster 2002, 223–239, hier 225.

## 4.2. Geschlechterstereotypen und rückgebundene Freiheit

Das soziale Geschlecht und die einem Geschlecht zugewiesenen Geschlechterrollen entwickeln sich nicht in einem vorstellungsfreien Raum, sondern in soziokulturellen Gefügen, die nicht unwesentlich durch Geschlechterstereotype vorgeprägt sind. Was genau aber sind *Stereotype*? Gemeinhin werden sie als die Verbalisierung eines (Vor)Urteils verstanden, das in ungerechtfertigt vereinfachender und verallgemeinernder Weise einer Klasse von Personen, z.B. Männern bzw. Frauen, bestimmte Eigenschaften oder Verhaltensweisen zu- oder abspricht.[73] In der öffentlichen, am Leitsatz der Antidiskriminierung ausgerichteten Diskussion ist das Stereotyp eindeutig negativ konnotiert und steht synonym für ein ungerechtfertigtes Vorurteil.[74] Die Sozialpsychologie urteilt demgegenüber deutlich differenzierter. Für sie handelt es sich bei der Stereotypenbildung um einen kognitiven Prozess mit dem Ziel, eine hochkomplexe Lebenswelt zu vereinfachen, um in ihr handlungsfähig zu bleiben.[75] Zum Problem werden Stereotype jedoch, wenn sie gegenüber den individuellen Unterschieden *innerhalb* einer Gruppe blind machen und in der Folge Personen dieser Gruppe ungerecht behandelt werden. In der Psychologie wird dergestalt differenziert also davon ausgegangen, dass „die im Geschlechtsstereotyp enthaltenen Meinungen über Geschlechtsunterschiede selten völlig falsch [sind]. Meist enthalten sie einen wahren Kern an tatsächlichen Geschlechtsunterschieden, die aber unzulässig verallgemeinert oder übertrieben wahrgenommen werden".[76]

Die hier angesprochenen psychologischen Geschlechtsunterschiede können nicht ausschließlich durch die Übernahme kultureller Geschlechterstereotypen erklärt werden, da einige Unterschiede bereits in einer frühen Entwicklungsphase auftreten,[77] in der Kinder überhaupt noch kein Geschlechtskonzept ausgebildet

---

[73] Vgl. Elliot Aronson/Timothy D. Wilson/Robin M. Akert, Sozialpsychologie, München ⁶2008, 425.
[74] Auch das Vorurteil erhält erst im Zuge der Aufklärung sein eindeutig negatives Gepräge; vgl. Hans-Georg Gadamer, Wahrheit und Methode, Tübingen ²1965, 255.
[75] Vgl. E. Aronson/T. Wilson/R. Akert, Sozialpsychologie [wie Anm. 73], 425.
[76] J. Asendorpf/F. Neyer, Psychologie der Persönlichkeit, 334 [wie Anm. 4].
[77] Am eindrücklichsten in dieser Hinsicht sind pränatale Geschlechterdifferenzen, z.B. die höhere Sterblichkeit männlicher gegenüber weiblicher Embryonen bzw. Föten, die sich auch in den ersten Lebensmonaten fortsetzt. Zu den Erkenntnissen der Neurophysiologie vgl. Manfred Spreng, Adam und Eva – Die unüberbrückbaren neurophysiologischen Unterschiede, in: Manfred Spreng/Harald Seubert, Vergewaltigung der menschlichen Identität. Über die Irrtümer der Gender-Ideologie, Ansbach ²2012, 29–67; Larry Cahill, Fundamental Sex Difference in Human Brain Architecture, in: Proceedings of the National Academy of Sciences of the United States of America 111 (2014), 577–578.

haben, sie also das Konzept männlich/weiblich oder die Vorstellung von der Konstanz des Geschlechts noch nicht erfassen. Dennoch weisen die Geschlechterstereotypen zugrundeliegenden psychologischen Geschlechterunterschiede eine andere Verteilungskurve auf als die anatomischen Unterschiede. Sieht man von den Erscheinungsformen der Intersexualität ab, dann lassen sich Neugeborene eindeutig dem männlichen oder weiblichen Geschlecht zuweisen. Im Unterschied dazu verteilen sich psychologische Geschlechtereigenschaften in zwei sich überlappenden „Glocken". Dies bedeutet, dass Männer und Frauen eine durchschnittliche *Tendenz* zu einem Pol hin aufweisen, ein Mann oder eine Frau als *einzelne* Person sich aber auf dem ganzen Spektrum von männlich zu weiblich anordnen kann. Die psychologischen Dispositionen des menschlichen Verhaltens sind nämlich nicht determinierender, sondern appellativer Art: „sie legen uns bestimmte Verhaltensweisen näher als andere",[78] doch gibt es in der Wirklichkeit „Abstufungen in der Leichtigkeit, mit der das einzelne Individuum ein bestimmtes geschlechtstypisches Verhalten zu verkörpern vermag – bis hin zu einer Minderheit, der in der Tat die Rolle des Gegengeschlechts besser liegen würde".[79] Im Blick auf psychologische Geschlechtsunterschiede lassen sich also statistische Aussagen zur „Normalverteilung" treffen, sie schließen aber keineswegs aus, dass Männer und Frauen sich in einem breiten Überlappungsbereich bewegen, freilich ohne dass dies in der Regel ihre Selbstzuweisung zum vorliegenden biologischen Geschlecht in Frage stellt.

Wenn auch in einer komplexen und mit endlichen Mitteln zu gestaltenden Lebenswelt auf Stereotype nie wird ganz verzichtet werden können, muss die in der Stereotypenbildung liegende Gefahr jedoch deutlich gesehen und mitbedacht werden. Mit einer Person, welchen Geschlechts sie auch sei, schematisch auf der Grundlage stereotyper Wahrnehmung zu interagieren heißt, ihre ihr von Gott gegebene Einzigartigkeit zu missachten. Es ist Ausdruck der dem Menschen verliehenen (bedingten) Freiheit, dass jeder Person die Möglichkeit eröffnet wird, das eigene Leben in den Gefügen und Beziehungen, in die sie hineingestellt ist, aktiv zu gestalten. Für einen Christen liegt in diesem Feld eröffneter Möglichkeiten immer auch die Frage nach Gottes *vocatio specialis* für ihn oder sie. Die eigene Lebensführung als Antwort auf Gottes Ruf zu verstehen, nimmt einerseits per-

---

[78] Vgl. Doris Bischof-Köhler, Von Natur aus anders. Die Psychologie der Geschlechtsunterschiede, Stuttgart 2002, 27.
[79] Ebd. [wie Anm. 78], 28.

sönlichen Entscheidungen die Illusion unbedingter Freiheit und eröffnet andererseits einen Horizont für verantwortliche Entscheidungen im freien Gehorsam gegen Gottes Weisungen.

In sozialethischer Hinsicht bedeutet dies: Es darf Unterschiede zwischen Männern und Frauen in Bezug auf Präferenzen für Erwerbs- oder Familienarbeit u.v.a. mehr geben, Biographien von Frauen und Männern müssen nicht austauschbar sein. Es darf aber auch Annäherungen und Weiterentwicklungen im Verständnis und in der lebensweltlichen Ausgestaltung der Geschlechterrollen geben. Die mit der Generativität des Menschen (Vaterschaft, Mutterschaft) verbundenen Rollenverständnisse dürfen nicht in einem unhistorischen Sinne so statisch verstanden werden, dass Persönlichkeiten sich nicht entfalten können, weil sie durch Fremdzuschreibungen auf eine bestimmte Geschlechterrolle festgelegt werden. Theologisch kann die Vielfalt in der Ausgestaltung von Geschlechterrollen in eine Analogie zur Charismenlehre gesetzt werden. Nach Paulus sollen die Charismen in den Dienst der Gemeinde gestellt werden und der Erbauung dienen (Röm 12,3 f; 1Kor 14,26b). Für das Leben der Geschlechter kann dies bedeuten: Die empfangene Gabe, die auf Gestaltung drängt, ist Ausdruck einer von Gott geschenkten Vielfalt, die stets rückgebunden ist an die sozialen Gefüge und personalen Beziehungen, in denen die empfangene Gabe Gestalt gewinnt. So gilt in der Ausgestaltung der Geschlechterrollen der Vorrang der Gemeinwohlverpflichtung vor dem Anspruch eines von Selbstverwirklichungswerten getragenen Autonomiekonzepts. In sozialethischer Hinsicht ist schließlich auf solche gesellschaftlichen Rahmenbedingungen hinzuwirken, die Männern und Frauen echte Wahlfreiheit bietet, sie also nicht schon aus sozialen Gründen in eine Vollerwerbstätigkeit oder zum Verzicht auf eigene Kinder nötigt. Es *sollte* so sein, dass personale Beziehungen nicht unter primär ökonomischem Vorzeichen zu stehen kommen, sondern die Präferenzen von Menschen wiederspiegeln. Momentan bleibt im Blick auf die deutschen Sozialversicherungssysteme jedoch festzustellen, dass unter ökonomischen und ideologischen Vorzeichen Familien- und Erziehungsarbeit systematisch gegenüber der Erwerbsarbeit benachteiligt wird, so dass insbesondere der bewusste Verzicht auf (viele) Kinder in den sozialen Sicherungssystemen ungerechtfertigt honoriert wird.[80]

---

[80] Vgl. dazu den Beitrag von Anne Lenze in diesem Band.

## 4.3. Und die Intersexualität?

Ich habe vor dem Hintergrund der These vom binären Geschlechtercode von männlich und weiblich mehrfach auf die Tatsache verwiesen, dass es Menschen gibt, die sich aufgrund ihres intersexuellen Erscheinungsbildes keinem der beiden Geschlechter zuweisen können und wollen. Die Gesamtheit der chromosomalen, hormonellen und anatomischen Abweichungen von der Zweigeschlechtlichkeit (engl. „differences in sex development") wird heute unter den Begriff der Intersexualität gefasst.[81] Die Tatsache der in der natürlichen Entwicklung von Embryonen auftretenden Intersexualität wird gerne als schwerer Einwand gegen die These von der geschöpflichen Zweigeschlechtlichkeit vorgebracht. Ich habe weiter oben bereits auf den in der Gleichschaltung der Kategorien Schöpfung und Natur liegenden Fehlschluss hingewiesen, allerdings erübrigt sich damit nicht die Frage, wie Personen zu begegnen ist, die sich aufgrund ihrer besonderen Geschlechtsentwicklung keinem der beiden Geschlechter zuordnen können.

Intersexualität lässt sich weder auf eine Konstitutionsstörung reduzieren noch als Beleg einer Vielzahl an Geschlechtern interpretieren. Was Letzteres angeht, ist nicht zu übersehen, dass die Erscheinungsformen der Zwischengeschlechtlichkeit konstitutiv auf den binären Geschlechtercode verweisen, denn die Eltern intersexueller Kinder lassen sich als Träger von Ei- bzw. Samenzellen eindeutig dem männlichen bzw. weiblichen Geschlecht zuordnen. Weiterhin gilt: Sofern intersexuelle Menschen nicht Träger einer solchen Entwicklungsabweichung sind, die sie zur Fortpflanzung untüchtig machen, sind auch Intersexuelle, die Vater oder Mutter werden, entweder Träger von Samen- *oder* von Eizellen, ein Drittes gibt es nicht. Die in sozialen Medien kolportierten Vorstellungen von intersexueller Selbstbefruchtung und Ähnlichem sind Ausdruck gravierender Unkenntnis der mit Intersexualität einhergehenden medizinischen und sozialanthropologischen Realitäten.[82] Auf der Ebene der Geschlechts*konstitution* kann Intersexualität daher nicht als Beleg für ein drittes Geschlecht oder für eine Vielzahl weiterer

---

[81] Vgl. Deutscher Ethikrat, Intersexualität. Stellungnahme, Bonn 2012. In dieser Stellungnahme bleiben die Träger von genetischen Mosaikbildungen (z.B. Klinefelder oder Turner-Syndrom) unberücksichtigt, da es auch bei genetischen Abweichungen überwiegend zur Ausbildung einer männlichen bzw. weiblichen Geschlechtsidentität kommt; vgl. ebd. 12.

[82] Wenn Medien davon berichten, dass ein Mann ein Kind geboren habe, dann hat dies nichts mit Intersexualität zu tun, sondern mit Transsexualität. So ist es in den Vereinigten Staaten möglich, sich als biologische Frau einer geschlechtsumwandelnden Operation zu unterziehen, ohne dass dabei die Eierstöcke entfernt werden. Im berichteten Fall wurde die „Trans-Frau" auf dem Wege künstlicher Befruchtung schwanger und mittels Kaiserschnitt von einem Kind entbunden; vgl. Die WELT vom 10. Juni 2009.

Geschlechter gelten. Beschreibbar sind Phänomene der Zwischengeschlechtlichkeit nur in der Differenz von männlichem und weiblichem Geschlecht.

Auch dies ändert aber nichts daran, dass betroffene Personen sich, zum Teil ein Leben lang, nicht einem der beiden Geschlechter zuordnen können. Dem Wunsch *Betroffener* (also nicht eine allgemeine Forderung), auch rechtlich von einer Zuordnung zu einem der beiden Geschlechter befreit zu sein, kann meines Erachtens aus theologischen und sozialethischen Gründen entsprochen werden (wobei zumindest im Blick auf christliche Gemeinden eine Einschränkung bei der Ehefähigkeit zu machen ist). In der Perspektive theologischer Anthropologie ist daran zu erinnern, dass bereits in der Tradition der Alten Kirche die in Mt 19,12 erwähnten Eunuchen mit einem intersexuellen Erscheinungsbild in Verbindung gebracht wurde.[83] Im Mittelpunkt stand für christliche Autoren die im Text angelegte Befähigung der Eunuchen, im Reich Gottes zu dienen. Diese Befähigung wurde mit der Bestimmung zu einem Leben in sexueller Enthaltsamkeit zusammengesehen. Das bedeutet, dass auch im Blick auf intersexuelle Personen für die Aufnahme in eine christliche Gemeinde grundsätzlich Glaube und Taufe Voraussetzung sind, nicht das Vermögen, sich eindeutig einem Geschlecht zuordnen zu können. Intersexuellen darf ferner in der Ausbildung ihrer – mit besonderen Herausforderungen behafteten – Geschlechtsidentität nicht mehr Eindeutigkeit abverlangt werden als biologisch eindeutigen Männern und Frauen, die sich gleichwohl im Blick auf persönliche Neigungen, Habitus, Hobbies oder Kleidung in dem gesellschaftlich breit akzeptierten Überlappungsbereich des Männlichen und Weiblichen bewegen. Vielmehr gilt auch ihnen, dass sie nach Gottes Ebenbild erschaffen und in der Gemeinschaft mit Jesus Christus zu deren voller Verwirklichung berufen sind.

In sozialethischer Hinsicht stellt das ausnahmsweise Freibleiben vom Geschlechtseintrag im Personenstandsregister vor allem dann kein Problem dar, wenn es dazu dient, den Betroffenen angesichts mancher nicht abwendbarer Herausforderungen, mit denen sie in ihrer spezifischen Geschlechtsentwicklung konfrontiert sind, nicht noch die zusätzliche Härte aufzuerlegen, einem Geschlecht zugewiesen zu sein, das sie nicht für sich anzuerkennen bereit sind *und* deren

---

[83] Ausführlich dazu Megan K. DeFranza, Sex Difference in Christian Theology. Male, Female, and Intersex in the Image of God, Grand Rapids 2015, 68–106.

Geschlechtsanatomie eine solche Geschlechtszuweisung auch nicht erlaubt.[84] Problematisch wird die Forderung nach Freistellung vom Geschlechtseintrag oder gar dessen genereller Abschaffung im Personenstandsrecht aber dann, wenn mit ihr als Teil einer LSBTTIQ-Agenda[85] die Zweigeschlechtlichkeit des Menschen zugunsten einer behaupteten, freilich empirisch nicht verifizierbaren sexuellen Vielfalt überhaupt in Frage gestellt werden soll.

Zumindest für christliche, insbesondere evangelikale Gemeinden wird die Frage der Geschlechtszugehörigkeit noch einmal virulent beim Wunsch eines intersexuellen Gemeindemitglieds, eine christliche Ehe eingehen zu wollen. Weil die Ehe nach Schrift und Tradition der öffentlich geschlossene Bund zwischen einem Mann und einer Frau ist, fehlt eine wesentliche Voraussetzung für die Ehe, wenn (mindestens) einer der Ehepartner sich keinem Geschlecht zuordnen kann. Den Weg der Geschlechtszuordnung mit dem Ziel der Ehefähigkeit zu gehen bedarf tragfähiger Freundschaften und behutsamer Begleitung im Kontext biblischer Lehre.[86] Die Matrix der heterosexuellen Zweigeschlechtlichkeit muss im Blick auf die Ehe grundsätzlich gewahrt bleiben, während der Verzicht auf die Ehe nach dem einhelligen Zeugnis des Neuen Testaments in keiner Weise vom Reich Gottes ausschließt, sondern – im Gegenteil – Möglichkeiten des Dienstes eröffnet, die mit dem Leben in Ehe und Familie nur schwer zu realisieren sind.

## 5. Zusammenfassung

(a) Wer den Menschen verstehen will, der muss über ihn hinaus fragen. Auch die Geschlechtsidentität wird nicht rein selbstreflexiv, sondern responsorisch ausgebildet, das heißt in den Beziehungen, in denen das Leben von Menschen sich vollzieht. Die Vorstellung einer autonomen Selbstdefinition

---

[84] In der Verknüpfung dieser beiden Bedingungen liegt die Voraussetzung dafür, dass das ermöglichte Freibleiben vom Geschlechtseintrag die auf einen engen Personenkreis begrenzte Ausnahme bleibt.
[85] Die Abkürzung steht für Lesben, Schwule, Bisexuelle, Transsexuelle, Transgender, Intersexuelle, Queer.
[86] Nicht zwingend geboten ist dagegen ein medizinischer Eingriff. So schreibt Megan DeFranza: „[O]ne could argue that just as men and women can follow Jesus' teaching by making themselves eunuchs so as not to marry, it is possible that eunuchs, or intersex persons, could make themselves like men or women in order to enter into marriage. Thus an intersex man could choose to identify as a male while an intersex woman could choose to identify as a female. Medical intervention would not be necessary but up to the choice of the individual", Sex Difference in Christian Theology [wie Anm. 83], 207.

von Geschlecht bzw. Identität erweist sich als Illusion. Wer seine Identität in – illusorisch – freier Konstruktion wählt, verweigert sich damit der Annahme des ihm von Gott her bestimmten Selbst.

(b) Das Beziehungsgefüge, in welches das menschliche Leben eingebettet ist, begegnet zum einen als unverfügbare Vorgabe: Ich wurde (von einer Frau) geboren und ich finde mich in eine Familie hineingestellt, ohne gefragt worden zu sein. Die eigene (Geschlechts-)Identität bildet sich in der Institution der Familie (bzw. ihrer Substitute) als Ort der Zuwendung und Interaktion aus. Die sich durch Kinder zur Familie erweiternde Ehe ist als Institution eine Einladung Gottes, die angenommen oder zurückgewiesen, in der Kernstruktur ihres Beziehungsgefüges jedoch nicht nach eigenem Belieben verändert werden kann.

(c) In der Perspektive der neuen Schöpfung in Christus tritt die ekklesiale vor die biologische bzw. natürliche Identität. Die Gemeinschaft des Leibes Christi mit Christus, dem Haupt hat Vorrang vor der Gemeinschaft zwischen Mann und Frau. Die Institution der Ehe und Familie ist damit nicht aufgehoben, doch gewinnt sie neben ihrer anthropologischen Funktion Verweischarakter für das Geheimnis der Einheit Christi mit seiner Gemeinde. In der Perspektive dieses Geheimnisses wird das Ledigsein eine zweite evangelische Lebensgestalt. Ambivalenzen der natürlichen Geschlechtsidentität verlieren ihren das Selbstverständnis eines Christen bestimmenden Charakter, auch wenn niemand versprechen kann, dass bereits in der irdischen Existenz eines Christen alle Zerklüftungen seiner natürlichen Sexualität überwunden werden.

(d) Die zweigeschlechtliche Fixierung bildet den Rahmen für die konstruktive und kreative Ausprägung von Geschlechterrollen, wie sie lebensweltlich sichtbar werden. Geschlechterstereotype sind als Einstellungsmuster nicht vollständig zu überwinden, weil sie dazu helfen, in einer komplexen Lebenswelt interaktionsfähig zu sein. Sie bergen allerdings die Gefahr, die Einzigartigkeit einer Person zu missachten und ihr damit nicht gerecht zu werden. Geschlechterstereotype eignet ferner die Tendenz, bestehende Verhältnisse auch dort zu stabilisieren, wo ungerechtfertigte Benachteiligungen des einen gegenüber dem anderen Geschlecht bestehen.

(e) Ein drittes Geschlecht kann es in der Perspektive Theologischer Anthropologie nicht geben, weil die Abweichungen von der Matrix der heterosexuellen Zweigeschlechtlichkeit (wie in je eigener Weise Transsexualität oder

Homosexualität) in einer Weise gedeutet werden, bei der die Ebene des Selbstbewusstseins vom spezifischen leiblichen Dasein des Menschen abgelöst wird. Einzige Ausnahme sind intersexuelle Menschen, die jedoch in ihrem Herkunftsverhältnis auf die Zweigeschlechtlichkeit verweisen und auch selbst, sofern eigene Fruchtbarkeit gegeben ist, bei aller körperlichen Uneindeutigkeit nur entweder als Vater (Träger von Samenzellen) oder Mutter (Träger von Eizellen) in Erscheinung treten können.

# Schöpfung und Ehe

## Kann sich Lehre entwickeln?

OLIVER O'DONOVAN

Eine alles erschütternde Umwälzung hat das Denken der westlichen Welt über Ehe und Sexualität erfasst. Sie hat die Kirchen des Westens verwirrt zurückgelassen; noch immer suchen sie nach Orientierung für diese grundlegend neue Situation, in der sie sich vorfinden. Das meiste, was sie bislang zum Thema zu sagen hatten, bestand entweder im Versuch, moralische Grundsätze für homosexuelle Gläubige oder seelsorgliche Grundsätze für die Geistlichen zu formulieren, die sich um Hilfe für (abstinent lebende oder verpartnerte) homosexuelle Gläubige bemühen, oder es diente dazu, einen politischen Standpunkt zu markieren, der den schnellen sozialen Wandel entweder abbremsen oder aber sich diesem anpassen sollte. Manches davon hat sich tatsächlich als konstruktiv, anderes jedoch als erschreckend unbeholfen erwiesen. Ich beabsichtige hier nicht, eines dieser Ziele zu verfolgen, allerdings nicht deshalb, weil irgendetwas daran verkehrt ist, sofern es gewissenhaft ausgeführt wird, sondern weil der Beitrag der Ethik als theologischer Disziplin einen Schritt hinter den Fragen der moralischen Unterweisung und Seelsorge liegt. Aufgabe der Ethik ist es, die Bedingungen der Möglichkeit guter moralischer Unterweisung zu erforschen. In den folgenden Überlegungen beabsichtige ich daher, die Bedeutung des oft beschworenen Prinzips der Lehrentwicklung zu untersuchen, indem ich danach frage, ob und, wenn ja, in welcher Weise dies Licht auf die sich uns stellenden Fragen wirft. Zunächst jedoch drei Vorbemerkungen, die sich auf die Begriffe „Lehre", „Entwicklung" und „Ethik" beziehen.

(1) Der Begriff *Lehre* (doctrina) hat im letzten Jahrhundert veränderte Konnotationen angenommen. Seine frühere Verwendung entsprach dem, was das Neue Testament als „anvertrautes Gut" (παραθήκη, *parathēkē*) bezeichnet, also als wesentlichen Gehalt der apostolischen Botschaft, die den nachfolgenden Generationen anvertraut ist. Die Vorstellung, das anvertraute Gut weiterzuentwickeln oder in irgendeiner Weise zu verändern, kann hier überhaupt nicht aufkommen. Es soll

vielmehr „bewahrt" werden; so wie auch 2Tim 1,12 sagt, dass Gott selbst es bewahrt, indem er es davor schützt, im Laufe der Zeit ausgehöhlt zu werden und zu verschwinden. Neuerdings wird der Begriff „Lehre" jedoch in einem aktiven Sinn, dem neutestamentlichen Wort διδαχή (didachē) entsprechend, verwendet. Gemeint ist die Ausübung des kirchlichen Lehramtes, die in jeder neuen Generation unweigerlich die Färbung ihres jeweiligen Umfeldes annimmt. Es gibt einiges, das für diesen semantischen Wandel, und anderes, was vermutlich dagegen spricht, worum es uns hier jedoch geht, ist die Tatsache, dass es sich *eben um nicht mehr* als eine semantische Veränderung handelt. In diesem Sinne von der Lehre der Kirche zu sprechen heißt nicht, zu behaupten, dass die Kirche sich aussuchen kann, welche Kirchenlehre ihr gefällt (oder auch nicht), ohne Rücksicht darauf, ob sie damit das apostolische, anvertraute Gut schützt. Die der Kirche bleibend anvertraute Aufgabe ist es, das „anvertraute Gut" von einer Generation zur nächsten zu verkündigen, und zwar durch eine Lehre, die sich ändernde Bedingungen und neue intellektuelle Kontexte wiederspiegelt.

(2) Der Begriff *Entwicklung* ist eng verwoben mit dem Konzept des Lehrens als einer sich fortsetzenden Aktivität. In England ist der Gedanke, dass Lehre sich entwickelt, besonders mit dem Namen des dem 19. Jh. zugehörigen Theologen John Henry Newman verbunden.[1] Die Idee der Lehrentwicklung, die Newman vorbrachte, richtete sich nicht lediglich auf den Bezug der Lehre zum geschichtlichen Wandel, sondern war umfassender. Für Newman war die authentische Lehrentwicklung das Vorrecht des katholischen Geistes, das heißt, sie hatte für ihn nichts zu tun mit der Schismatikern eigenen Entschlossenheit, den eignen Weg zu gehen. Die Lehren der Kirche aus den vergangenen Jahrhunderten fließen für ihn im lebendigen Gedächtnis der weltweiten Kirche zusammen, dass auf diese Weise der Lehre der Kirche über die Jahrhunderte hinweg Gestalt und Kontinuität gibt. Entwicklung galt hier, richtig verstanden, als die Bewahrung der Überlieferung des den Aposteln anvertrauten Gutes. Zwischen der Weise, in der das Evangelium verkündigt *worden war*, und den Wegen, auf denen die Verkündigung *nun* Gestalt gewinnt, bestand eine dynamische Beziehung. Kontextuelle Herausforderungen der Vergangenheit wurden in treuer Kontinuität mit einer jeden Kirchengeneration in die Gestalt der Lehre aufgenommen. Für Newman hatte die Frage des Zu-

---

[1] John Henry Newman, An Essay on the Development of Christian Doctrine, London 1845 [dt.: John Henry Newman, Die Entwicklung der christlichen Lehre und der Begriff der Entwicklung. Ins Deutsche übertr. u. mit e. Nachw. von Theodor Haecker, München 1922].

sammenstimmens innerhalb der Lehrentwicklung hohe Bedeutung, d.h. die Notwendigkeit, eine echte Vorwärtsbewegung von Vergesslichkeit und Improvisation zu unterscheiden. Entwicklung, so seine Überzeugung, kann „wahr" oder „falsch" sein. Im Buch Sirach heißt es (21,15; EÜ): „Hört der Verständige ein weises Wort, lobt er es und fügt andere hinzu. Hört es der Leichtfertige, lacht er darüber, er wirft es weit hinter sich." Wahre Entwicklung hat nichts mit Vergesslichkeit oder Aufgeben von Lehre zu tun.

Es mag wohl sein, dass Newmans Konzept nicht gänzlich zufriedenstellt. Es ist möglicherweise zu optimistisch, was die Schlüssigkeit und Nichtfehlbarkeit institutionellen Handelns angeht, und deswegen zugleich zu skeptisch gegenüber Reform- und Erneuerungsbewegungen, weil Newman verkennt, welches Ringen es zuweilen bedeutet, die wesentlichen, dem Evangelium entsprechenden Wahrheiten in neuen Kontexten wiederzuentdecken. Allerdings sollte die Betonung, die er auf das Zusammenstimmen mit der Tradition der ganzen Kirche legt, für jede Vorstellung von Entwicklung wichtig sein. Für dieses Zusammenstimmen Sorge zu tragen, liegt in der Verantwortung der Theologen der Kirche – wobei ich in diesen Begriff die Kirchenleiter einschließe, insofern auch sie als Lehrer und nicht lediglich als Manager zu fungieren haben.

Der Ausdruck *Theologie* dient als Überbegriff und schließt im modernen Curriculum jegliche theologischen Teildisziplinen ein; hier interessieren uns jedoch insbesondere zum einen die Dogmatik bzw. die Systematische Theologie, die den Lobpreis der Kirche der Prüfung und Bewährung aussetzt, und andererseits die Moraltheologie bzw. Ethik, die die moralische Unterweisung der Kirche der Prüfung und Bewährung unterzieht. Beide Disziplinen haben danach zu fragen, was *rechter Weise* gesagt werden kann, sei es über Gott oder das Gut menschlichen Lebens. Unsere gegenwärtige Lehrkrise hat mit beiden Teildisziplinen zu tun, denn sie betrifft sowohl die *moralische* Unterweisung bezüglich der Ehe als auch die *dogmatische* Bestimmung der Lehre von der Schöpfung. Die Beziehung zwischen beiden ist nicht ganz einfach zu beschreiben. Einerseits ist offensichtlich, dass die Ethik untrennbar mit der Schöpfungslehre verbunden ist: Ihr Konzept des Guten wird nicht *apriori* aus einer moralischen Empfindung oder Intuition gebildet, sondern ist in unserer Erfahrung verwurzelt, dass wir als Geschöpfe in einer geschaffenen Welt leben. Die Rede vom Guten bildet sich in der Weise aus, dass wir lernen, Gottes Werk mit Gottes Augen als „sehr gut" zu sehen, d.h. als *vollständig und abgeschlossen*, jedoch nicht in dem Sinne, dass Gott jetzt untätig sei, sondern in dem Sinne, dass sein fortwährendes Wirken das, was er als vollkommen geschaffen hat, erhält und erlöst. Nur unter diesen Bedingungen können wir Gottes eigenes Gutsein als Treue zu seiner Schöpfung verstehen, und die Gutheit unseres eigenen tätigen Lebens, wie sie uns gegeben ist, als Treue zu seinem Werk. Die Schöpfung liegt unserem moralischen Unterscheidungsvermögen zugrunde.

(3) Andererseits, und damit kommen wir zur dritten unserer Vorbemerkungen, beschäftigt sich die Ethik mit der Folgerichtigkeit der gläubigen praktischen Vernunft auf dem Weg von der Prüfung zur Entscheidung und schließlich Umsetzung, denn es verletzt das Wesen praktischer Vernunft, gegen dasjenige zu handeln, was man als das Gute erkannt hat. Die praktische Vernunft, mit anderen Worten, hat darauf achtzugeben, wie wir als Akteure hier und jetzt der Welt begegnen, und sich auf diese Weise an einer Reise achtsamer Weltbeschreibung zu beteiligen, die weit über Gottes Blick auf die Welt am siebten Tag der Schöpfung hinausgeht. Es ist daher nicht falsch zu sagen, dass die Moraltheologie in ihrer Beurteilung der Entwicklung im Bereich der moralischen Unterweisung des Hörens auf die *seelsorgliche Erfahrung* bedarf. Theologen sind nicht notwendig auch als Seelsorger aktiv, die in die Fürsorge für die Gottesdienst-Gemeinde und ihre Lehre eingebunden sind; sie müssen jedoch bereit sein, den damit befassten Geistlichen Unterstützung anzubieten und von ihnen zu lernen, wie die Schnittstelle von Lehre und Leben von den Gläubigen in den Unwägbarkeiten der Geschichte erlebt wird. Ohne solches achtsame Zuhören entfremdet sich die moralische Unterweisung dem Kontext, in dem die Kirche lebt, und den Situationen, in denen sie ihrem Zeugnis Ausdruck zu geben hat.

Dieses Zuhören jedoch muss von sorgfältiger Prüfung und Interpretation begleitet werden. Ansonsten besteht die Gefahr, dass die Lehre zur Geisel eines bestimmten, privilegierten Moments vielleicht intensiv empfundener Erfahrung (sei es des Triumphes, sei es der Verwirrung) wird, die nur ein kleiner Teil der Gemeinschaft und nicht die Gemeinschaft als Ganzes teilt. Es gibt die Neigung, von „seelsorglicher Erfahrung" zu sprechen und sich dabei einzubilden, dass dies die ganze „christliche Erfahrung" ist, die es gibt. Die „seelsorgliche Erfahrung" ist oftmals einfach die Erfahrung der ordinierten Geistlichen, die in Synoden zumeist überrepräsentiert sind; sie kann so ohne große Mühe die Stimme des Gehorsams des Kirchenvolkes überlagern. Insbesondere in Zeiten wie den unseren, in denen die ordinierten Geistlichen unter großem Druck stehen, könnten wir versucht sein zu vergessen, dass es bei „seelsorglicher" Weisheit um mehr geht als um die Bedrängnis der Geistlichen, die entsteht, wenn sie sich herausgefordert sehen, in einer Art und Weise zu leben und zu sprechen, die von der Kultur insgesamt nicht länger bewundert wird. Wenn Theologen anfangen, sich selbst vor allem als Manager zu sehen, denen die Aufgabe obliegt, einen erträglichen *modus vivendi* für die Geistlichen zuwege zu bringen, dann tragen sie dazu bei, dass die Kirche mehr und mehr aus dem Blickfeld gerät, denn eine Kirche, in der die Frage „Wie werden wir weiterbestehen?" an erster Stelle steht, hat vergessen, wie sie Kirche sein soll, und aufgehört, wie Kirche auszusehen.

Im Einklang mit der Lehre der Vergangenheit, integer in der gegenwärtigen Lehre, treu gegenüber den Worten Jesu und den Schriften seiner Apostel in der Lage zu sein, die Implikationen, Anwendungen und Qualifikationen zu untersuchen, die von unserer Lehre in jeder neuen Phase geschichtlicher Erfahrung benötigt werden, und jede Phase so zu untersuchen, dass dabei die Konzepte und Ideen, die das uns umgebende geistige Milieu uns bieten, kritisch unterschieden werden – das ist die Aufgabe dogmatischen Denkens: Sicherlich unterliegt das dogmatische Denken einer Entwicklung, doch verdankt diese sich nicht der Entscheidung irgendeiner Person oder einer Elite, sondern ist das Ergebnis der kritischen geistigen Aufmerksamkeit auf Phänomene – ein Vorgang, an dem die ganze Kirche (also nicht nur die Kirchenleitung, nur die Geistlichkeit oder nur die Theologen, und auch nicht nur diese drei Gruppen zusammen) beteiligt ist. Die Theologen formulieren und die Bischöfe stellen die Lehre fest – aber beides geschieht im Gehorsam gegenüber der Autorität der Heiligen Schrift im Akt des geistgeleiteten Unterscheidens durch die Kirche. Damit ist nichts anderes gesagt als dass die Kirche nicht von den normalen Bedingungen des geistigen Lebens ausgenommen ist, was (mit den berühmten Worten Hegels gesprochen) bedeutet, dass die Eule der Minerva nach einem Tag der Erfahrung durch die Dämmerung fliegt.[2] Es ist kein *geplanter* Flug, der so terminiert werden kann, dass er jedermanns Bequemlichkeit passt. Der Prüfstein eines neuen Gedankens ist sein Vermögen, sich in das größere Verständnis des Ganzen einzufügen, und neues Licht dorthin fallen zu lassen, worauf bereits einmal Licht gefallen ist. Die Geistesgeschichte bietet viele Gedanken, die Generationen brauchten, um in das Ganze eingefügt

---

2  Vgl. Georg Wilhelm Friedrich Hegel, Grundlinien der Philosophie des Rechts, Teil 1, GW Bd. 14/1, Hamburg 2009, XXIV.

zu werden, und noch viel mehr Gedanken, die es niemals überhaupt dazu brachten, integriert zu werden. Die Entwicklung von Gedanken ist eine organische Angelegenheit, und im Bereich christlicher Lehre muss ihr die Zeit eingeräumt werden, die die Kirche dafür braucht. Schlussendlich erweist sich eine gute Entwicklung darin, dass die Gläubigen sich im Besitz eines reicheren Verständnisses ihrer Leben vor Gott wissen, gedanklich besser ausgestattet, neuen Herausforderungen zu begegnen, die ihre Leiter und Lehrer nicht vorauszusehen oder sich vorzustellen vermochten.

# I

Wir wollen unsere Aufmerksamkeit jetzt auf die Lehre von Schöpfung und Ehe richten. Dabei geht es zuerst darum zu fragen, was das Kennzeichen einer guten Entwicklung der Schöpfungslehre sein könnte.

Diese Frage berührt Gottes Tätigkeit als *Schöpfer von Himmel und Erde*, das heißt, von *allem was existiert*. Von „allem was existiert" ist im Sinne einer Gesamtheit zu verstehen. Wir können uns eine unendliche Zahl an „Wesenheiten" im Plural vorstellen – Ameisen, Anker, Archive, was auch immer – und abstrakt auf sie „alle" verweisen, ohne dabei die Beziehung zu erfassen, durch die sie miteinander verbunden sind. Wenn wir jedoch von Gott als dem Schöpfer von Himmel und Erde reden, können wir nicht auf diese Weise denken. Wir müssen vielmehr eine Ganzheit erfassen, ein zusammenhängendes Universum, sowie Gott als dessen Schöpfer, der Ordnung und Schönheit gibt, die der Gesamtheit der Dinge innewohnt. „Gott sah alles, was er gemacht hatte und es war sehr gut" (Gen 1,31) – also nicht: „*sie* waren", sondern „*es* war".

Weil ich hier den englischen Begriff „order" verwende, ist eine Klärung nötig, wenn wir ein gängiges Missverständnis vermeiden wollen. Im Englischen hat das Substantiv „order" sowohl eine abstrakte als auch eine konkrete Bedeutung. Im Singular und ohne Artikel (also dt. „Ordnung", nicht „*die* Ordnung" oder „Ordnung*en*") verwendet, entspricht es dem griechischen Wort τάξις (*taxis*), wie es im Neuen Testament und von den griechischen Vätern gebraucht wird. Es meint die Beziehung, in der irgendein Ding zu seinem eignen Daseinszweck sowie zu anderen Dingen und deren Daseinszwecken steht. Deutschsprachige Theologen des 20. Jh. experimentierten mit einer Beschreibung der Struktur der *sozialen* Welt als einer Pluralität von *Ordnungen*, die in ihren Gesetzesstrukturen unterschieden sind.³ Diese Ausdrucksweise ist der anglikanischen Tradition fremd, und wenn ich als anglikanischer Theologe von einer „Schöpfungsordnung" spreche, dann schwingt bei diesem Begriff, der als Schönheits- und Erkenntniskategorie zu verstehen ist, ein ästhetischer und rationaler Klang mit. Das Paradigma der „Ordnung" ist die Symphonie, das Gedicht, die wissenschaftliche Theorie, nicht der Staat, die Familie oder der Arbeitsplatz (die mit Sicherheit ihre eigenen „Ordnungen" haben, jedoch nicht direkt die Ordnung *der Schöpfung* repräsentieren).

Von einer guten Entwicklung der Schöpfungslehre würden wir erwarten, dass sie einiges über Kunst und Wissenschaft zu sagen hat, und dass sie sich vornehmlich mit Sinn und Schönheit als Bedingungen unseres Daseins in der Welt befasst. In der Tat hat es hinsichtlich der christlichen Lehraussagen zur Schöpfung eine signifikante Entwicklung genau entlang dieser Linien gegeben, wozu maßgeblich die erstaunlichen Entdeckungen der Naturwissenschaften im vergangenen Jahrhundert beigetragen haben. Auf der anderen Seite ist es das Erkennungszeichen einer falschen Entwicklung, wenn das *vergessen* wird, was aus Kunst und Wissenschaft zu lernen war. Vieles von dem, was sich heutzutage als Wiederbesinnung auf die Schöpfungslehre für unsere Zeit ausgibt, beinhaltet kaum mehr als eine allgemeine Philosophie dynamischer und stabiler Elemente in der Geschichte. Diese Konzepte haben keinen Platz für Wissenschaft und Kunst; sie bieten keine Interpretation des Wirkens Gottes als „Schöpfer"; „Himmel und Erde" spielen in ihnen keine Rolle. Die evangelische Theologie sowohl in der Reformationszeit als auch wieder im 20. Jh. hat sich anfällig dafür gezeigt, aus einem erlösungstheologisch motivierten, deplatzierten Neid heraus, die Schöpfungslehre auf ein Minimum zu reduzieren. Sie hat sich zögerlich gezeigt, zusammenhängend über Form und Gestalt der Welt, in der wir leben, nachzudenken, sowie über ihre Schönheit und Form als die Mitteilung des Wohlwollens Gottes gegenüber dem Werk seiner Hände.

Natürlicherweise wird für die menschliche Existenz innerhalb der Schöpfungslehre eine Sonderstellung beansprucht. Die Menschheit füllt die Schöpfungslehre nicht vollumfänglich aus, und doch kommt es dem Menschen zu, eine Zentralstellung in der Schöpfungslehre einzunehmen. Allerdings wird „Anthropozentrismus" heutzutage für etwas gehalten, das abzulehnen sei. Nach einer lan-

---

3   Ein Hinweis darauf findet sich bereits im Titel des bekannten Buches von Emil Brunner, Das Gebot und die Ordnungen. Entwurf einer protestantisch-theologischen Ethik, Zürich ⁴1978.

gen Zeitspanne, in der ein Nihilismus, der sich selbst als „Humanismus" bezeichnete, die moralische Oberhand behielt, ist nun die Sünde des „Speziesismus" zur nicht enden wollenden Liste ungerechter Diskriminierungen hinzugefügt worden. In einer Theologie aber, die auch eine praktische Dimension für sich beansprucht, ist die Grundlinie notwendig mit dem menschlichen Akteur gezogen, der die Welt als einen Raum des Handelns wahrnimmt. Eine objektive, unbeteiligte Perspektive auf das Universum von Gütern ist uns Menschen einfach nicht zugänglich. Wir sehen uns selbst „in der Mitte" der kosmischen Ordnung, wie es im achten Psalm beschrieben ist, mit den Engeln über uns und den Tieren unter uns: der Mensch als eine Brücke zwischen der geistigen und der materiellen Welt. Wenn wir reflektiert genug sind zu wissen, dass es prinzipiell andere Perspektiven geben kann, sollten wir auch reflektiert genug sein zu verstehen, dass keine andere Sichtweise je die uns Menschen *eigene* sein könnte. Gott und die Engel mögen ein Universum sehen, in dem der Mensch nicht im Zentrum steht, aber beim Menschen führt solch eine Vorstellung nur zu den spekulativen Erwägungen im Sinne eines „Was wäre, wenn?" des „Posthumanismus". Mit dem Zweifel an der Vorstellung, dass der Menschen im Mittelpunkt der Schöpfung steht, ist für andere Geschöpfe nichts gewonnen, da dieser Zweifel nicht dazu ermutigt, anderen Geschöpfen sorgsame Aufmerksamkeit zu widmen, sondern nur dazu dient, einem von Unbehagen gezeichneten ständigen Kreisen um den Gedanken der Macht des Menschen, sich selbst – bis in die Tiefen seines Genoms hinein – zu modifizieren, Ausdruck zu verleihen. Posthumanismus ist Antihumanismus, und Antihumanismus ist eine andere Form von Anthropozentrismus.

Die menschliche Existenz als *menschlich* zu bezeichnen heißt, von uns selbst als *weltliche* Wesen zu sprechen. Es heißt nicht nur zu erkunden, wie wir uns selbst als existierend, als in die Welt „geworfen" (M. Heidegger), sondern wie wir uns selbst als gestaltet, als eine „gegebene" Natur in der Welt, vorfinden. Wenn wir über uns selbst und unseren Platz in der Welt nachdenken, dürfen wir uns nicht dermaßen an unser Vermögen von Bewusstsein und Freiheit verlieren, dass wir wahrzunehmen vergessen, was wir sehen, wenn wir an uns hinunterblicken. Wir sehen (typischerweise) zwei Füße, aus Haut, Knochen und Sehnen gemacht und mit je fünf Zehen. Danach zu fragen, wozu Füße gedacht sind und welche anderen Wesen sie typischerweise haben, bedeutet zugleich, wirkliches Wissen über uns selbst zu erlangen. Wir tun dies, indem wir das Verhältnis der

Menschengemeinschaft zu ihrer nicht-menschlichen Umgebung und zum anderen das Verhältnis des mit Freiheit begabten menschlichen Individuums zur spezifischen Bestimmung der menschlichen Natur klären.

Zunächst zum zweiten der gerade genannten Punkte: Unsere menschliche Existenz weist in *zwei* Richtungen: Einerseits kommen wir den instinktiven, tierischen Bedürfnissen nach, und andererseits agieren wir in Freiheit und Treue, wie sie mit der menschlicher Sprache eingeschriebenen Fähigkeit, Versprechen zu machen und Bünde zu schließen, einhergeht. Ein Konferenzzentrum enthält vernünftigerweise einen Ort, an dem sich die Teilnehmer treffen und unterhalten können, aber ebenso sinnvollerweise gibt es ein paar Betten. Nur indem wir lernen, unsere Existenz in *beide* Richtungen zu sehen, können wir verstehen, was es heißt, den Menschen umfassend zu lieben. Zu lieben bedeutet hier, die Gestalt der von Gott gegebenen Existenz anzuerkennen und zu helfen sie zu verwirklichen. In der Liebe geht es nicht allein darum, Freiheitsräume zu erweitern, sondern immer auch darum, die der menschlichen Natur eingeschriebenen, die Freiheit begrenzenden Bedingungen starkzumachen. So wie Gott seine Liebe darin erweist, dass er das, was er geschaffen hat, sowohl wiederherstellt als auch erhöht, so können auch wir einander nur lieben, wenn wir lernen, sowohl die von Gott gegebene und durch die Sünde *entstellte Natur* als auch Gottes Berufung zum Ergreifen – eschatologisch – *neuer Möglichkeiten* zu respektieren. Diejenigen, die glauben, es sei ein Ausdruck von Liebe, die Hungrigen zu speisen und die Nackten zu bekleiden, bringen einen wichtigen Aspekt hinsichtlich unserer *individuellen* leiblichen Existenz in Erinnerung. Diejenigen, die glauben, es sei ein Ausdruck von Liebe, Versprechen zu machen die zur Einhaltung verpflichten, und Partnerschaften zu pflegen, die auf Lebenszeit angelegt sind, bringen einen wichtigen Aspekt hinsichtlich unserer *sozialen* leiblichen Existenz in Erinnerung. Diejenigen, die nur von neuen Aufbrüchen und neuen Freiheiten schwärmen, laufen damit Gefahr, diese beiden Aspekte zu vergessen und richten ihre Liebe mehr auf spekulative Ideen als auf den konkreten Nächsten.

Wir kehren zum ersten Punkt zurück: die Einbettung des Menschen in die nichtmenschliche Welt. Ein eucharistisches Gebet, das erstmalig 1976 im Gebetsbuch der Episkopalkirche der USA erschien, wurde für seinen kühnen Versuch bekannt, die Erschaffung des Menschen innerhalb seines ökologischen Kontextes zum Ausdruck zu bringen. "At your command," heißt es dort, "all things came to be: the vast expanse of interstellar space, galaxies, suns, the planets in their courses, and this fragile earth, our island home".[4] Theologische Aussagen über den Menschen sollten auf jeden Fall von einer solchen Aufmerksamkeit für Himmel und Erde begleitet werden! Allerdings geht sie hier nicht weit genug. Die Formulierung unterschlägt, dass die Menschheit diese gewaltige Weite nicht nur *bewohnt*, sondern dass es in ihr *wesentlich* um ihn, den Menschen, geht. Auch wir sind „zerbrechliche Erde". Wir sind nicht nur *in* der materiellen Welt; sie ist auch *in uns*. Erde ist es, was wir sind (Gen 2,7) – zwar nicht *nur* Erde, aber unbedingt auch das. Eine theologische Anthropologie darf sich weder den materiellen Bedingungen menschlicher Existenz verschließen noch darf sie die Fähigkeit zur Selbsttranszendierung übersehen, die dem Menschen mit dem einzigartigen Geschenk der Sprache verliehen ist.

Zu diesen materiellen Bedingungen gehört auch die spezifische Bezeichnung des Menschen als *soziales Säugetier* innerhalb der Welt der Lebewesen. Unsere gesamte physische Konstitution basiert auf der Struktur, wie sie Säugetieren eigen ist; und unser Überleben basiert gänzlich auf dem Angewiesen-Sein auf die Gesellschaft, in der wir unseren Nachwuchs aufziehen. Dies bedeutet, dass wir eine besondere Form der Leiblichkeit besitzen, nämlich die dimorphe Geschlechterdifferenz, die der Fortpflanzung als Säugetier dient, sowie eine besondere Form der *Mit*-Leiblichkeit, nämlich die sozialen Formen der Nachbarschaft, in denen wir aufeinander zählen, um unterschiedliche Aufgaben und Rollen ausüben zu können. Selbst auf der Ebene der materiellen Bedingungen erschöpft sich der Wert dieser leiblichen und sozialen Formen, in die wir hineingestellt sind, nicht in Fortpflanzung und Kindererziehung. Sie wirken vielmehr weit über diesen Bereich hinaus: Die Paarbindung wächst über eine auf Fortpflanzung angelegte Partnerschaft hinaus, um zu einer tiefen und anhaltenden Freundschaft zu werden; die soziale Organisation der Partnerschaft bietet dem Nachwuchs nicht nur einen sicheren Ort, sondern sie bereichert auch die kulturelle Kommunikation innerhalb der Gesellschaft. Und doch bleibt es grundlegend für das Verständnis vom Menschen, dass die seiner Spezies eigenen intellektuellen und moralischen Freiheiten in einer Struktur biologischen Lebens gegründet sind, die der Mensch mit einer großen Vielfalt anderer Geschöpfe teilt. Diese Grundlage zu erfassen ist notwendig, wenn wir verstehen wollen, was darauf gebaut werden kann.

---

[4] The Book of Common Prayer and administration of the sacraments and other rites and ceremonies of the Church, together with the Psalter or Psalms of David, according to the use of the Episcopal Church (1979), Eucharistic Prayer C from "Holy Eucharist II".

## II

An genau diesem Punkt (nicht früher, nicht später) erkennen wir den spezifischen Charakter der *Ehe* als eine Gabe der Schöpfung, als eine soziale Institution, die sowohl den natürlichen Bedürfnissen der Spezies als Ganzes dient als auch der Freiheit, die im Zentrum der individuellen Existenz liegt. Der Unterschied zwischen der Ehe und anderen Formen der Freundschaft liegt an exakt diesem Punkt: Freundschaften teilen mit der Ehe das Vermögen, die individuelle Entfaltung der Person durch soziale Bindung zu öffnen; was sie nicht können, ist, die sukzessiven Erfahrungen des menschlichen Organismus über die gesamte Möglichkeits- und Wachstumsspanne von Jugend, Reife und Alter hinweg in Freiheit zu vereinen. Die Ehe mit der ihr eigentümlichen Struktur von Regeln und Einverständnissen ist eine soziale Einrichtung für Wesen, die sich ihrer selbst als Individuen mit einer zu gestaltenden Lebenszeit bewusst und die von Gott dazu berufen sind, als diese bestimmte Person eine ihr zugewiesene Zeitspanne zu leben. Sie ist eine spezifische soziale Verbindung von Natur und reflektierter Freiheit, und darin – soweit wir wissen – eine allein dem Menschen eigentümliche Gabe.

Theologen der Westkirche brachten dies in einer Lehre zum Ausdruck, die von Augustinus bis zum 20. Jh. in Gebrauch war, nämlich der Lehre von den „drei Gütern" der Ehe: *proles, fides, sacramentum,* d.h. das Gut der Kinder, das Gut der Treue und das Gut der Gemeinschaft. In dieser Vorstellung sind ein physisches, ein moralisches und ein spirituelles Gut miteinander verbunden. Die Vorzüge dieser Formulierung erschließen sich erst, wenn man erkennt, dass sie als *aufsteigende* Aufzählung gelesen werden soll, also vom materiellen über das moralische zum spirituellen Gut. Augustinus ging damit bewusst über die Tradition hinaus, wonach das einzige Gut der Ehe die Zeugung von Kindern sei. Er tat dies in der Absicht, zum einen auf die moralische Ordnung hinzuweisen, die der Ehebund den Partnern auferlegt, und zum anderen auf die Wärme und Dauerhaftigkeit der Beziehung, in der die Ehe zwischen den Partnern besteht.[5] Diese Kongruenz der unterschiedlichen Güter, die sich als geeignet erweist, der Vielfalt natürlicher und existenzieller Anforderungen gerecht zu werden, ist es, was die Ehe als Gabe des Schöpfer auszeichnet, d.h. als "an estate instituted of God in the time of man's innocency",[6] wie das *Book of Common Prayer* es ausdrückt, anders

---

[5] Für diese Logik siehe insbesondere Augustinus, De bono coniugali 3.3, und für die Lehre in ihrer Entwicklung Augustinus, De nuptiis et concupisentia 17.19.
[6] The Book of Common Prayer (1662), "The Form of Solemnization of Matrimony".

gesagt: eine Gabe der Schöpfung, die wir nicht einfach hätten erfinden können. Wir könnten die Stränge analysieren, die hier zum komplexen Gut der Ehe miteinander verbunden sind: die Faszination über den anderen, die Befriedigung des sexuellen Verlangens, die Kameradschaft und Kooperation, das Wagnis der Elternschaft, das einander Erinnern an frühere Tage im fortgeschrittenen Alter, etc. Wir können diese konstituierenden Elemente in unserer Vorstellung getrennt voneinander betrachten und darüber spekulieren, was dabei herauskäme, wenn sie anders zusammengesetzt würden. Doch solche Spekulationen führen nicht in die Freiheit. In jedem Gespräch über Freiheit braucht es eine grundlegende Unterscheidung zwischen wahr und falsch. Freiheit einfach zu behaupten heißt nicht, ihrer mächtig zu sein; vielmehr muss die Freiheit der Ehe in den Bedingungen unserer Natur und unserer Berufung gegründet sein, d.h. in einem Erfassen des Zusammenhangs dessen, was uns gegeben ist – und dieser Zusammenhang ist mehr als die Summe seiner Teile und geht nicht in den diesen kulturell zugeschriebenen spezifischen Funktionen auf.

## III

Welche Rolle spielt nun die Kirche hinsichtlich der Gabe der Ehe? Evangelische Theologen haben sich als besonders anfällig dafür gezeigt, dem Trend nachzugeben, das lebhafte Interesse der Kirche an der Ehe durch die Jahrhunderte hindurch kleinzureden. Sie sagen, dass die Praxis der Ehe in der Geschichte variierte, dass die Kirche nur zum Teil an der feierlichen Eheschließung beteiligt war und dass die Eheliturgien erst geschichtlich spät verbindlich gemacht wurden. Diese generellen Feststellungen sind in einem gewissen Grade durchaus zutreffend. Allerdings nimmt die kirchliche Disziplinarpraxis – soweit sie sich geschichtlich zurückverfolgen lässt – Verfehlungen gegen die Heiligkeit der Ehe von jeher sehr ernst. Seitdem es im christlichen Denken einen Ort für die „Sakramente" (μυστήρια) gab, wurde die Ehe – im Anschluss an Eph 5,32 – unter diese gezählt. Zugleich hat die Kirche nie gelehrt, dass es in ihrer Macht stünde, Ehen zu begründen oder sie aufheben zu können. Die Aufgabe der Kirche war es, die Aufmerksamkeit auf die Ehe als eine geschaffene Gabe zu lenken, und ihren Ort im Drama von Schöpfung und Erlösung darzulegen. Gott ist der Menschheit, die er *geschaffen* hat, treu geblieben, und nicht irgendeiner neuen aus dem Nichts daher gezauberten Menschheit. Er kam durch seinen Sohn in die Welt, der in eine menschliche Familie hineingeboren wurde (Mt 1,20; ELB): „Fürchte dich nicht,

Maria, deine Frau, zu dir zu nehmen! Denn das in ihr Gezeugte ist von dem Heiligen Geist." Die Zurückhaltung der Reformatoren gegenüber der Anwendung des Sakramentsbegriffs auf die Ehe hatte ihren Grund in der Befürchtung, dass der Kirche damit eine ihr nicht zustehende Autorität über die Ehe zugebilligt würde, was im Kontext mittelalterlicher Sakramentslehre durchaus verständlich war. Sie suchten daher, der hermeneutischen Funktion der kirchlich geschlossenen Ehe auf andere Weise Ausdruck zu verleihen, wie es z.B. in dem bereits zitierten Abschnitt des englischen *Book of Common Prayer* geschah, wo es im Ganzen von der Ehe heißt, sie sei „[a]n honourable estate instituted of God in the time of man's innocency, signifying unto us the mystical union that is betwixt Christ and his Church; which holy estate Christ adorned and beautified with his presence, and first miracle that he wrought".[7] Die Kirche gab der Ehe somit einen feierlichen Charakter, indem sie sie in den innerhalb der sakramentalen Gemeinschaft gelebten Glauben einbezog.

Entstellung und Verderbnis befallen *jeden* Aspekt des kreatürlichen Lebens. Wir haben keinen Grund zu der Annahme, dass unser Gefühls- und Sexualleben durch die Sünde verdorbener und entstellter ist als irgendein anderer Aspekt unserer menschlichen Daseinsweise. Die Erfahrung der Ehe mag manchmal einen Vorgeschmack dessen benötigen, was es heißt, von Sünde erlöst zu leben; ihre Glücksmomente scheinen das vollkommene Zusammentreffen von Pflicht und Entzückung zu beinhalten. Doch handelt es sich um eine Lebenssphäre, die typischerweise von lähmenden Ängsten und Begierden befallen ist. Diese bringen ihrerseits Missverständnisse hervor, die sich dann in der Kultur einnisten, manchmal sogar für lange Zeit.[8] Folglich muss die kirchliche Ehe*praxis* sowohl ein Erinnerungsfenster als auch eine der Korrektur dienende Wahrnehmungslinse für ein der Menschheit bleibend zugedachtes Gut sein.

Weil die Ehe eine geschaffene Lebensform ist, bezeichnet die christliche Lehre von der Ehe eine dem Menschen *typische* Form, d.h. eine ihm gemäße Lebensgestalt, die sich selbst wieder zur Geltung bringt, sobald die sie entstellenden Zwänge beseitigt sind. Die Reformatoren verstanden aber auch, dass die typische Form nicht jede einzelne Ehe zu erfassen vermag. So mag es für das einzelne Paar bestimmte, ihm eigene Bedingungen geben, die es – nicht nur subjektiv, sondern

---

[7] The Book of Common Prayer (1662), "The Form of Solemnization of Matrimony".
[8] Ich erinnere hier nur an die furchtbare, traditionell-chinesische Praxis, die Füße der Frau zu verstümmeln, um ihre sexuelle Attraktivität zu erhöhen.

auch objektiv – unmöglich machen, alle Güter, die der Ehe vom Prinzip her zugeordnet sind, zum Ausdruck zu bringen. Zum Beispiel gibt es Ehen, die ohne eine realistische Aussicht auf Kinder geschlossen werden; es gibt Ehen, die aus dem Witwenstand heraus eingegangen werden; und afrikanische Kirchen sahen sich mit der Notwendigkeit konfrontiert, Vorkehrungen für zum Glauben gekommene Ehepartner aus polygamen Haushalten zu treffen. Wir müssen uns hier die Logik der typischen Form vor Augen führen: Der menschliche Fuß hat fünf Zehen, und dennoch hat jemand, der mit einem fehlenden Zeh geboren wird, immer noch einen Fuß. Die Ehe wiederum ist der soziale Kontext, um Kinder zur Welt zu bringen; dennoch lebt ein Ehepaar, das nicht in der Lage ist, eigene Kindern zu haben, immer noch eine Ehe. Die typische Form bleibt selbst im Falle eines Defekts gültig. Eine Adoptivfamilie, bei der die genetische Verbindung zwischen Eltern und Kind nicht vorhanden ist, untergräbt nicht, sondern sie *bestätigt* gerade die Geltung der Familie als Lebensgestalt, indem sie einen Elternersatz bietet, der der Familie so nah wie möglich nachgestaltet ist. Eine unter den gegebenen Umständen gut entworfene Anpassung gibt auf eigene Art und Weise Zeugnis von der Gabe Gottes, auf die hin sie entworfen ist. Gut durchdacht und richtig verstanden dienen beide einander. Eine schlecht entworfene Anpassung dagegen neigt dazu, die Gabe zu verschleiern und zu verleugnen.

Das bemerkenswerteste Beispiel einer seelsorglich motivierten Anpassung im Umgang der Kirche mit der Ehe ist die Vorsorge, die sie für Christen getroffen hat, deren – der Sache nach unauflösbare – Ehe realiter gescheitert ist. Wenn eine Sache die Dialektik zu veranschaulichen vermag, die zwischen moralischer Unterweisung und seelsorgerlicher Anpassung besteht, dann ist es das Verhältnis zwischen Jesu rigoroser Lehre zu diesem Thema einerseits und den Gegebenheiten, die anzuerkennen sich die Kirche genötigt fühlte, in der Absicht, diejenigen wiederaufzurichten, deren Ehe gescheitert ist. Der Prüfstein für die Legitimität solcher Klauseln war immer, ob sie auf eine Weise Anwendung fanden, die den lebenslangen Charakter der Ehe aufrechterhält statt ihn preiszugeben. Der Gehorsam einer Institution gegenüber Christus mag manchmal seltsame Formen annehmen; doch muss es immer noch möglich sein erkennen zu können, ob ein menschlicher Fehler vergeben oder ob er in den Rang einer neuen Norm erhoben wird. Ich erwähne dies, weil das Verhalten der Kirchen in Sachen Ehescheidung manchmal als Argument benutzt worden ist, um nahezulegen, die Kirche sei frei, sich von der Lehre Jesu zu verabschieden, weil sie einfach besser als er wisse, was von ihr verlangt ist. *Wenn* dieser Schluss aus dem zu ziehen ist, was die Kirchen in diesem Bereich getan haben, dann kann dies nur als großes Unglück bezeichnet werden. Ich hoffe aber weiterhin, dass die kirchliche Praxis vielmehr Zeugnis von der Kraft der Vergebung Gottes gibt, der uns aus dem Versagen herausführen und zu lebenslanger Treue wiederherstellen möchte.

Im Zuge dieser Entwicklung wurde auch die Rolle der staatlichen Gewalt anerkannt, auf Erwartungen – wie das Festhalten der Partner an einem auf Lebenszeit gegebenen Eheversprechen – zu verzichten, an denen es grundsätzlich ein öffentliches Interesse gibt. Jedoch sind die weltlichen Autoritäten genauswenig wie die Kirche ermächtigt, die Lehre Jesu von der Ehe einer Re-Definition oder Modifikation zu unterziehen. Auch sie können die Gabe der Ehe nur anerkennen und Zeugnis von ihr geben. Es macht mir Sorge, wenn Theologen unvorsichtig behaupten, dass die Ehe in einem gewissen Sinne der gesellschaftlichen Ordnung „zugehöre" – sie „gehört", wenn sich der Begriff in diesem Zusammenhang überhaupt sinnvoll verwenden lässt, auf der einen Seite allein Gott und auf der anderen Seite den verheirateten Paaren. In der Ausübung seiner regulativen Bestimmung kann der Staat auf Abwege geraten, wie dies sicherlich in jedem Bereich staatlicher Machtausübung passieren kann. So haben westliche Staaten sich seit einigen Jahrzehnten auf den rechtlichen Standpunkt gestellt, dass ein Kind im Mutterleib keine rechtliche Person sei. Dazu ist nicht mehr zu sagen als dass eine solche Auffassung einen erschreckenden Keil zwischen rechtliche Bestimmungen einerseits und die Realität andererseits treibt. Eine dergestalt unterscheidende und voraussetzungsreiche Behauptung über das ungeborene Kind aufzustellen, dürfte doch eher in der Kompetenz der Naturwissenschaft und der Philosophie liegen; die Rechtsordnung mag es vorziehen, darüber nichts zu wissen. Ein ähnlicher Akt des Eigensinns wird derzeit hinsichtlich der Ehe verübt. Und wenn der Staat Fehler dieser Art macht, dann ist es die Pflicht der Kirche gegenüber dem Staat – und zwar aus Respekt vor dem Dienst, den zu tun dem Staat aufgetragen ist –ein Korrektiv anzubieten, indem sie sich im Denken und Reden vom Staat unterscheidet.

Die Kirchen, die als erste liturgische Gebete vorschlugen und ausprobierten, um den Anfang einer gleichgeschlechtlichen Partnerschaft zu begleiten (die schwedische lutherische Kirche stand in den 1970er Jahren an der Spitze solcher Vorschläge) sahen sich selbst als mit einer seelsorglichen Anpassung befasst, wie wir sie weiter oben beschrieben haben. Ob sie dabei nun gut oder schlecht beraten waren, jedenfalls handelte es sich um einen Versuch, mit einem neu auftretenden praktischen Problem in Übereinstimmung mit den seelsorglichen Anpassungen der Vergangenheit umzugehen. Etwas der Sache nach *grundsätzlich* anderes ist es jedoch, wenn nun vorgeschlagen wird, die Ehe neu zu definieren, indem die Klausel, dass sie zwischen einem *Mann* und einer *Frau* geschlossen wird, entfernt wird. Die neuen Vorschläge, wie sie von den schwedisch-lutherischen, der schottisch-episkopalen und Episkopalen Kirche in den USA vorgelegt wurden, führen praktisch dazu, dass die Ehe aus dem Kontext, sie in den sozialen und reproduktiven Mustern der menschlichen Spezies zu verstehen, herausgelöst wird. Es handelt sich um ein klassisches Beispiel für eine Entwicklung, die sich nicht einem Prozess des *Lernens*, sondern vielmehr des *Vergessens* verdankt. Man wird hier sicherlich den historischen Kontext beachten müssen, der weder vorrangig intellektueller noch seelsorglicher Natur ist, sondern vielmehr in der rasanten Entwicklung der liberalen Demokratie hin zu einer Form des bürokratischen Säkularismus begründet ist, der keinen Platz mehr für normative Lebensmuster hat, die sich nicht der Begründungslogik des Säkularismus unterordnen, sodass diese Logik die einzige Form des „Säkularen" bleibt, die es noch gibt. Nur innerhalb einer Generation hat die Demokratie sich in einer Art und Weise gewandelt, die es erst noch vollständig zu beschreiben und verstehen gilt. Die Kirche muss verstehen, dass sie in einer Situation lebt, die noch vor einer Generation als unvereinbar mit der liberalen Tradition galt: Der liberale Staat tendiert nämlich nicht nur dazu, religiöse Stimmen im öffentlichen Raum zu marginalisieren, sondern – und das ist das Neue – zunehmend selbst mit einer quasi religiösen Autorität, wie sie bislang den Kirchen zugestanden wurde, aufzutreten. Wir finden uns damit in einer Situation wieder, in der die Kirche vor der Frage steht, ob sie bereit ist, sich ungeachtet politischer und sozialer Zwänge diesem Anspruch des bürokratischen Säkularismus zu widersetzen.

Vom Standpunkt der liberalen Demokratie aus betrachtet entbehrt die Vorstellung, der Staat könne sich eine eigne ausformulierte Lehre von der Ehe leisten, nicht einer gewissen Komik. Was die Kirchen betrifft, ist die oben skizzierten Entwicklung jedoch alles andere als komisch. Denn ihrem Handeln liegt weithin eine Trivialisierung des Konzepts der Lehrentwicklung zugrunde, bei der dieses Konzept auf ein Konstrukt der Kirchenverwaltung reduziert wird, das den jeweiligen zeitlichen Modeerscheinungen nach Bedarf angepasst werden kann. Dagegen würde kein Vorschlag für die *seelsorgliche* Anpassung an die Bedürfnisse gleichgeschlechtlicher Paare, egal wie gut oder schlecht er dann im Einzelnen durchdacht ist, diese Auswirkung auf die Identität einer kirchlichen Gemeinschaft haben, Kirche Jesu Christi zu sein. *Wenn die westlichen Kirchen den Willen verloren haben, über das Geschenk der Ehe als eine Gabe an die – als physische, moralische, spirituelle Wesen und in zwei biologischen Geschlechtern – geschaffene Menschheit Zeugnis zu geben, dann zeigen sie damit, dass sie letztlich den Willen aufgegeben haben, die Erlösung der Schöpfung durch den Menschensohn zu verkündigen.* Das Sprechen des ersten Artikels des Apostolischen Glaubensbekenntnisses, und folglich des Glaubensbekenntnisses als Ganzes, wie es im Gottesdienst geschieht, wird so immer mehr zu einer nostalgischen Gewohnheit, die den stillschweigenden Rückzug des Glaubens an einen göttlichen Schöpfer verdeckt.

# Von berechtigten Anliegen und verschleierten Ideologien

## Geschlechtertheoretische Paradigmenwechsel in der Neuzeit aus philosophischer Sicht

HARALD SEUBERT

Das Verhältnis der Geschlechter in der Schöpfungsordnung und im biblischen Zeugnis ist das einer Zuordnung, genauer einer Komplementarität, die nur gewahrt bleiben kann, wenn zunächst die Verschiedenheit anerkannt ist. Diese Differenz ist leiblich manifestiert, aber auch in Fähigkeiten und Anlagen. Dabei spielen, wie unter anderem Manfred Spreng gezeigt hat, Fragen der Hirnstruktur und -verschaltung zumindest eine ebensolche Rolle wie primäre oder sekundäre Geschlechtsmerkmale.[1]

Ebenfalls nach biblischem Zeugnis ist es offensichtlich, dass Mann und Frau einander gegenseitig bedürfen. Gleichwohl beruht ihre Unterschiedlichkeit auf einer Gleichwürdigkeit. Sie schließt ein, dass männliche und weibliche Existenz aufeinander bezogen und hin geordnet sind, weil sie je spezifisch die menschliche Gottebenbildlichkeit verkörpern. Auch für die Ausprägung der Individualität gibt es keineswegs ein Menschsein an sich, sondern immer ein Menschsein als Mann und Frau. Die Gleichwürdigkeit – auch und gerade in Christus – ist hier eingeschlossen (vgl. Gal 3,28: „So ist nicht mehr Mann und Frau"). „Gender", mit allen seinen Gefährdungen und seiner Anomie ist darauf eine Antwort. Die Wirksamkeit der Genderkonzeption wäre nicht verständlich, wenn nicht auch in der Geschichte des Christentums immer wieder gegen diese Komplementarität verstoßen worden wäre. Es ist deshalb nicht nur um eine Kritik an Genderkonzepten zu tun. Sie muss einhergehen mit einer vertieften und verstärkten Erkenntnis der geschöpflichen *conditio humana* und einer ideengeschichtlichen Genealogie der Geschlechtertheorie.

---

[1] Vgl. Manfred Spreng, Adam und Eva. Die unüberbrückbaren neurophysiologischen Unterschiede, in: Harald Seubert/Manfred Spreng, Vergewaltigung der menschlichen Identität. Über die Irrtümer der Gender-Ideologie, hg. v. Andreas Späth, Ansbach [4]2014, 35–74. Es versteht sich, dass solche wissenschaftlich-empirischen Befunde, wie Spreng sie vornimmt, Plausibilisierungs-, nicht aber Beweischarakter haben.

## 1. Grundphänomene des Verhältnisses der Geschlechter

Grundprägungen zeigen sich elementar in verschiedenen Kulturen, ihren Mythen und der Erklärung des Verhältnisses von Mann und Frau. Solche Zeugnisse machen klar, dass dieses Grundverhältnis tief in der menschlichen Selbst- und Welterfahrung grundgelegt und deshalb nicht konstruierbar oder auch dekonstruierbar ist. Das Mütterliche, Weibliche verband sich seit alters mit dem Numinosen und mit der Magie. In ihm lagen Segensmacht und die Fähigkeit, Tabus auszusprechen. Dies ist die Teilwahrheit in Bachofens Lehre vom Mutterrecht.[2] Verfehlt wäre indes die Erwartung, dass darin eine ausgeprägte Rechts- und Herrschaftsstruktur vorliegt. Die Frau verwaltet gerade die Numina der Erde. Sie ist, nach einer Formulierung von H.-B. Gerl-Falkovitz, die dies ausgehend von einer Fülle von mythologischem Material formulierte, „Rätsel, Drohung und Verheißung" für den Mann.[3]

Im Heldenepos, im Märchen, in den *aventiuren* des Mittelalters ist die Frau die Auslöserin und Motivation der Werke und Abenteuer des Mannes. Sie ist ihm Ziel, Versprechen, Herausforderung, Rätsel. Und sie ist eng mit seinem Schicksal verwoben. Gerl-Falkovitz hat auch die Kehrseite trefflich formuliert: Der Mann ist „Löser und Erlöser der Frau". Er ist mithin auch Träger des Rechtes und der schriftlichen Satzung. Dies wird etwa in dem Konflikt zwischen dem König Kreon und Antigone, die ihren Bruder auch gegen das Stadtgesetz bestatten möchte, klassisch deutlich. Dabei geht es um nichts geringeres als das von Natur her Rechte, das *Dikaion kata physin*, das älter als jede Weisung ist.[4] Diese Uroffenbarung des Naturrechts wird in der biblischen Offenbarung über die Geschöpflichkeit des Menschen vom Mythos und seiner Zwangsläufigkeit, auch Necessitiertheit, befreit und gelöst. Sie wird aber, anders als im heutigen Gender-Konstruktivismus, keineswegs überblendet oder dekonstruiert.

---

[2] Vgl. Johann Jakob Bachofen, Das Mutterrecht. Eine Untersuchung über die Gynaikokratie der alten Welt nach ihrer religiösen und rechtlichen Natur, hg. v. Hans-Jürgen Heinrichs (stw 135), Frankfurt a. M. 1975 (ursprünglich 1861). Die Vorstellung einer mutterrechtlichen Urkultur wird sich indes empirisch kaum aufrechterhalten lassen.

[3] Hanna-Barbara Gerl-Falkovitz, Frau-Männin-Menschin. Zwischen Feminismus und Gender, Kevelaer 2009, 13 ff.

[4] Dazu grundlegend: Wolfgang Waldstein, Ins Herz geschrieben. Das Naturrecht als Fundament einer menschlichen Gesellschaft, Augsburg 2010.

## 2. Paradigmata der Zwienatur der Geschlechter

2.1. Dass die Geschlechtlichkeit des Menschen in dessen eigene Disposition gestellt sei, ist niemals in der bisherigen Ideengeschichte behauptet worden. So gegen die Erfahrung ist diese Auffassung, dass andere Zeiten und Epochen wohl gar nicht darauf kommen konnten. Alt ist hingegen die mythische Auffassung von einer hermaphroditischen Grund- und Urnatur des Menschen. Sie wird vielleicht im Platonischen ‚Symposion' am eindrücklichsten formuliert. Am Anfang sei der Mensch eine Kugel gewesen. Auf dieser Stufe zeigte sich die Einheit des Männlichen und Weiblichen. Diese kreisförmige Vollkommenheit verführte den Menschen aber zur Hybris. Zeus trennte daher die beiden Hälften und heftete sie aneinander, mit der Mitte, den Zeugungsorganen, nach außen, so dass sie voneinander wussten, nicht aber zusammenkommen konnten. Die Unglückserfahrung, die verlorene Hälfte zu suchen und nicht finden zu können, habe so sehr an den Menschen gezehrt, dass sie keine Freude mehr finden konnten und sterben mussten. Da erbarmten sich die Götter: Sie trennten die Menschen so, dass sie als Hälfte leben konnten, den männlichen oder weiblichen Gegenpart suchten und sich – wiewohl nur für kurze Zeit – mit ihrem Gegenstück in der erotischen Einheit zu verbinden vermochten.[5] Jener Mythos, den Sokrates von einer Frau, Diotima, der Priesterin von Mantinea, gehört haben will, verbindet die ferne mythische Vergangenheit des Hermaphroditischen mit dem Gottgleichseinwollen des Menschen (Hybris). Deshalb verspielt er die paradiesische Einheit. Der Mythos verweist zugleich eindrucksvoll auf die gesuchte Komplementarität im anderen Geschlecht, auf die Vollkommenheits-Sehnsucht im Eros, die sich doch im endlichen Leben nie vollständig erfüllen wird.

Ein weiteres ist hier bedenkenswert: Den Eros bestimmt Sokrates, in Abgrenzung von den anderen Reden im *Symposion*, nicht als Gottheit, sondern als Dämon. Er kann, recht verwendet, den Menschen über sich hinausführen. Er kann ihn aber auch in Fleischlichkeit und Endlichkeit versacken lassen.

Platon wusste durchaus von der Gleichwürdigkeit von Frau und Mann: Er hat deshalb in seiner *Politeia* (vor allem im V. Buch) davor gewarnt, die Frau an das Haus zu binden und nicht an der Öffentlichkeit teilhaben zu lassen. Ihre Kräfte seien schwächer als die des Mannes. Doch die Polis bedürfe ihrer in eigenständiger Weise. Die Realitäten in der griechischen Polis sahen offensichtlich anders

---

[5] Plato symp. bes. 198 a 1 ff..

aus. Die Rolle der Frau blieb dem *Oikos*, dem Haus verbunden, gerade damit aber konnte sie Macht ausüben, unter Umständen durch Intrigen wirksamer, als wenn sie Amt und Mandat gehabt hätte. Im Neuplatonismus erst – und ganz im Unterschied zur Platonischen Konstitution – wird die Frau mit der ungeformten Materie identifiziert, die als *autokakon*, als das Böse selbst, erscheint und einer gnostischen Spaltung unterzogen wird.

Die Differenz zwischen Mann und Frau wurde indes schon in der früheren archaischen Epoche deutlich gesehen. Weibliche Gottheiten werden dabei, nicht nur bei den Griechen, sondern in verschiedenen Kulturen, in ihrer Nähe zu der All-Einheit der Erde, dem Mutterschoß dargestellt und gedeutet. Angeführt sei nur die gnostische neuplatonische Tradition, welche die *Chora* die Urmaterie (,mater') nennt, die selbst keine Gestalt hat, aber alle Gestalten aufnehmen kann. In ihr bilden sich die Elemente und in zweiter Linie auch das konkrete einzelne Seiende heraus. Später wurde die Materie aufgrund der erdhaften Formlosigkeit als das Grenzenlose und in der Folge als das Böse aufgefasst. Formgebung und Idee wurden dagegen der männlichen Seite zugeordnet.[6] Die Bedrohlichkeit des Mutterschoßes und seine hegende, schützende Kraft sind nicht voneinander zu trennen. In verschiedenen Kulturen gibt es die Gestalt der „Großen bösen Frau", wie der „Schwarzen Kali" in Indien, die, um Leben zu spenden, mit der Opferung von Leben befriedet werden muss. Die Vulva der Muttergöttin erscheint mit Zähnen versehen, und die Drachenkämpfe der Helden richten sich auch gegen jene Urmächte.[7] Doch der Mann kann ihrer prinzipiell nicht Herr werden. Sie nimmt Rache an ihm, wenn er sich nicht mit ihr verbündet.

An den erschreckenden Zügen solcher Szenarien kann man auch erkennen, wie bedrohlich die pagane und außerchristliche Welt den Geschlechterunterschied auffasst. Jene Strömungen eines radikalen, gender-theoretisch untermalten Feminismus, die heute theologisch mit der Wiederkehr der Göttinnen spielen, verkennen leicht, dass es sich dabei um dämonische und destruktive Mächte handelt, und das Spiel mit der Magie der weisen Frauen vergangener Zeiten zeigt nur, wie ahnungslos eine Spätzeit hinsichtlich der entfesselten Mächte geworden ist.

---

[6] Vgl. Plato Tim. 47 d ff. und passim.
[7] Dazu mit eindrucksvollem Bildmaterial Erich Neumann, Die Große Mutter. Der Archetyp des großen Weiblichen, Zürich 1956.

2.2. Die interkulturelle Universalität dieser Reflexion über Mann und Frau liegt offen zutage: Laotse weiß ebenso wie die vorsokratischen Weisen, dass die Weltharmonie nur in der Verbindung des Männlichen und Weiblichen möglich ist. „Das Männliche liebt das Weibliche. Yin umarmt Yang, und zehntausend Dinge leben in Harmonie durch die Verbindung dieser Kräfte".[8] Gleichwertig und gleichgewichtig sind sie also. Doch dabei sind sie alles andere als gleich. Die *aventiuren* der großen Epen der Antike und des Mittelalters zeugen davon: Nausikaa, Penelope, Ariadne, Isolde oder Kriemhild sind Frauengestalten, an denen der Held erst zu sich selbst findet. Sie sind Verführungen, und zugleich erfährt der Held in ihrer Rätselhaftigkeit, was sein Lebensrätsel ausmacht. Eine höchst reale Macht kam der Differenz der Geschlechter zu. Durch Heirat konnte eine Jungfrau im Mittelalter den Verbrecher vom Galgen weg begnadigen, worin die entsühnende metaphysische Kraft noch einmal eindrucksvoll sichtbar wird.

Und immer wieder ist davon die Rede, dass dem Mann der Tag gehört: Logos, Vernunft, politischer Rat, der Frau aber die Nacht und das unvordenkliche, überpositive Naturrecht. Man kann bei allen Differenzen in der kulturellen Gestaltung und den Differenzen der verschiedenen Religionen im Einzelnen hier von universellen Strukturen sprechen, etwa, wenn die Pythagoreische Schule die Entsprechung zwischen Mann und Frau wie von selbst in eine große Gegensatz-Lehre einbezieht, die noch für Platon Wirksamkeit besitzt: „Grenze und Unbegrenztes; Ungerades und Gerades; Einheit und Vielheit; Rechtes und Linkes; Männliches und Weibliches; Ruhendes und Bewegtes; Gerades und Krummes; Licht und Finsternis".[9] In der Frau begegnet der Mann immer auch der Mutter. An ihr kann er das, was ihm von Geburt her unzugänglich ist, zu erkennen versuchen. Die tiefenpsychologische Differenz, die C. G. Jung mit der Typik von „Animus" und „Anima" sichtbar gemacht hat, spiegelt sich tatsächlich im mythologischen Material der Völker und Weltreligionen.

Vor allem der Hinduismus als Volksreligion kennt daher auch die Verehrung von Genitalien (linga, yoni), Tempelprostitution und Fruchtbarkeitsriten. Herrin dieses Bezirkes ist aber primär die Frau. Schon ein nüchterner religionswissenschaftlicher Blick, diesseits des christlichen Bekenntnisses, wird erkennen können, welche ungeheure Befreiung die personale Struktur christlichen Glaubens

---

[8] Lao-tse, Jenseits des Nennbaren. Sinnsprüche nach dem Tao-te-king (Herderbücherei 741), Freiburg i. Br. 1984, 98. Vgl. auch Heinrich Zimmer, Fahrten und Abenteuer der Seele. Ein Schlüssel zu indogermanischen Mythen (Diederichs gelbe Reihe 67), Düsseldorf ²1992.

[9] Zitiert nach H.-B. Gerl-Falkovitz, Frau-Männin-Menschin [wie Anm. 3], 39.

gegenüber diesen Gemengelagen mit sich bringt. Leicht aber verkennt der müde späte, letzte, Mensch, der – nach Nietzsche – nicht mehr in der Lage ist, „kosmisch" zu empfinden, dass zwischen Mann und Frau eine Trennung gesetzt ist, die sich nicht tänzelnd überschreiten lässt.

2.3. Das Verhältnis der Geschlechter und die *querelle des femmes* durchzieht sodann die neuzeitliche Ideen- und Philosophiegeschichte während einiger Jahrhunderte. Darin begegnen die großen Paare, wie Abaelard und Héloise, die sich in physischer und intellektueller Liebe begegnen, sich am Anderen finden, in gegenseitiger Achtung und Würdigkeit und unverkennbar Repräsentanten ihres Geschlechtes bleiben. Nicht nur Minne und Ehe können Mann und Frau verbinden, sondern auch das Verhältnis von Lehrer und Schülerin, das im Mittelalter nicht umkehrbar ist. Spätmittelalterliche und humanistische Denkerinnen und Dichterinnen haben die Eigenwürde der Frau ans Licht zu heben versucht: so Christine de Pizan, eine Dame am Hof Charles V., die in ihrem Selbstbewusstsein („Je Christine") der gelehrten Männerwelt gleichberechtigt gegenübertritt, zugleich aber weiß, dass der biologische Unterschied zwischen Mann und Frau unüberschreitbar ist und die ihn bejaht. Die Frau hat eigene Qualitäten: Passivität, Sinnlichkeit, Empathie, und dabei intellektuell alle Möglichkeiten menschlicher Bildung, denen sie ihre sensitive Färbung gibt.

Das 16. und das 17. Jahrhundert bringen divergente Zeugnisse hervor. Die Inferioritätsthese, die die Frau als unvollständigen Mann, charakterisierte, dominiert. Ein Traktat aus dem Jahr 1595 wirft die Frage auf: „Ob die Weiber Menschen seyn oder nicht?", und der Abt Tondi setzt die Frau mit dem Übel gleich, auch dies ein altes abgründig mythisches Motiv, das sich von der Weiblichkeit der Materie (*Chora*) und ihrer gnostisch-neuplatonischen Deutung als böse herleitet. Im Mythos von der Büchse der Pandora fand es eine frühe figurative Ausgestaltung.

Eigenständige und weitreichende Reflexion verdient die Sicht auf das Verhältnis zwischen Mann und Frau in der Reformation. Hier kann nur auf einiges wenige hingewiesen werden. In der Deutung der Reformatoren stabilisiert sich die Ehe zum eigenen Stand. Sie ist „weltlich Ding unter Gottes Ordnung". Ihre Hochachtung steht damit im Zusammenhang der Achtung, die alle weltlichen Verhältnisse, insbesondere auch die Arbeit als eigener Gottesdienst finden. Die Reformatoren haben dabei den Charakter der Ehe niemals verklärt und ihre

Weltlichkeit bis in die Gefährdungen der Entzweiung hinein mit allem gebotenen Realismus gezeigt.[10]

Doch findet man schon früher auch einfühlsame Schriften zur Erziehung der adeligen Frau, wie *De institutione feminae Christianae* (1529) von Juan Luis Vives, das ebenfalls das geschlechtliche Proprium der Frau mit der Beschwörung ihrer Bildungsfähigkeit verbindet. Und es gab gar einige Humanistinnen, die ihrerseits die Inferiorität des Mannes behaupteten, gestützt auf das Argument, dass er sein Schöpfungstelos erst erfülle, da seine Rippe der Entstehung der Frau diene. Lucretia Marinella formulierte: „Aber wenn die Frauen, wie ich hoffe, aus ihrem langen Schlaf erwachen, in den sie hinabgedrückt sind, so werden diese undankbaren und hochmütigen Männer zahm und demütig."[11] Dergleichen bleiben ideengeschichtlich reizvolle Arabesken. Anders steht es schon mit dem etwa zeitgleich entstandenen schönen Dialog der Moderata Fonte *Das Verdienst der Frauen*, der prismatisch unterschiedliche weibliche Lebensformen vor Augen rückt: die des jungen Mädchens, die der Ehefrau, aber auch der Unverheirateten und der Witwe. Die Polarität der Geschlechter, die Spiegelung, die das Eigene im Gegenüber zum Mann erkennt, wird hier in einer literarisch sensiblen Weise zur Darstellung gebracht. Von ähnlichem Karat war auch der Ansatz der Marie le Jars de Gournay (1565–1654), die Freundin und Herausgeberin des großen Moralisten Montaigne, die eine Schrift mit dem Titel *Le grief de dames* (Die Klage der Frauen) vorlegte. Von Anfang an sucht sie die Inferioritätsauffassung oder gar die These einer ethischen Minderwertigkeit der Frau zu widerlegen. Diese Meinung stamme aus Vorurteilen, und große Männer wie Platon und Sokrates setzten sich dem ebenso entgegen, wie Gott selbst. Beide Geschlechter seien im Sinne der Heiligen Schrift und des Schöpfungsberichtes von gleicher Würde; gleich seien sie aber ganz und gar nicht. Deshalb müssten der Frau eigene, ihr gemäße Bildungshorizonte, aber auch Wirkungsmöglichkeiten in Kirche und Staat eröffnet werden. Noch mehr: Wenn Männer Gott anthropomorph männlich missverstünden, setzten sie sich über Gott selbst, der die Gott-Ebenbildlichkeit in beide Geschlechter gleichermaßen gelegt hätte.

---

[10] Vgl. dazu den Beitrag von Ulrike Treusch im vorliegenden Band.
[11] Nach Gerl-Falkovitz, Frau-Männin-Menschin [wie Anm. 3], 112.

2.4. Man weiß, dass das Aufklärungszeitalter für die Bildung der Frau und ihre akademische Akkreditierung zu einer der wirksamsten Epochen der Weltgeschichte wurde. All dies sind Errungenschaften, die – teils, ohne dass man es seinerzeit oft wissen und wahrhaben wollte, ja in Verkennung ihrer Abhängigkeit vom biblischen Zeugnis und in Absetzung von der Kirche – der Gottebenbildlichkeit zu Realisierung verhalfen. Sie haben Europa tief geprägt, und niemand wird an ihnen rütteln wollen. Dass in den Revolutionen des späten 18. Jahrhunderts die allgemeinen Menschenrechte deklariert werden, forderte die Rechte der Frau ein, auch wenn lange Zeit noch im Zeitalter der Französischen Revolution die Frage aufflammt, ob – und inwiefern – auch Weiber Menschen seien.

In eine ungleich größere Tiefe führen die Reklamation der klassischen Philosophie und Dichtung. Der vorkritische Kant sprach von dem „reizenden Unterschied" zwischen Mann und Frau, er wies der Frau Schönheit, dem Mann aber „Erhabenheit" zu, eine Eigenschaft, die sich auch mit heroischen Eigenschaften und der Kraft zum Verzicht verbinde. Vieles daran mag zeitbedingt sein. Doch Kant, Junggeselle bis ans Ende seiner Tage, gibt schöne Exemplifizierungen der Gefahren und Deformationen, die eintreten, wenn das Proprium der Geschlechter überschritten wird: Dann werde sich die Frau „zur Pedantin" oder zur „Amazone" entwickeln, der Mann aber zum „Zieraffen". „Allmählich, so wie die Ansprüche auf Reizungen nachlassen, könnte das Lesen der Bücher und die Erweiterung der Einsicht unvermerkt die erledigte Stelle der Grazien durch die Musen ersetzen, und der Ehemann sollte der erste Lehrmeister sein" (A 74).[12] In seiner *Anthropologie* hat der spätere Kant indessen darauf hingewiesen, dass die Geschlechterdualität unhintergehbar sei. Er lässt sich nicht auf Kategorien bringen und nicht theoretisch ausloten. Dies aber bedeutet eben, dass wir keinen Begriff und keine Anschauung vom Menschen haben können, sondern nur von Mann und Frau. Diese Dualität ist uns vorgegeben, und sie bleibt der Anthropologie und menschlichen Selbsterkenntnis ein Mysterium.

Goethe hat im Zusammenhang seiner Reflexionen über das weibliche Bildungsideal festgehalten: Es unterscheide sich von dem des Mannes, insofern nicht die Virtuosität des Könnens das erste Ziel ist, sondern die Schönheit des Geistes. Geistige Vertiefung „nach innen", und irdisch geerdete Gegenbewegung „nach außen" zusammenzuführen, das sei das Telos der Bildung der Frau. Vor

---

[12] Kant wird hier zitiert nach: Beobachtungen über das Gefühl des Schönen und Erhabenen, Königsberg ²1766 und Riga ³1771. Die Stellen in Klammern folgen dieser Ausgabe.

allem aber sind die Geschlechter aufeinander verwiesen: „Die Liebe macht vieles Unmögliche möglich".[13]

Hegel, der zunächst Liebe – selbstverständlich die Liebe zwischen Mann und Frau – in Übereinstimmung mit der Romantik als „Sich selbst finden im Anderen seiner selbst" bezeichnet hat,[14] hat sich dann gerade nicht wie die Romantiker mit androgyn hermaphroditischen Experimenten beschäftigt. Er hat dergleichen, wie es in Schlegels Roman *Lucinde* zutage trat und von Schleiermacher gerechtfertigt wurde, vielmehr scharf zurückgewiesen. Die Ehe ist für Hegel dann die Bindung dieses Grundverhältnisses. Darin ist die romantische Liebe im dreifachen Sinn ‚aufgehoben': Sie ist nicht mehr diese romantische jähe affektive Affiziertheit (*negare*), sie ist aber zugleich bewahrt (*conservare*) und sie ist auf eine höhere Stufe gesetzt (*elevare*). „Die Ehe ist daher näher so zu bestimmen, dass sie die rechtlich sittliche Liebe ist, wodurch das Vergängliche, Launenhafte und bloß Subjektive derselben aus ihr verschwindet" (§ 161).[15] In ihr bleiben Mann und Frau sie selbst, treten aber zugleich in eine freie Allgemeinheit, aus der allererst die Familie hervorgehen kann.

Über die tiefe, ja unter Umständen „tragische" Asymmetrie zwischen Mann und Frau denkt Hegel gleichwohl nach. Sie ist Teil der menschlichen Endlichkeit. Die Frau, so pointiert er, ist die Einheit des Mannes, der Mann ist die Entzweiung der Frau. Sie sind in Komplementarität also unausweichlich aufeinander verwiesen, ohne dieses Grundverhältnis doch vollkommen realisieren zu können. Christlich wird man darin den gefallenen Menschen erkennen. Hegel spricht mithin vom ‚Gesetz des Weibes', das in einer „Innerlichkeit" bestehe, wohingegen der Mann immer schon in die Objektivität ziele: „Jenes im Verhältnis nach außen das Mächtige und Betätigende, dieses das Passive und Subjektive. Der Mann hat daher sein wirkliches substantielles Leben im Staate, der Wissenschaft und dergleichen, und sonst im Kampfe und der Arbeit mit der Außenwelt und mit sich selbst, sodass er nur aus seiner Entzweiung die selbständige Einheit mit sich erkämpft, deren ruhige Anschauung und die empfindende subjektive Sittlichkeit er

---

[13] Johann Wolfgang von Goethe, Wilhelm Meister Lehrjahre. Sechstes Buch, in: ders., Werke. Kommentare und Register. Hamburger Ausgabe in 14 Bänden, Bd. 7: Romane und Novellen II, hg. v. Erich Trunz, München 1982, 366.
[14] Dazu G. W. F. Hegel, Entwürfe über Religion und Liebe, in: ders., Werke in zwanzig Bänden, Bd.1: Frühe Schriften (Theorie Werkausgabe), Frankfurt am Main 1970, 239 ff., siehe auch ebd., 334 f.
[15] G. W. F. Hegel, Grundlinien der Philosophie des Rechtes, in: ders., Werke in zwanzig Bänden, Bd. 7 (Theorie Werkausgabe), Frankfurt a. M. 1979, 318 ff.

in der Familie hat, in welcher die Frau ihre substantielle Bestimmung und in dieser *Pietät* ihre sittliche Gesinnung hat" (§ 166).[16] In ähnlicher Weise kann man dies auch in Schillers ‚Lied von der Glocke' lesen mit der Beschwörung der „züchtigen Hausfrau, der Mutter der Kinder", was die Romantiker und Romantikerinnen bekanntlich dazu brachte, jene Dichtung nur zu verlachen. Sie schien ihnen alt-bürgerlich, angestaubt, gegen die erneuerte Idee eines hermaphroditischen Geschlechter-Synkretismus gerichtet, den Schleiermacher in seiner *Lucinde* vertrat. Damit gingen sie schon im Kern ähnlich vor wie die heutigen postmodernen Gender-Theoretiker, die jenes Ethos der Sittlichkeit als ein „Konstrukt" neben anderen verstehen, die Wesensfrage nach ihrem Sinn oder auch ihrer empirischen Realität aber nicht mehr zulassen.

Für die künftige Auseinandersetzung mit den Gender-Theorien wird es von entscheidender Bedeutung sein, dass es gelingt, die Wesensfrage wieder zuzulassen. Hedwig Conrad-Martius, eine enge Freundin von Edith Stein, hat darauf hingewiesen, dass das Grundverhältnis des Männlichen und Weiblichen „Thema für eine große phänomenologische Wesensuntersuchung" bleibe.[17]

Hegel, dem diese Wesensfragen ganz selbstverständlich waren, untersuchte allerdings nicht nur das geschlechtliche Verhältnis des Mannes zur Frau, sondern auch des Bruders zur Schwester, wie es etwa im Konflikt der ‚Antigone' begegnet. Dies ist das denkbar freieste Geschlechterverhältnis, in dem sich beide wechselseitig heben und fördern können.

2.5. Unverkennbar zeigt sich gegen Ende des 19. Jahrhunderts, in der Zeit, in der zugleich die Frauenbewegung wesentliche Durchbrüche erlebte, eine Explosion der Geschlechter-Spannungen. Es reicht von der Misogynie Nietzsches, der die Frau als Sklaven und Tyrann dachte, die „Hinterlist des Weibes" auslotete und verwarf bis zu den wahnwitzigen Evokationen von Weiningers *Geschlecht und Charakter*. Weiniger unterschied die maskuline von der femininen Frau. Nur die Erstere sei dem Mann erträglich; hier werden bereits die Linien zwischen den Geschlechtern verwischt. Die Komplementarität und der Möglichkeit einer wechselseitigen Annahme in Andersheit und Liebe kommt nicht mehr zur Sprache.[18]

---

[16] Man vergleiche Hegel, Grundlinien der Philosophie des Rechtes [wie Anm. 15].
[17] Zitiert nach H.-B. Gerl-Falkovitz, Frau-Männin-Menschin [wie Anm. 3], 148; vgl. auch Ute Gahlings, Phänomenologie der weiblichen Leibeserfahrungen, Freiburg 2006, ferner Edith Stein, Keine Frau ist ja nur Frau. Texte zur Frauenfrage, hg. und eingeleitet v. H.-B. Gerl-Falkovitz, Freiburg i. Br. 1989.
[18] Otto Weininger, Geschlecht und Charakter. Eine prinzipielle Untersuchung, Wien 1903.

Der Feminismus erwarb der Frau auf vielfach dargestellten Wegen Zugang zu höherer Bildung und zur bürgerlichen Partizipation. Damit traten die allgemeinen Maximen der Französischen Revolution in eine auch positiv rechtliche Konkretisierung ein. Noch einmal: Man wird weder das eine noch das andere, weder die allgemeine Frauen ebenso wie Männer einschließende Erklärung von Menschenrechten, die auf Menschenwürde begründet sind, noch jene in mühevollen und schwierigen Prozessen erworbene Rechtsgleichheit, der eine noch schwierigere Realisierung der faktischen Gleichheit entspricht, zurücknehmen oder relativieren wollen. Der Frauenbewegung haftet aber von vorneherein der Mangel an, dass sie, ähnlich wie der Klassenkampf, nicht in einer Gemeinsamkeit und nicht einmal in einem Wettstreit, sondern in einem Kampf artikuliert worden ist. Dies konnte damals, in der Markierungsphase der Interessen, wohl gar nicht anders sein. Damit positionierten sich Frauen aber nicht nur gegen Männer, sondern auch gegen das eigene, weibliche, Proprium. Sie verdrängten ihre eigene Weiblichkeit.

Zunächst zeichnete sich der *Egalitätsfeminismus* ab. Er trat in der zweiten Hälfte des 20. Jahrhunderts deutlicher zutage, als es eben nicht mehr primär um jene politischen Forderungen, sondern um eine Theoretisierung zu tun war, in der die Leitgedanken der abendländischen Anthropologie selbst als männliche Projektionen erschienen. Und er ist eine Quelle der neuen „Gender"-Ideologie.

In diesem Zusammenhang artikulierte sich aber auch ein *Differenzfeminismus*, wie er heute nicht nur von Luce Irigaray vertreten wird, sondern auch in der Praktischen Philosophie Blüten treibt, die letztlich ein dauerhaftes sittliches Moral- und Rechtsverständnis untergraben müssten. Carol Gilligan etwa verweist darauf, dass männliche Ethik eine Gerechtigkeitsethik, weibliche Ethik dagegen eine Fürsorgeethik sei.[19] ‚Beneficence' stehe gegen ‚justice', und es sei nahezu unmöglich, einen gemeinsamen Nenner für beide Ausrichtungen zu finden. Dass die Begrenzungen des männlichen und weiblichen Gesichtspunkts überwunden werden könnten, wird dabei nicht thematisiert.[20] Denkt man jene Ansätze zu Ende, wäre eine geschlechterübergreifende Sittlichkeit gar nicht möglich.

Die Frau spricht „in einer anderen Stimme" als der Mann. Andrea Dworkin meint gar, dass die habeas corpus-Akte für Frauen eine andere und eigene sein müsste und in der für Männer gültigen Bestimmung nicht aufgehe, weil der Leib der Frau anders verfasst sei. Wenn die Frau darauf nicht bestehe, so kollaboriere

---

[19] Vgl. Carol Gilligan, Die andere Stimme. Lebenskonflikte und Moral der Frau, München 1984.
[20] Vgl. die Zeitschrift Ethik und Sozialwissenschaften 3 (1992), die jene Debatten dokumentiert.

sie mit dem männlichen „Feind".[21] Hier werden offensichtlich empirische Unterschiede mit apriorischen Elementen vermischt. Aufschlussreich ist auch, dass das Geschlechterverhältnis letztlich als Feindschaft erscheint, ganz in der Folge von Carl Schmitts ‚äußerster Differenz' der Freund-Feind-Dissoziation, die im republikanischen Diskurs ansonsten verpönt ist. Von hier her scheint es geboten, noch einmal die Genealogie des Feminismus zu befragen.

## 3. Konstellationen und Probleme des Feminismus. Eine philosophische Perspektive

3.1. Charles Fourier (1772–1837) gebraucht den Begriff „Feminismus" wohl zum ersten Mal. Er versteht den Grad der ‚Befreiung' der Frau als Gradmesser für die gesellschaftliche Entwicklung insgesamt. In einer weitgehend von Männern bestimmten alteuropäischen Zivilisation ist das Anliegen der Frauen auf Gleichbehandlung und auf Würdigung zunächst höchst berechtigt. Prominent wurde in der Französischen Revolution die Forderung der Olympe de Gouges nach eigenen Frauenrechten: „Wenn die Frau das Recht hat, das Schafott zu besteigen, muss sie auch das Recht haben, die Tribüne zu besteigen". De Gouges wird wie viele andere von den Wogen der Revolution verschlungen und hingerichtet. Ihren Ansatz führte Mary Wollenstonecraft weiter: *Vindication of the Rights of Woman*. Die Frau müsse volles Bürgerrecht haben, jeden Beruf ergreifen und studieren können. Herauslösung aus dem Netz der Erwartungen des Mannes ist die leitende Maxime. Diese Forderungen bleiben durch das ganze 19. Jahrhundert uneingelöst und daher virulent. Clara Zetkin forderte auf dem II. Kongress der Sozialistischen Internationale 1917 „Keine Sonderrechte, sondern Menschenrechte!" Zentral ist dabei vor allem die Forderung, dass die Mündelschaft unter Vater bzw. Ehemann beendet werden soll.

Das Frauenwahlrecht wurde 1918 in Deutschland, in den USA und Großbritannien eingeführt, allerdings nicht als verfassungsrechtliche Selbstverständlichkeit, sondern als Belohnung für die Anstrengung der Frauen im Krieg. Dass Frauen studieren können, ist auch im späten 19. Jahrhundert noch eher die Ausnahme als die Regel. Noch in meiner Studienzeit, vor etwa 25 Jahren, gab es nur

---

[21] Andrea Dworkin, Geschlechtsverkehr, Hamburg 1993 [engl.: dies., Intercourse, New York 1987].

zwei Frauen auf philosophischen Lehrstühlen im deutschen Sprachraum. Hier sind Gleichstellungsbestrebungen nur recht und billig gewesen.

3.2. In der feministischen Bewegung seit der Französischen Revolution äußerte sich das Ziel der Gleichstellung unter anderem auf den folgenden fünf Ebenen: (1) Gleichberechtigung in bürgerlichen Grund- und Ehrenrechten (Frauenwahlrecht, Bildung, Scheidungsrecht); (2) Ökonomische Gleichbehandlung, unter Umständen mit Mitteln der Quotierung, der Zielsetzung einer ‚Vereinbarkeit' von Beruf und Familie; (3) Frauenrechte sollen als Spezifizierung von Menschenrechten thematisiert werden (heute noch aktuell im Blick auf Genitalverstümmelungen in Teilen der islamischen Welt); (4) Vergewaltigung und sexueller Missbrauch sollen geahndet werden; und (5) kommt in jüngerer Zeit die Forderung nach einer ‚Feminisierung der Wissenschaft' ins Spiel (Frauenbiographien); sowie nach feministischer Sprachkritik; der gezielten Bildung von Frauennetzwerken.

3.3. Eine zweite Welle der Frauenbewegung beginnt mit den 1960er Jahren. Auch hier ist die Berechtigung nicht zu übersehen. Bis 1962 dürfen Frauen in der Bundesrepublik ohne Zustimmung des Mannes kein eigenes Konto eröffnen. Das Bürgerliche Gesetzbuch (BGB) sah bis Mitte der siebziger Jahre vor, dass Frauen, wenn sie berufstätig werden wollen, die Zustimmung ihres Mannes brauchen. Eine Zuspitzung wird deutlich, als sich die Frauenbewegung mit der 1968er-Bewegung verbindet, etwa in den „SDS-Weiberräten." Die fragwürdige Formulierung lautete seinerzeit: „Das Persönliche ist politisch". Die Emanzipationsbewegung konzentriert sich u.a. auf das Abtreibungsverbot und den § 218 mit der erinnerlichen Aktion „Mein Bauch gehört mir!". Alice Schwarzer begründete aus diesem Ambiente heraus Anfang der siebziger Jahre die Frauenzeitschrift *Emma*.

Dieser Feminismus kennt bestimmte Klassiker, auf die sich die intellektuelle Frauenrechtler-Diskussion beruft. Simone de Beauvoirs *Das andere Geschlecht* aus dem Jahr 1949 ist durch den Satz: „Frau ist man nicht, zur Frau wird man" zu einer Ikone der Frauenbewegung geworden. Hier zeichnet sich der Konstruktivismus der Frauenbewegung ab, obwohl de Beauvoir die physischen Differenzen deutlich markiert. Betty Friedan ging in ihrer Schrift *Der Weiblichkeitswahn* (1963) weiter. Es ist ihre Kernthese, dass sich die Frau nur durch schöpferische Arbeit selbst befreien könne, sonst bleibe sie Opfer. Kate Millett, *Sexual politics* von 1969 (deutsch: *Sexus und Herrschaft*) deutet das Mann-Frau-Verhältnis als ein genuines Unterdrückungsverhältnis. Das Patriarchat versteht sie als eine politische Macht. Sie artikuliert auch erstmals umfassend den Vorwurf des „Sexismus" gegen die kulturelle Männerwelt, insbesondere gegen Schriftsteller wie D. H. Lawrence oder Henry Miller.

## 4. Das Neue an Gender. Befund und Kritik

4.1. Eines fällt sogleich auf, wenn man die neuen Gender-Theorien mit Einlassungen des klassischen Feminismus seit den fünfziger Jahren vergleicht. Es geht nicht mehr um die Gleichstellung von Mann und Frau, auch nicht darum, dass „Rollen" und Berufe sich nun für beide Geschlechter öffnen sollten. Vielmehr zielt die Gender-Konzeption darauf, die Geschlechtlichkeit des Menschen gänzlich zur funktionalen Disposition, gleichsam zur freien Verfügung, zu stellen. Und dabei ist es keineswegs nur um die sozialen Geschlechterrollen zu tun. Vielmehr soll der Körper selbst zum Experimentierfeld werden. Seine Leiblichkeit ist dem Menschen, im Sinne der Gender-Theoretiker, nicht gegeben. Menschsein ist eben nicht, nach Heideggers brillanter Formulierung, „geworfener Entwurf".[22] Die Leiblichkeit ist für Gender vielmehr ein Spielfeld, auf dem sich immer neue ‚Konstruktionen' und Mischformen ergeben. „Trans-gender", also der Wechsel des Geschlechtes wird geradezu zum Programm. Zum Konzept eines „konstruierten Körpers" ist dann etwa zu lesen:

> Der Körper als kulturelles Artefakt verliert seine Starre wie Stabilität, die Idee eines sozialen Konstruktes wird wörtlich genommen und verwandelt sich in die Forderung, die eigene Existenz nicht mehr von der vorgefundenen Kontingenz des zugehörigen Körpers abhängig zu machen, sondern im selbstbewussten Entwurf neu zu gestalten und immer wieder neu zu inszenieren.[23]

Diese ‚Inszenierungen' geben Forschungs- und Kunstprogrammen Nahrung.

Die sprachliche und logische Inkohärenz der Gender-Konzeption ist immer wieder treffend benannt worden. Umso mehr kommt es darauf an, das gedankliche Raster klar zu erkennen, das all dem zugrunde liegt. Zum ersten werden alle Definitions- und Wesensfragen in dem zugrunde liegenden Konstruktivismus eliminiert. Man fragt nicht mehr: „Wer ist eine Frau?", „Wer ist ein Mann?", (denn

---

[22] Martin Heidegger, Sein und Zeit, Tübingen $^{15}$1984, 15 ff. u.ö.
[23] Heinrich Christian Ludwig, Der Körper – eine Insel im Reich des Möglichen? Leiblichkeit in philosophischen Positionen des 20. Jahrhunderts, unveröff. Magisterarbeit an der TU Dresden, 2000, 26 f. Siehe auch: Philip J. Sampson, Die Repräsentation des Körpers, in: Kunstforum International 132 (1995), 94 ff.

die Wasfrage scheint demgegenüber in der Tat problematisch essentialistisch), sondern – und dies in abweichender Lesart des klassischen Diktums von Simone de Beauvoir –: „Wie konstruiere ich mich als Frau?". Nach außen hin wird dabei postmodern, libertär, durchlässig, im Sinne eines „schwachen Denkens", das die alten theologischen und metaphysischen Grundfragen hinter sich gelassen habe, argumentiert. Dahinter verbirgt sich aber zum anderen eine erstaunliche Allmachtskonzeption: Der Mensch ist Schöpfer und Konstrukteur ihrer selbst. Gender, das kulturelle Geschlecht und seine Inszenierung, wobei zwischen natürlichem Geschlecht (,sex') und kultureller Geschlechtsrolle (,gender') nicht mehr unterschieden wird, wird zur Universalkategorie. Eben dadurch dient ,Gender' einem nicht, was die Konzeption aber für sich in Anspruch nimmt: der Kultivierung von Differenz und Toleranz. Beides nämlich setzte Überzeugungen und Wahrheiten voraus, die in der Gender-Lehre gerade in Zweifel gezogen werden. Eine Wissenschaft, die methodisch so verfährt (und weite Teile von geistes- und sozialwissenschaftlichen Exzellenzclustern und Forschungsprojekten tun eben dies, ohne sich nach der Orientierung zu fragen!) hat die Suche nach dem Wahrheitspotential selbst programmatisch aufgegeben. Dieser Mangel dürfte sich noch deutlicher zeigen, wenn sie als Leittheorie zur Anwendung kommt. Judith Butler wurde zur Ikone dieses Konstruktivismus. In ihrer Folge wird formuliert: „Die postmodernen Denker möchten alle essentialistischen Auffassungen des Menschen oder der Natur zerstören [...]. Tatsächlich ist der Mensch ein gesellschaftliches, geschichtliches oder sprachliches Artefakt und kein noumenales oder transzendentales Wesen".[24]

Die Vielheit und Nicht-Festgelegtheit führt in den USA und Australien zu teilweise grotesken sprachlichen Deformationen. Da eine Person im Sinn von Gender ,viele' ist, zumindest Mann und Frau, werden ,he' und ,she' gender-hyperkorrekt mit Pluralformen dekliniert: „This person carries their bag under their arm".[25] Sprachlicher Konstruktivismus wird also nicht nur konstatiert, er wird auch als Hebel verwendet, um die neue Realität wirksamer herstellen zu können, gemäß dem Diktum Wittgensteins, dass die Grenzen der Sprache auch die Grenzen einer Welt sind.

Auch Sexualität soll nicht mehr Modus einer zu deutenden Vorfindlichkeit, sondern durch die Operationen von Gender disponierbar sein. Biologie ist nur

---

[24] Jane Flax, Thinking Fragments. Psychoanalysis, Feminism and Postmodernism in the Contemporary West, Berkeley 1990, 32 ff.
[25] Zitiert nach H.-B. Gerl-Falkovitz, Frau-Männin-Menschin [wie Anm. 3], 175.

kulturelle Vorgabe. Andere sprechen gar in einer, von Foucault entlehnten Terminologie von einer „Zwangsheterosexualität", die nichts anderes sei als ein infam eingesetztes Machtinstrument. Im Rahmen der Computer-Simulationen von Leiblichkeit plädiert die Amerikanerin Donna Haraway dafür, gar nicht mehr von Körpern zu sprechen, sondern von „Cyborg" (von: „Cyber Organismus"). Dies bedeutet, dass „die Begriffe von Körper und Subjekt einer neuen Terminologie weichen, bei der man von ständigen *Prozessen* ausgeht, in denen Informationsströme und Kodes sich kreuzen und immer neue, vorübergehende Bedeutungen entstehen".[26] Auffällig ist dabei, dass es letztlich pathologische Phantome sind, die hier den Leitfaden abgeben: Von Cyborg war zunächst im Zusammenhang von Organtransplantationen die Rede, wenn ein Organismus durch ein fremdes Organ am Leben erhalten wurde. Dann stellt sich die Frage, ob und inwieweit er noch mit sich selbst identisch ist. Die sprachliche Benennung ist wieder aufschlussreich: Wenn vom pathologischen, zumeist immenses psychisches und physisches Leiden mit sich bringendes Extremum her die anthropologische Norm gewonnen werden soll, so erscheint dies als methodisch höchst fragwürdig. Dieselbe Argumentation wiederholt sich, wenn die Geschlechtsumwandlung, Transgender, zu dem Schlüsselphänomen der selbstkonstruierten zweiten Natur wird. Das Leben von Menschen mit dem Syndrom einer Inkongruenz von Selbstempfindung und Leib ist von besonders tiefgreifendem Leiden durchzogen, die oft durch Geschlechtsumwandlungen nicht wirklich behoben werden können – gerade dies sollte ein Indiz dafür sein, dass ein Konstruktivismus der geschlechtlichen Natur des Menschen keineswegs ins Belieben gestellt ist.

An Stelle der Rede von „Leib" oder „Körper" tritt der Begriff von „semiotischen Materialitäten", die sich jederzeit verändern lassen. Eine Folge sind - per Video dokumentierbare – ‚künstlerische' Operationen, deren Material nicht mehr Holz oder Stein ist, sondern der menschliche Körper. Man wird nicht übersehen dürfen, dass dies in subtilem Zusammenhang mit dem Gender-Konstruktivismus steht, ebenso wie die Blüte der ‚Queer'-Studies, jener kulturalistischen Studienrichtung, die Sexus und Gender verabsolutieren und die gesamte abendländische Geistes-, Kunst- und Literaturgeschichte auf dieses Raster beziehen, ja weitgehend reduzieren. Verwandlungs- und Transformationsprozessen gilt dabei besondere Aufmerksamkeit. Und dies, weil jene Strömungen von dem hohen Kredit

---

[26] Lieke van der Scheer zitiert nach H.-B. Gerl-Falkovitz, Frau-Männin-Menschin [wie Anm. 3], 169; vgl. dazu Donna Jeanne Harway, Woman, Simian and Cyborgs. The Reinvention of Nature, London 1991.

zehren, den „Diversities", die Selbstartikulationen bestimmter Minderheitengruppierungen, zunächst ethnischer, dann sexueller Natur, in einer politisch konditionierten Wissenschaft genießen. Doch geht es hier überhaupt noch um Diversität? Selbst wenn solche Diversitäts-Pflege demokratische Toleranz und Akzeptanz fördern würde (doch dies ist hochgradig fragwürdig!), hat sie nicht eo ipso Erkenntniswert.[27]

4.2. Innerhalb der Gender-Konzeption gibt es allerdings bemerkenswerte Unterschiede. Der Konstruktivismus und Relativismus der Judith Butler ist besonders prominent geworden. Man spricht von einem „Linguistizismus": die Konzeption ist ganz und gar auf sprachliche und zeichentheoretische Implikationen orientiert; dies verbindet den Ansatz mit anders verlaufenden Fetischisierungen der Sprache, etwa in der analytischen Philosophie.[28] Dieser Ansatz kennt nur die Gitter der Konstrukte. Eine Welt des Gegebenen und Wahren leuchtet dahinter nicht mehr auf. Auf den ersten Blick scheint der Gegenentwurf von Luce Irigaray demgegenüber die alte Einsicht in die Gegebenheit der Geschlechter festzuhalten. Irigaray betont immer wieder, dass die Geschlechtsdifferenz darin einzigartig sei, dass sie nicht aufhebbar oder auszugleichen sei.

Das „andere Geschlecht" bleibt insofern grundsätzlich unerkennbar und unergründbar; Sprache, Kultur, Symbolisation und leibliche Grundgegebenheit bestätigen einander gegenseitig in jener Differenz.[29] Problematisch ist auch dieser Ansatz, denn er konstruiert etwas wie eine Differenz an sich und die Unzugänglichkeit der Welt des Mannes für jene der Frau und umgekehrt. Wenn es so wäre, könnte es ein Verstehen nicht geben. Allein schon im Blick auf die logische Struktur kann eine Verabsolutierung von Differenz nicht überzeugen. Denn Unterschiedenes kann es immer nur in Abhebung von Gleichem, Ähnlichem und Verbindendem geben. Dies ist der Sinn der alten *analogia entis* und *analogia proportionis*. Auch empirisch wird man kaum sagen wollen, dass die Welt des Mannes an den Grenzen der Welt der Frau enden. Sie können einander

---

[27] Aus der zahlreichen einschlägigen Literatur: Barbara Vinken, Stigmata. Poetik der Körperinschrift, München 2004; Iris M. Young, On Female Body Experience, New York 2004; George L. Mosse, Das Bild des Mannes. Zur Konstruktion der modernen Männlichkeit, Frankfurt a. M. 1997.
[28] Vgl. Judith Butler, Das Unbehagen der Geschlechter, Frankfurt a. M. 1991; ferner gegen den sozialphilosophischen Atomismus des Ansatzes: Seyla Benhabib/Judith Butler u.a., Der Streit um die Differenz. Feminismus und Postmoderne in der Gegenwart, Frankfurt a. M. 1993.
[29] Luce Irigaray, Ethik der sexuellen Differenz, Frankfurt a. M. 1991, und dies., Passions élémentaires, Paris 1982.

verstehen, pragmatisch und in der Tiefe der Liebe, bei aller Fragilität, denen dies ausgesetzt ist.

Näher betrachtet, hat das postmoderne Spiel mit der verabsolutierten, hypostasierten „Differenz" einen koketten Zug im Kontext der „stupid white academic men" beider Geschlechter. Es ist akademische Mode, überzeugend vielleicht im Seminar, und bewusst abgedichtet gegen die Stimme von Lebensrealitäten, Hervorbringung des bzw. der weißen Mittelklasse-Intellektuellen der achtziger und frühen neunziger Jahre. Doch diese partielle Weltsicht, die ihre Plausibilität, soweit ich sehe, niemals konsequent begründet hat und wohl auch keine Notwendigkeit dafür sieht, soll, mit universalem Geltungsanspruch, den verschiedensten Bereichen des öffentlichen Lebens verordnet werden. Bei allen Strategien, die über eine Gleichwürdigkeit hinausgehen, scheint dies höchst fragwürdig.

4.3. Die Problematik des Feminismus verstärkt und vertieft sich in der Genderfrage nochmals: Bei Gender fehlt noch mehr als in manchen Ausprägungen des klassischen Feminismus der Aspekt der Liebe. Damit mangelt es an Mitsein-Können, an einer Transparenz aufeinander hin, in der wechselseitigen Korrelation und damit geht eine Verwerfung des Prägungszusammenhangs der Familie einher. Die Familie ist der institutionelle Ort des Verhältnisses von Mann und Frau, das ja keineswegs ausschließlich auf die Ehe- und Liebespartner fixiert bleibt, sondern auch Bruder und Schwester, Mutter und Sohn etc. in sich einschließt.

Man sollte die Familie deshalb diesseits der Polemiken der Gendervertreter berücksichtigen. Sie ist Objektivation der Liebe. Sie erweitert und vertieft sie, stellt sie auf Dauer. Es geht dabei um jene Liebe, die Hegel und die frühen Romantiker als Sich-selbst finden im Anderen seiner selbst bezeichnet haben und die die tiefste und umfassendste personale Manifestation des Menschen ist. Im Zug dieser Liebe sucht eine Person die andere. An jener Liebe erhält im Idealfall der Mensch, der in eine Familie hineingeboren wird, Anteil. Gottebenbildlichkeit und Gotteskindschaft können, wenn es gut geht, so vor aller expliziten Thematisierung erfahren werden. Denn „sunder warumbe", ohne Verdienst und Leistung ist der Einzelne Glied in der Familie. Die Ehe als Ausdruck personaler Liebe und der Anziehungsmacht der Geschlechter begründet sie: Sie ist die einzige Institution, die den Menschen in seiner Gesamtheit, als leiblich-seelisch-geistiges Wesen einschließt und trägt. Sie ist daher auch der bevorzugte Ort der Tradierung, der Mitteilung von Ethos und der Arkana gelungenen Lebens. In der Familie erfährt der Mensch die Prägung seiner Seele, die ihn lebenslang bestimmen kann.

Umgekehrt gilt aber auch: Familiäre Störungen haben fatale Auswirkungen. Es kann aber nicht angehen, dass staatliche Stellen die *Paideia* (Bildung) von früher Kindheit an sich ziehen, weil es solche Störungen gibt. Vielmehr müsste alles geschehen, um die Familie zu stärken und zu stützen.

Familie ist damit ganz offensichtlich auch ein Ort der lebendigen Traditionsweitergabe. Man sieht das sehr eindrucksvoll am Adel. Man sieht das aber auch in den alteuropäischen Handwerker- und Künstlerdynastien; etwa in der Genealogie der „Ältere", der „Jüngere". Familie ist die verbindende Linie zwischen den Generationen. Dass der Einzelne eben nie nur dieser Einzelne ist, schon gar nicht ein atomistisch abstraktes Wesen, sondern Teil der Genealogie, machen Familienzusammenhänge deutlich. Das wertet die Individualität nicht ab. Es tritt aber auf diese Weise in einen größeren Zusammenhang ein.

Die Maxime: „Man tut das nicht, auch wenn es alle Welt tut", gibt diesem Ethos Prägnanz und Tiefenschärfe. Familien sind die Orte, an denen die Unabhängigkeit von den Bewertungen und Bestimmungen des Marktes der Meinungen gelernt werden kann. Diese führen heute ein bedenkliches Eigenleben, umso mehr je weniger klar die Frage nach der Wahrheit ist. Dies wäre mit zu bedenken, angesichts der gängigen und wohlfeilen Aussage, dass Familien Unterdrückungsinstrumente sind.[30]

Nach innen sind Familien Gebilde der *Palintonos harmonia*, der in sich spannungsreichen Harmonie, die sich freilich immer wieder muss einstellen können. Nach außen sollten und können sie geradezu Bollwerke sein. Michel Houellebecq hat es in seinem Buch *Elementarteilchen*, in dem er die psychologischen Spätfolgen einer 68er-Familie benennt so gesagt: „Es ist nicht uninteressant, dass diese sexuelle Befreiung manchmal als Traumvorstellung von einer Gemeinschaft dargestellt wurde, während es sich in Wirklichkeit nur um eine weitere Etappe auf dem unaufhaltsamen Siegeszug des abstrakten Individualismus handelte".[31] Dieses Plädoyer für die Familie darf nicht zu der Illusion führen, dass familiäres Leben immer gelingen würde. Wenn es zerbricht, ist dies tragisch und es bedarf besonderer Sorgfalt, um diese Brüche zu heilen. Die besorgniserregenden flächendeckenden Ausmaße, die ein abstrakter Konstruktivismus bis in Kindergarten- und Schulerziehung hin angenommen hat, erfordern aber ein tieferes christliches Verständnis des Menschen. In Wahrung der berechtigten Anliegen der

---

[30] Siehe dazu Günter Rohrmoser, Kulturrevolution in Deutschland. Philosophische Interpretationen der geistigen Situation unserer Zeit, hg. v. Harald Seubert, Gräfelfing 2008, v. a. 13 ff.
[31] Michel Houellebecq, Elementarteilchen, Köln 1999, 129.

Emanzipation und im Blick auf die Gleichwürdigkeit von Mann und Frau ist hier nach den Genders ein neues Paradigma erforderlich, das zu einer wirklichen Reformatio führen kann und soll. Eine nach wie vor hörenswerte Stimme sei hierfür angeführt.

## 5. Edith Stein – Eine weibliche Stimme jenseits von Gender

Nicht zuletzt aus Texten und Selbstzeugnissen bedeutender Philosophinnen lässt sich ein eigener Gegenhalt gegen die Sogkraft von Gender erkennen, die aus der geschichtlich und sozial konstituierten, nicht einfach ‚konstruierten', Weiblichkeit und die Selbstwahrnehmung der Frau gleichermaßen schöpft. Diese Selbstwahrnehmung ist dem äußerlichen Blick, aber auch beliebiger Selbstverfügung ebenso unzugänglich wie das Selbstsein als Mann, als junger Mensch, Adoleszenter, Alternder: Sie ist das Fleisch, das wir nicht wie ein erstes Objekt haben, sondern das wir, wie die neuere Phänomenologie eindrücklich lehrt, leiblich sind.[32] Diese Präsenz, als nicht überschreitbarer Blickpunkt individueller, endlicher Denkbewegung muss jeder Konstruktivismus übersehen.[33]

Christliche Denkerinnen wie Edith Stein oder Simone Weil waren sich dessen sehr bewusst, obgleich sie sich keineswegs auf eine weibliche Thematik hätten eingrenzen lassen. Damit bildete sich ein tieferer Begriff aus, der in heutigen Debatten – zu ihrem Schaden – vergessen ist.

Der Abiturientin Edith Stein schrieben die Mitschüler den Vers ins Stammbuch: „Gleichheit der Frau und dem Manne / So rufet die Suffragette, / Sicherlich sehen dereinst / Im Ministerium wir sie". Sie muss also für die allgemeine Wahrnehmung unverkennbar als Frauenrechtlerin gedacht und sich artikuliert haben. Später hat Edith Stein selbst ausdrücklich über den hier in Rede stehenden Zusammenhang bemerkt:

> Als Gymnasiastin und junge Studentin bin ich radikale Frauenrechtlerin gewesen. Dann verlor ich das Interesse an der ganzen Frage. Jetzt suche ich, weil ich muss, nach rein sachlichen Lösungen.[34]

---

[32] Dazu Michel Henry, Inkarnation. Eine Philosophie des Fleisches, Freiburg ²2004.
[33] Diese Präsenz hält sich aber immer in der Spannung zwischen Offenbarkeit und Entzogenheit. Vgl. Hans Ulrich Gumbrecht, Diesseits der Hermeneutik. Die Produktion von Präsenz, Frankfurt a. M. 2001.
[34] Zit. nach H.-B. Gerl-Falkovitz, Edith Stein. Philosophie-Mystik-Leben, Mainz 1991, 77. Vgl. auch Eucharistische Erziehung (1930), in: ESGA (Edith Stein Gesamtausgabe), Bd. 16: Bildung und Entfaltung der Individualität, 63 ff. und dies., Der Aufbau der menschlichen Person, in:

Die junge Edith Stein löste sich nach und nach von jener Fixierung auf die Frauenfrage, ohne deren Bedeutung zu verkennen. „Heiß bewegten uns alle damals die Frauenfragen",[35] hat Edith Stein sich an die Breslauer Studienzeit erinnert. Und sie hat in ihrem Aufsatz *Probleme der Frauenbildung* argumentiert, auf rechtliche und politische prinzipielle Gleichstellung, die mit der Weimarer Verfassung des Jahres 1919 gegeben sei, müssten nun „politische und soziale Schulung" folgen, um Frauen zu verschiedenen Posten im Staatsdienst, in denen sie etwas leisten könnten, zu qualifizieren. Dies entsprach durchaus politischer Vernunft. Als junge Husserl-Schülerin, notierte sie dann in Göttingen – und damit ist ein neues Plateau erreicht:

> Wissenschaft ist das Gebiet strengster Sachlichkeit. Die weibliche Eigenart wird also nur da fruchtbar zur Geltung kommen, wo die Sache, die es zu erforschen gilt, persönliches Leben ist.[36]

Stein sieht sehr wohl das typologische Proprium des Männlichen und Weiblichen. Sie sieht sie typenpsychologisch sogar zu eng. Doch davon ausgehend eröffnet sich die verbindliche gemeinsame Zielbestimmung des Menschseins, die sie in der *homoiosis theou*, der Anähnlichung an Gott, erkennt. Diese vollziehe sich aber in je spezifischer Weise männlich und weiblich.

Dabei kann heute gewiss nicht mehr unmittelbar an die materialen Momente der Typisierung angeschlossen werden, für die Steins Lehrer William Stern wichtig war. Als *Verfahren* aber dürfte die Bildung von Typologien auch heute nicht uninteressant sein. Ist doch der Typus, wie Schleiermacher es nennt, „individuelles Allgemeines". Individualität und Allgemeinheit werden im Typus verbunden, in einer Begrifflichkeit, die eine Skalierung des Mehr- oder Weniger zulässt.[37]

Von hier her hält Edith Stein fest, dass die spezifische Ausprägung und Naturausstattung der Ergänzung durch jene Züge bedürfe, die ihr von sich aus abgehen. Steins Anthropologie der Geschlechter ist also konsequent komplementär ange-

---

ESGA, Bd. 14: Der Aufbau der menschlichen Person, 159 ff. (Überleitung von der philosophischen zur theologischen Betrachtung des Menschen).

35 Edith Stein, Aus dem Leben einer jüdischen Familie, in: ESGA, Bd. 1, Freiburg i. Br. ²2007, 88. Siehe auch H.-B. Gerl-Falkovitz, Edith Stein [wie Anm. 34], 45 ff.

36 Edith Stein, Die Frau. Ihre Aufgabe nach Natur und Gnade, in: Lucy Gelber (Hg.), Edith Steins Werke, Bd. 5, Freiburg/Leuven 1959, 216. Dieser zusammenhängende Text ist in ESGA, Bd. 13 nicht enthalten. Vgl. aber Wahrheit und Klarheit im Unterricht und in der Erziehung, in: ESGA, Bd. 16: Bildung und Entfaltung der Individualität, Freiburg 2001, 1 ff.

37 Grundlegend dafür die Skalierungen, die Platon in seinem Spätdialog Philebos zwischen „Lust" und „Vernunft" einträgt. Vgl. Phil. 60d 4 ff.

legt, wobei sich die Komplementarität ihrerseits wiederum zweifach darstellt: Einerseits bedürfen Frau und Mann einer Selbstbildung, die ihre jeweilige Anlage auf das Fehlende, Andere hin erweitert. Wenn die Frau negativ zu der Einnahme allzu persönlicher Gesichtspunkte neigt, bedarf sie gerade einer Prägung zur Sachlichkeit; insofern aber der Mann zu kühler Zweckrationalität, amusisch technischem Weltzugang und gar zu tyrannischer Einrichtung seiner Welt tendiert, ist für ihn die Kultivierung der personalen, sozialen Momente entscheidend. Umgekehrt sollten Frau und Mann aneinander positiv ihre Entsprechung und ihr Gegenbild finden.

In ihrer Andersheit erst sind sich im Sinne von Edith Stein Mann und Frau ebenbürtig. Indem sie den jeweils anderen in seinen Defiziten erkennen, sich in ihn einfühlen, dienen und fördern sie einander.

Edith Stein behandelt daher die „Frauenfrage" nicht um ihrer selbst willen. Es ist vielmehr gerade eine Frage, die sich überflüssig machen soll: Dies wäre mit Nietzsche Emanzipation von der eigenen Emanzipation. Und bemerkenswert ist auch, dass Stein meinte, echte Katholizität könnte auch auf diesem Feld sehr viel mehr ermöglichen, als man im Allgemeinen meine, womit ein Anspruch ausgesprochen ist, der noch kaum eingelöst sein dürfte.

Sie versucht die Frauenfrage je länger je mehr zu durchdenken. Als ‚Vorkämpferin' betätigt sie sich immer weniger. Dabei wendet sie sich gegen das alt-bürgerliche Missverständnis von der Frau als Zierde im Haus. Sie sieht aber zugleich, dass die Triebfedern einer fortschrittsorientierten Frauenbewegung schon ihrer Zeit schal geworden sind, was für den Liberalismus ebenso wie für die idealistische Bildungs- und Aufstiegseuphorie gilt. Nicht zuletzt setzt sie sich mit den Aporien der Frauenbewegung auseinander und diskutiert dabei insbesondere die Entfremdung der Frau im Arbeitsprozess. Die Folgen, die eine Zerstörung oder doch Unterminierung der bürgerlichen Familie mit sich bringt, sind zumindest in ihrem Blick.

Was die Berufung zur Nachfolge Christi angeht, kann es keine Unter- oder Überordnungen geben. In Glaube, Hoffnung, Liebe und in der Selbstbetrachtung des eigenen Lebens, in der sakramentalen Sphäre „gibt es keinen Unterschied des Geschlechtes. Von hier aus kommt das Heil für beide Geschlechter und für ihr Verhältnis zueinander."[38]

---

[38] Aus einer Diskussion mit Edith Stein im November 1930 über Grundlagen der Frauenbildung, hier zit. nach H.-B. Gerl-Falkovitz, Edith Stein [wie Anm. 34], 61. Jetzt auch umfassend dokumentiert, in: ESGA, Bd. 13: Die Frau, 232–253.

In diesem Sinn hat Edith Stein die Stelle im Schöpfungsbericht, in der die Frau als Hilfe des Mannes „eser kenegdo" (Gen 2,18 ff) bezeichnet wird, im Sinne von wechselseitiger Ergänzung, aber auch eines wechselseitigen Spiegels verstanden. Dies bedeutet, dass in ihrem Bezug auf Christus die Geschlechterrollen sich nicht etwa nivellieren, wie es in der modernen Welt, in Arbeits-, Berufs-, und Sportleben schon in den zwanziger Jahren zu beobachten ist, sondern dass sie sich an dem Urbild aufeinander hin vertiefen. Die Gott- und Christus-Ebenbildlichkeit zeigt sich also nicht nur in der christlichen *Agape*, im Sinne der Paulinischen Briefe, sondern auch im Eros. Deshalb wiederholt sie: „keine Frau ist ja nur Frau", die individuelle Persönlichkeit bis hinein in ihr Gegründetsein in Gott zu sehen, schließt das Frausein, auch in seiner Leiblichkeit und Geschlechtlichkeit, ein.

Einen auszeichnenden, spezifischen Wesenszug der Frau hat Edith Stein in der Liebesfähigkeit gesehen, „zugleich in den anderen das Reifen zu ihrer Vollkommenheit anzuregen und zu fördern [...]"; dies eben sei „tiefstes weibliches Sehnen, das in den mannigfaltigsten Verkleidungen, auch Entstellungen und Entartungen auftreten kann. Es entspricht [...] der ewigen Bestimmung der Frau".[39]

Stein hat dabei immer passive und aktive Seite zusammenzudenken versucht. Sie ist auch Bestimmungen nicht ausgewichen, die man im Zeitalter des Konstruktivismus als „essentialistisch" bezeichnet und damit abtun zu können meint. Doch man sagt auf diese Weise eigentlich in der Sache nichts.

## 6. Zum Schluss

Von hier her scheint es auch aus Vernunftgründen wichtig zu sein, die Widersprüche und die letztliche Widervernünftigkeit jenes Konstruktivismus, den wir heute in Gender-Konzepten erleben, eindeutig aufzuweisen. Hier hat die Scheidung der Geister (die *diakrisis pneumatōn*) ihre Aufgabe. Gerade evangelikale Theologie sollte hier dem biblischen Zeugnis verpflichtet bleiben, in Aufnahme der Strömungen des Zeitgeistes, aber keineswegs in einem allmählichen Kotau vor ihm.

Bei der Polemik darf es aber nicht sein Bewenden haben. Vielmehr ist positiv sichtbar zu machen und eben auch zu bezeugen, dass die Komplementarität der Geschlechter die anthropologische, durch nichts zu ersetzende Lebensform ist.

---

[39] Edith Stein, Die Frau, in: ESGA, Bd. 13, 85.

# Familien als Packesel der Nation

## Zur Diskriminierung von Familien in den deutschen Sicherungssystemen

ANNE LENZE

Die Wissenschaftlerinnen und Wissenschaftler der Forschungsinstitute, die im Auftrag des Bundesfamilienministeriums vier Jahre lang die Effekte der 156 familienpolitischen Maßnahmen und Leistungen untersucht haben, haben ein Volumen von angeblich 200 Mrd. Euro im Jahr zugunsten von Familien festgestellt.[1] Dies ist – verglichen mit dem Bundeshaushalt von ca. 301 Mrd. Euro im Jahr – ein exorbitanter Betrag. Denn eine solche Summe, verteilt auf die 8,1 Millionen Familien mit minderjährigen Kindern, ergäbe eine jährliche Zuwendung pro Familie von ca. 24.691 Euro.

Die großzügig bemessenen Zahlen der Familienförderung passen jedoch nicht zu dem Befund über Kinderarmut in Deutschland. 2013 lebten 1,62 Mio. Kinder unter 15 Jahre von Leistungen nach dem SGB II. Berücksichtigt man noch die Kinder, die in einkommensschwachen Familien aufwachsen, aber kein Hartz-IV beziehen, dann wachsen insgesamt 24% der Kinder unter 15 Jahren in armen Familien auf.[2] Noch anschaulicher wird die Problematik, wenn man auch die Familien betrachtet, die im sogenannten prekären Wohlstand leben, das heißt: die über Einkünfte in Höhe von weniger als 70% der Durchschnittseinkommen verfügen – dann nämlich lebten 2010 knapp 27% aller Kinder im Alter von 0 bis 16 Jahren und 30% aller jungen Menschen zwischen 17 und 30 Jahre unter sub-optimalen Bedingungen.[3]

---

[1] Gesamtevaluation ehe- und familienbezogener Leistungen – DIW-Berlin, ifo-Institut-München und ZEW-Mannheim.
[2] Vgl. Silke Tophoven/Claudia Wenzig/Torsten Lietzman, Kinder- und Familienarmut. Lebensumstände von Kindern im unteren Einkommensbereich, Gütersloh 2015.
[3] Vgl. BMFSFJ (Hg.), 14. Kinder und Jugendbericht. Bericht über die Lebenssituation junger Menschen und die Leistungen der Kinder- und Jugendhilfe in Deutschland (BT-Dr. 17/12200), Paderborn 2013, 97.

Das Problem bei der Vorgehensweise der Gesamtevaluation besteht darin, dass in dieser Sichtweise immer auf das geschaut wird, was die Familien bekommen, nicht aber auf das, was sie für die Gesellschaft leisten, indem sie Kinder erziehen. Es wird auch nicht untersucht, was Familien an Steuern und Beiträgen zahlen.

## 1. Die materiellen Bedingungen des Aufwachsens von Kindern

Wenn ich im Folgenden von Kinderkosten rede, dann gehe ich selbstverständlich davon aus, dass Kinder nicht geboren werden, um den Rentenkassen ein Baby zu schenken, sondern weil Menschen sich ein sinnvolles Leben mit ihnen versprechen. Diese jungen Eltern verdienen aber mit der Geburt von Kindern nicht plötzlich mehr, obwohl doch die Bedürfnisse einer weiteren Person zu decken sind und außerdem meist ein Gehalt wegfällt bzw. im besten Fall ein Jahr lang durch 67% des letzten Nettogehaltes ersetzt wird. Das Lohnsystem abstrahiert von den Familienverhältnissen – das ist auch einleuchtend, weil ansonsten Menschen mit Unterhaltsverpflichtungen keine Arbeit finden würden. Die sekundäre Einkommensverteilung aber findet im Steuer- und Abgabensystem statt. Hier kann dem Familienstand durchaus Rechnung getragen werden.

Im *Einkommenssteuerrecht* wird nach einer Intervention des Bundesverfassungsgerichts Anfang der 1990er Jahre das Existenzminimum der Steuerpflichtigen und ihrer Kinder nicht mehr besteuert. Das Gericht hatte dem Gesetzgeber seinerzeit untersagt, den Teil des Einkommens der Eltern, die diese für den existentiellen Bedarf ihrer Kinder aufwenden müssen, zu besteuern. Auf die Mittel, die für den Lebensunterhalt von Kindern unerlässlich seien, dürfe nicht in gleicher Weise zugegriffen werden wie auf die Mittel, die zur Befriedigung beliebiger Bedürfnisse eingesetzt würden.[4] Der Gesetzgeber hat diese Vorgabe in der Kom-

---

4 BVerfGE 82, 60, 87. Zur Begründung des verfassungsrechtlichen Schutzes des *eigenen* Existenzminimums des Steuerpflichtigen führen die beiden Senate des BVerfG – mittlerweile übereinstimmend – die Menschwürdegarantie (Art. 1 Abs. 1 GG) in Verbindung mit dem Sozialstaatsprinzip (Art. 20 Abs. 1 GG) an (BVerfGE 82, 60, 85; 99, 216, 233; 99, 246, 259), nachdem der Zweite Senat zunächst auf die Grundrechte aus Art. 2 Abs. 1, Art 12 und Art. 14 GG abgestellt hatte (BVerfGE 87, 153, 169). Vgl. dazu außerdem: Hans-Jürgen Papier, Der Einfluß des Verfassungsrechts auf das Sozialrecht, in: Bernd von Maydell/Franz Ruland (Hg.), Sozialrechtshandbuch, 1996, 73, 77, Rdnr. 10.

bination von Kindergeld/Kinderfreibeträgen umgesetzt. Er besteuert beim Einkommen der Eltern das Existenzminimum der Kinder zunächst[5] und zahlt dann den Eltern das Kindergeld zurück, das bei einem mittleren Verdienst dem freigestellten Kinder-Existenzminimum entspricht. Überdurchschnittlich Verdienende werden über die Freibeträge am Jahresende noch zusätzlich entlastet, weil in einem progressiven Steuersystem Freibeträge immer auch progressiv entlastend wirken.[6] Bei einem Spitzensteuersatz von 42% macht dies im Jahr über das Kindergeld hinaus einen Betrag von 747,84 Euro aus, beim Reichensteuersatz von 45% beläuft sich die zusätzliche Entlastungswirkung auf 962,40 Euro.[7]

Der Kinderfreibetrag besteht aus dem sächlichen Existenzminimum eines Kindes, so wie es sich im Hartz-IV-Satz für Kinder ausprägt (4.512 €) und aus dem Freibetrag für Bildung, Erziehung und Ausbildung (2.640 €). Insgesamt beträgt er 7.152 € im Jahr und 596 € im Monat. Damit kommt er dem Betrag, den Eltern im Durchschnitt im Monat für Kinder ausgeben, ziemlich nah. Allerdings wird dieses Geld den Eltern nicht überwiesen, sondern sie können diesen Betrag nachträglich von ihrem zu versteuernden Einkommen abziehen, und sparen in dieser Höhe Steuern entsprechend ihrem Steuersatz. Bei einem Steuersatz von 30% würde man monatlich ungefähr einen Betrag in Höhe des Kindergeldes von 188 € „einsparen". Bei einem Spitzensteuersatz von 42% beträgt die Ersparnis im Monat 250 €.

Dieser „hohe" Kinderfreibetrag ist vielen Kritikern ein Dorn im Auge, weil, so argumentieren sie, reiche Eltern durch ihn besser stehen als arme Eltern, die *nur* das Kindergeld bekommen. Es gibt daher Bestrebungen, den Kinderfreibetrag abzuschaffen. Ich teile diese Auffassung nicht, sondern meine im Gegenteil, er müsste sogar noch erhöht werden. Denn eigentlich sollte nicht nur das Existenzminimum auf Sozialhilfeniveau freigestellt werden, sondern ein *Durchschnitts*unterhalt. Schließlich bemessen Eltern ihre Unterhaltsleistungen nicht an der Sozialhilfegrenze, sondern lassen ihre Kinder in der Regel am eigenen Lebensstandard teilhaben. Wir können froh sein, dass wir die Aussage des BVerfG

---

[5] Dieses beträgt 2015 7.152 €, davon 4.512 € für das sächliche Existenzminimum und 2.640 € als Bildungs-, Erziehungs- und Ausbildungsfreibetrag.

[6] Für Ehegatten mit der Steuerklasse III wurde im Jahr 2008 ab einem zu versteuernden Einkommen von 62.816 Euro durch den Freibetrag ein über das Kindergeld hinausgehender Effekt erzielt; vgl. BMF (Hg.), Datensammlung zur Steuerpolitik, 2008, 61.

[7] Das Kindergeld für das 1. und 2. Kind macht seit dem 1.1.2015 einen Betrag von jährlich 2.256 € aus. Bei einem Steuersatz von 42% ergibt sich eine jährliche Entlastung von 3.003,84 €, von der das Kindergeld in Abzug gebracht wird. Gleiches gilt für die maximale Entlastung in Höhe von 3.218,40 €, die sich bei der Reichensteuer in Höhe von 45% ergibt.

über die Höhe der Kinderkosten haben. Wenn man den unterschiedlichen Entlastungsbetrag des Kinderfreibetrages für einen Verstoß gegen die soziale Gerechtigkeit hält, dass sollte man den armen Kindern eine Sozialleistung in Höhe des gesamten Kinderfreibetrages überwiesen und dies Kindergrundsicherung nennen, weil damit armen Eltern die Kosten erstattet würden, die notwendig sind, um Kinder so zu fördern, dass sie den Anschluss an die Mittelschichten schaffen können.

Zurzeit ist das Einkommenssteuerrecht faktisch kinderfreundlicher als die sich selbst sozial nennende *Sozial*versicherung. In der Sozialversicherung nämlich wird anders als im Einkommenssteuerrecht das Existenzminimum der Kinder nicht freigestellt. Eltern zahlen auf diejenigen Bestandteile ihres Einkommens Sozialversicherungsbeiträge, die sie gar nicht zur Verfügung haben, sondern für den Unterhalt der Kinder verwenden müssen. Im Rahmen der Sozialversicherung werden die durch Kinder verursachte existenziellen Kosten immer noch so behandelt wie andere konsumtive Ausgaben der Eltern: man pflegt ein teures Hobby oder hat ein luxuriöses Auto. Da der Durchschnittsverdiener höhere Abgaben zur Sozialversicherung leistet als er an Steuern zahlt, ist die Kinderblindheit des Sozialabgabenrechts eine wichtige Ursache für die wachsende Armut von Familien. Im Jahr 2001 hat das BVerfG hier schon einmal eine Bresche für die Familien geschlagen, als es für die gesetzliche Pflegeversicherung feststellte, dass den Versicherten ohne Kinder im Versicherungsfall aus der Erziehungsleistung anderer beitragspflichtiger Versicherter, „die wegen der Erziehung zu ihrem Nachteil auf Konsum und Vermögensbildung verzichten", ein Vorteil erwächst.[8] Das Gericht ging noch einen Schritt weiter und führte aus:

> Wenn aber ein soziales Leistungssystem ein Risiko abdecken soll, das vor allem die Altengeneration trifft, und seine Finanzierung so gestaltet ist, dass sie im Wesentlichen nur durch das Vorhandensein nachwachsender Generationen funktioniert, die jeweils im erwerbsfähigen Alter als Beitragszahler die mit den Versicherungsfällen der vorangegangenen Generationen entstehenden Kosten mittragen, dann ist für ein solches System nicht nur der Versicherungsbeitrag, sondern auch die Kindererziehungsleistung konstitutiv. Wird dieser generative Beitrag nicht mehr in der Regel von allen Versicherten erbracht, führt dies zu einer spezifischen Belastung kindererziehender Versicherter im Pflegeversicherungssystem, deren benachteiligende Wirkung auch innerhalb dieses Systems auszugleichen ist. Die kindererziehenden Versicherten sichern

---

[8] BVerfG vom 3.4.2001, Az: 1 BvR 1629/94 (E 103, 242, 264).

die Funktionsfähigkeit also nicht nur durch Beitragszahlung, sondern auch durch Betreuung und Erziehung von Kindern.[9]

Diese verfassungsgerichtliche Vorgabe ist durch den Gesetzgeber durch eine Erhöhung des Pflegeversicherungsbeitrages für Kinderlose um 0,25% umgesetzt worden. Für die übrigen Sozialversicherungssysteme, vor allem die Renten- und Krankenversicherung, wurde der Auftrag nicht umgesetzt.[10]

Eine dritte Entwicklung zeichnet sich dadurch aus, dass in den letzten Jahren der Anteil der *indirekten Steuern* auf Waren und Dienstleistungen enorm gestiegen ist. Damit tragen die Verbrauchssteuern immer mehr zur Finanzierung der Staatsausgaben bei. Seit dem Jahr 2008 sind die Einnahme des Staates aus indirekten Steuern immer höher gewesen als die aus direkten Steuern[11]. Verbrauchssteuern wirken regressiv, denn sie treffen diejenigen besonders hart, die den größten Teil ihres Einkommens für Mittel des täglichen Lebensbedarfes aufwenden müssen. Dies sind generell Geringverdiener, aber insbesondere auch Familien mit Kindern.[12] Eltern finanzieren mit den indirekten Steuern, die durchschnittlich auf den notwendigen Unterhaltsbedarf der Kinder beim Kauf von Kleidung, Nahrung, Heizmaterial, Schul- und Freizeitbedarf, auf Benzin und Heizung erhoben werden, das Kindergeld weitestgehend selber[13] – eine Erkenntnis, die auch das BVerfG grundsätzlich teilt.[14] Jede Erhöhung des Kindergeldes ist in den letzten Jahren durch eine Erhöhung der indirekten Steuern wieder abgeschöpft worden. Das bedeutet zum Beispiel: Wenn Eltern für ihren Säugling einen Auto-Kindersitz kaufen, dann tun sie dies aus einem Einkommen, das schon geschmälert ist im Vergleich mit einem kinderlosen Paar, das weiter in Vollzeit erwerbstätig sein kann. Sie müssen diesen Sitz kaufen, während das kinderlose Paar diesen Betrag sparen kann. Und dann zahlen sie auf den Sitz noch 19% Mehrwertsteuern. Allein weil sie Eltern sind, tragen sie gezwungenermaßen mit ihrem Kauf mehr zum

---

9   BVerfG vom 3.4.2001, Az: 1 BvR 1629/94 (E 103, 242, 266).
10  BT-Dr. 15/4375, 4 ff. Ursprünglich hatte die rot-grüne Mehrheitsfraktion im April 2003 vorgeschlagen, die steuerlichen Existenzminimum für Kinder gem. § 31 Abs. 6 EStG in den Beitragstarif der Sozialversicherung zu integrieren, BT-Dr. 14/8864, 7.
11  BMF (Hg.), Datensammlung zur Steuerpolitik, 2008, 47.
12  Vgl. Manfred Grub, Verteilungswirkungen der ökologischen Steuerreform auf private Haushalte. Eine empirische Analyse, in DIW-Vierteljahreshefte 1 (2000), 17–37, hier: 17 ff.
13  Ausführlich dazu: Hessische Staatskanzlei (Hg.), Die Familienpolitik muss neue Wege gehen! Der „Wiesbadener Entwurf" zur Familienpolitik. Referate und Diskussionsbeiträge, Wiesbaden 2003, 118.
14  BVerfGE 81, 363, 383.

Staatshaushalt bei als andere Bürgerinnen und Bürger. Es leuchtet nicht ein, dass typische Waren für Kinder überhaupt mit Mehrwertsteuern belegt sind.

Insgesamt wirken ca. 75% der in der Bundesrepublik erhobenen Steuern und Abgaben – also die Sozialversicherungsabgaben und die indirekten Steuern – regressiv, das heißt: Sie belasten Geringverdiener in Relation zu ihrem Einkommen stärker als gut Verdienende. Allein die Einkommenssteuer wirkt, zumindest der Intention des Gesetzes nach, progressiv, indem höhere Einkommen stärker belastet werden als niedrige. Zugespitzt gesagt bedeutet dies, dass jeder Ausbau des Sozialstaates, der an dieser Grundstruktur nichts ändert, die Umverteilung von unten nach oben noch verschlimmert. Jede soziale Wohltat, die mit einer Erhöhung der Verbrauchssteuern einhergeht oder die abhängig Beschäftigten einseitig belastet, vergrößert die Armut von Familien.

Dies ist auch eine Antwort auf die Frage, wie das *Betreuungsgeld* einzuschätzen ist. Es handelt sich auch dabei um eine familienpolitische Leistung, die der Staat großzügig gewährt, um sie dann von den Familien über ihre Einkommens- und Verbrauchssteuern selber mitfinanzieren zu lassen. Nach einer vorsichtigen Schätzung beträgt der Eigenfinanzierungsanteil von Eltern an allen familienpolitischen Leistungen 43,1%.[15] Bevor der Staat weitere Leistungen zuteilt, sollte er zuerst das Steuer- und Abgabensystem grundlegend reformieren und die Unterhaltskosten von Eltern vollständig in sein System einstellen. Dies würde eine Umverteilung von Menschen, die gegenwärtig keine unterhaltsabhängigen Kinder haben, hin zu denen erfordern, die gegenwärtig Kinder unterhalten. Im Einkommenssteuerrecht müsste der Kinderfreibetrag und damit das Kindergeld weiter erhöht werden, in der Renten- und Krankenversicherung der Kindesunterhalt von der Verbeitragung ausgenommen, die Mehrwertsteuern auf kinderrelevante Waren und Dienstleistungen abgeschafft werden und den Eltern für die Waren und Dienstleistungen, die man nicht eindeutig den Kindern zuordnen kann, die Steuern pauschal zurückgewährt werden. Damit kämen wir auf Beträge von ca. 500 € pro Kind und Monat, die an die Beträge einer Kindergrundsicherung heranreichen. Es ist auch klar, dass hierbei gewaltig zwischen Menschen mit und ohne Kinder umverteilt werden müsste.

Offensichtlich stellt die Gesellschaft keine günstigen materiellen Bedingungen für das Aufwachsen von Kindern bereit. Vielmehr ist unser Steuer- und Ab-

---

[15] Frank Kupferschmidt, Umverteilung und Familienpolitik (EHS 3263), Frankfurt 2007, 207.

gabensystem so gestaltet, dass Familienarmut geradezu produziert wird. Von einem Durchschnittseinkommen kann keine vierköpfige Familie mehr ernährt werden. In der Mittelschicht müssen beide Elternteile arbeiten, um langfristig nicht auf Hartz-IV-Niveau abzusinken, insbesondere, wenn sie in Ballungsgebieten mit hohen Mietkosten wohnen. Bei der Familie mit einem oder zwei Kindern mag das Familienleitbild der beidseitig erwerbstätigen Eltern noch funktionieren, obwohl auch diese unter den Anforderungen ächzen. Jedoch versagt es vollständig bei zwei anderen Familienkonstellationen, nämlich den alleinerziehenden Eltern sowie den Eltern mit mehr als zwei Kindern.

## 2. Wie geht die Gesellschaft mit dem kostbaren Gut der Kinder um?

Statt das kostbare Gut Kind zu stärken, damit es dereinst gut gerüstet ist, die Herausforderungen des Lebens zu meistern, werden Menschen, die heute noch Kinder bekommen, einem ungeheuren Stress ausgesetzt. Dabei werden ausgerechnet Eltern und Kinder für eine demografische Entwicklung in Geiselhaft genommen, die sie nicht zu verantworten haben. Das Programm zur Bewältigung der demografischen Krise, wie es unisono von Politik und Wissenschaft vertreten wird, sieht für die heutigen Kinder und Jugendlichen nämlich folgendermaßen aus: Krippenbetreuung ab dem 14. Lebensmonat, damit sie ihre Eltern nicht von der Erwerbsarbeit abhalten, am besten eine frühe Einschulung, danach ein um ein Jahr verkürztes Gymnasium, kurze Bachelorstudiengänge und nicht zuletzt frühe Elternschaft, am besten noch während des Studiums, so dass sie dann mit 45 Jahren in Großelternzeit gehen können! Das ist im günstigsten Fall Freiheitsberaubung, im schlimmsten Fall werden hier systematisch die Grundlagen der Gesellschaft zerstört.

Gehen wir dieses Programm einmal durch – wohl wissend, dass gerade die frühen Jahre wichtig sind, um zu einer widerstandsfähigen Persönlichkeit heranzureifen: Die *Krippenbetreuung* ab dem 12. Lebensmonat oder, wenn ein Kind das Glück hatte, dass auch der Vater die für ihn reservierten zwei Monate in Anspruch nimmt, ab dem 14. Lebensmonat. Wir wissen aus der internationalen Krippenforschung, dass eine Betreuung von Kindern unter drei Jahren das Kindeswohl dann nicht gefährden muss, wenn optimale Bedingungen in Krippe und

Elternhaus gegeben sind.[16] Optimale Bedingungen verlangen einen Betreuungsschlüssel von 1:3 oder maximal 1:4, eine konstante Bezugsbetreuerin, stabile Gruppen sowie, last but not least, einfühlsame Eltern. Die Krippenforscherin Lieselotte Ahnert zieht den Schluss, dass das gesamte Zeitbudget für die täglich verbleibenden Interaktionen in der Familie nicht zu knapp ausfallen oder nicht durch Alltagsprobleme übermäßig belastet sein darf[17]. Alle, die Kinder im staatlichen Schulsystem haben, wissen, dass wir dort von optimalen Zuständen weit entfernt sind. Wer kann da glauben, dass es für die unter Dreijährigen gelingen wird? Beispiel konstante Bezugsbetreuerinnen: Wer weiß vorher, ob die Erzieherin schwanger wird, wegzieht oder einen besser bezahlten Job findet? Stabile Gruppen: Auch dies ist eher eine idyllische Vorstellung. Derzeit sind im Rahmen der flexiblen Betreuung manche Kinder fünf Tage die Woche ganztags in der Krippe, die anderen vier Tage halbtags und wieder andere nur dienstags, mittwochs und donnerstags anwesend. Ein Betreuungsschlüssel von 1:3 wird praktisch nirgendwo erfüllt, ein Schlüssel von 1:4 nur selten. Einfühlsame Eltern sind auch nicht immer garantiert. Und wird der Krippenplatz etwa abgelehnt, wenn sich die Eltern als nicht einfühlsam erweisen? Andere Wissenschaftler sind weitaus kritischer als Lieselotte Ahnert. Auf dem Kongress für Kinder- und Jugendmedizin 2011 in Bielefeld wurden die Ergebnisse neuerer Untersuchungen diskutiert, die gezeigt haben, dass selbst bei qualitativ sehr guter außerhäuslicher Betreuung das im Blut nachweisbare Cortisol-Tagesprofil bei Kleinkindern in Kinderkrippen sich am ehesten mit den Stressreaktionen von Managern vergleichen lassen, die im Beruf extremen Anforderungen ausgesetzt wird. Gleichzeitig besteht in der Wissenschaft Einigkeit darüber, dass eine frühe chronische Stressbelastung mit

---

[16] Vgl. zum Stand der Forschung: Lieselotte Ahnert, Entwicklungspsychologische Erfordernisse bei der Gestaltung von Betreuungs- und Bildungsangeboten im Kleinkind- und Vorschulalter, in: Sachverständigenkommission Zwölfter Kinder- und Jugendbericht (Hg.), Materialien zum Zwölften Kinder- und Jugendbericht, Bd. 1: Bildung, Betreuung und Erziehung von Kindern unter sechs Jahren, München 2005, 9–54 und Hans-Günther Roßbach, Effekte qualitativ guter Betreuung, Bildung und Erziehung im frühen Kindesalter auf Kinder und ihre Familien, in: Sachverständigenkommission Zwölfter Kinder- und Jugendbericht (Hg.), Materialien zum Zwölften Kinder- und Jugendbericht, Bd. 1: Bildung, Betreuung und Erziehung von Kindern unter sechs Jahren, München 2005, 55–174. Vgl. weiter Martin Dornes, Frisst die Emanzipation ihre Kinder? Mütterliche Berufstätigkeit und kindliche Entwicklung. Eine Neubetrachtung aus aktuellem Anlass, in: Psyche 62/2 (2008), 182–201. Sehr viel kritischer hingegen: Memorandum der Deutschen Psychoanalytischen Vereinigung, Krippenausbau in Deutschland – Psychoanalytiker nehmen Stellung, in: Psyche 62/2 (2008), 202–205.

[17] L. Ahnert, Entwicklungspsychologische Erfordernisse [wie Anm. 16], 30 f.

einem langfristig eindeutig erhöhten Risiko verbunden ist, an schwer behandelbarer Depression zu erkranken oder Suizid zu begehen und auch mit einem erhöhten Risiko für körperliche Krankheiten einhergeht. Die Empfehlung des Kinderärztekongresses lautete deshalb: Keine Gruppentagesbetreuung für Kinder unter zwei Jahren, zwischen dem zweiten und dritten Geburtstag maximal eine halbtägige Betreuung bis zu 20 Stunden in der Woche.[18] Diese Studien sind in der Welt, die Politik, die Kindertagesstätten und die Eltern müssten sich mit ihnen auseinandersetzen und ihre Ergebnisse berücksichtigen.[19]

Darf der Staat als oberster verfassungsrechtlicher Hüter des Kindeswohls nach Art. 6 Abs. 2 Satz 2 GG überhaupt ein solches System der Kleinkindbetreuung einfach mal so ausprobieren? Müsste nicht im Sinne einer Beweislastregelung die Förderung von Krippenbetreuung an den Nachweis ihrer Unschädlichkeit geknüpft werden. In der öffentlichen Diskussion geht es eindeutig um die Quantität und nicht um die Qualität der Krippenplätze. Die groß angelegte Studie „Nationale Untersuchung zur Bildung, Betreuung und Erziehung in der frühen Kindheit" (NUBBEK) kommt zu dem Ergebnis, dass in Deutschland 80% der außerfamiliären Betreuungsformen hinsichtlich der pädagogischen Qualität in der Zone mittlerer Qualität liegen, gute pädagogische Qualität kommt in weniger als 10% der Fälle vor, unzureichende Qualität dagegen in zum Teil deutlich mehr als 10% der Fälle.[20] Noch fehlen überhaupt die Fachkräfte, die speziell für die Be-

---

[18] FAZ vom 4.4.2012, 7 sowie FAZ vom 19.10.2011, N1. Vgl. weiter FAZ vom 17.11.2010, N5 – dort werden die Ergebnisse der Neuropsychologen Moffitt und Caspi u.a. dargestellt (Role of Genotype in the Cycle of Violence in Maltreated Children, in: Science 297/5582 (2002), 851–854). Wie der Hirnforscher, Internist und Psychiater Joachim Bauer von der Universität Freiburg feststellt, zahlt die Gesellschaft für die unzureichende Betreuung von Kindern einen hohen Preis. Diese bestünden in einer Zunahme von psychischen Störungen, darunter vor allem Depressionen.

[19] Verschiedene großangelegte Studien aus verschiedenen Ländern stützen die Einschätzung, dass sich die Krippenbetreuung überwiegend negativ auf die sozio-emotionale Entwicklung des Kindes auswirkt; vgl. NICHD (Hg.), The NICHD Study of Early Child Care and Youth Development. Findings for Children up to Age 4½ Years (NIC Pub. 05-4318), 2006; Margit Averdijk/Sytske Besemer u.a., The Relationship between Quantity, Type and Timing of external Childcare and Child Problem Behavior in Switzerland, in: EJDP 8/6 (2011), 637–660; Janet I. Jacob, The Socio-emotional Effects of Non-maternal Childcare on Children in the USA. A Critical Review of Recent Studies, in: Early Child Development and Care 179/5 (2009), 559–570; Henrik D. Zachrisson/Eric Dearing u.a., Little Evidence that Time in Child Care Causes Externalizing Problems During Early Childhood in Norway, in: Child Development 84/4 (2013), 1152–1170.

[20] Wolfgang Tietze/Fabienne Becker-Stoll u.a. (Hg.), NUBBEK – Nationale Untersuchung zur Bildung, Betreuung und Erziehung in der frühen Kindheit. Forschungsbericht, Berlin 2013.

treuung der unter Dreijährigen ausgebildet worden sind. Die heutigen Erzieherinnen haben gelernt, mit Kindergartenkindern zu basteln und zu spielen. Haben sie Kenntnisse über die Bindungstheorie, wissen sie etwas über die Bedürfnisse von Kleinstkindern? Und gibt es eigentlich eine individuelle Prüfung der Kinder auf ihre Krippentauglichkeit so wie es im Vorfeld der Einschulung stattfindet?

Diese Linie kann man auch für die älteren Kinder und Jugendlichen weiterverfolgen: Genauso wie die Krippenbetreuung realisiert wird, ohne dass ein pädagogisches Konzept und die speziell für diese Altersgruppe ausgebildeten Erzieherinnen überhaupt vorhanden sind, ist das *achtjährige Gymnasium* eingeführt worden, bevor die Lehrpläne entrümpelt, bevor die Schulbücher für die jüngeren Schülerinnen und Schüler neu geschrieben worden sind und bevor es die Mensen für die Mittagsverpflegung und die Konzepte für eine echte Ganztagsschule gab, die eben nicht nur die Unterrichtszeit bis um 16.00 verlängert, sondern mit Sport und Kulturangeboten die Kinder umfassend bildet. Eltern mit Kindern auf dem „reformierten" Gymnasium berichten von Arbeitswochen von weit über 40 Stunden, die die Kinder zu absolvieren haben. Zweckfreies Spielen oder produktive Langeweile oder Zeiten ohne Aufsicht durch Erwachsene scheint es kaum noch zu geben.

Weiter geht es mit der Umstellung auf die regelmäßig auf sechs Semester *verkürzten Bachelorstudiengänge*, in denen der Stoff komprimiert und in kürzerer Zeit mit doppelt so vielen Prüfungen abgefragt wird. Und dann beklagen wir uns, dass die Studierende nicht mehr interessegeleitet studieren, sondern nur noch prüfungsrelevante Seminare belegen. Nur die Grundschulen schienen bislang noch ein geradezu idyllischer Ort gewesen zu sein, an dem die Lehrerinnen einfach mit den Kindern arbeiten, ohne Stoff zu verdichten und Zeit einsparen zu müssen. Aber selbst das könnte jetzt in Gefahr sein, weil mit einer Inklusiven Beschulung von behinderten Kindern, die aber nicht viel Geld kosten darf, wahrscheinlich auch die Grundschullehrerinnen überfordert werden. Mir scheint, dass es an der Zeit ist, Kindheit und Jugend gleichsam unter Naturschutz zu stellen, damit Kinder und Jugendliche wieder die Freiräume bekommen, die sie zu ihrer Entfaltung brauchen.

Um es deutlich zu sagen: Ich ergreife hier nicht Position gegen die Erwerbstätigkeit von Müttern, übrigens auch nicht gegen die von Vätern. Wenn Deutschland in zehn oder zwanzig Jahren in der internationalen Arbeitsteilung weiterhin so gut abschneiden will wie heute, dann müssen in der Tat alle ran. Und die vielen gut ausgebildeten Frauen wollen selbstverständlich auch am Erwerbsleben teilhaben. Die Hausfrauenehe hat, kinderreiche Familien ausgenommen, ihre Zeit gehabt. Aber zwischen all den plötzlich homogen erscheinenden Interessen von Wirtschaft, Steuerstaat und Sozialkassen sollte innegehalten und gefragt werden, wie zukünftig die Erwerbstätigkeit von Eltern organisiert werden kann, damit dies dem *Kindeswohl* zuträglich ist. Und ich meine nicht *Vereinbarkeit*, was den Interessen der Eltern entsprechen kann, oder *Verfügbarkeit*, die den Interessen der Arbeitgeber entgegenkommt. Bei den vielen Berufsjahren, die wir durch frühe Einschulung, das achtjährige Gymnasium und Bachelorstudiengänge auf der einen und der Verlängerung der Lebensarbeitszeit auf der anderen Seite „gewinnen", sollte es doch möglich sein, junge Eltern finanziell in die Lage zu versetzen, dass sie ihre Kleinstkinder selber betreuen können.

# Stellenregister

## Altes Testament

*Gen*

| | |
|---|---|
| 1 | 17–21, 25, 126, 144 |
| 1,1–2,3 | 20, 25 |
| 1,22 | 19 |
| 1,26 | 21, 125, 138–139 |
| 1,26 f. | 20 |
| 1,26.28 | 12 |
| 1,26–28 | 20 |
| 1,27 | 18, 63, 68 |
| 1,27 f. | 21 |
| 1,27–28 | 40 |
| 1,28 | 19, 39, 43, 125 |
| 1,31 | 162 |
| 1–11 | 17, 43 |
| 1–3 | 97 |
| 2 | 25 |
| 2,4–3,24 | 25 |
| 2,7 | 68, 166 |
| 2,18 | 126 |
| 2,18 ff. | 197 |
| 2,18–24 | 23 |
| 2,19–20 | 43 |
| 2,20 | 43, 127 |
| 2,21–22 | 68 |
| 2,23 | 24 |
| 2,24 | 26, 62–63, 70 |
| 2,24a | 24 |
| 2,25 | 26 |
| 2–3 | 20–21, 23–26, 31 |
| 2–4 | 17, 21 |
| 3 | 25 |
| 3,1 | 43 |
| 3,5 | 44 |
| 3,15 | 24 |
| 3,16 | 13, 25, 27 |
| 3,17 | 22 |
| 3,21 | 43 |
| 4,7 | 27 |
| 4–11 | 43 |
| 5 | 17 |
| 6,1–4 | 43 |
| 6,1–8 | 17 |
| 6,5 | 43 |
| 6,9 | 43 |
| 9,2–6 | 43 |
| 9,3 | 43 |
| 9,6 | 43 |
| 9,18–10,32 | 43 |
| 10 | 17 |
| 11,1–9 | 17 |
| 16,13 | 24 |
| 29,14 | 24 |
| 32,26 | 68 |
| 37,27 | 24 |
| 38,14–26 | 39 |

*Ex*

| | |
|---|---|
| 18,4 | 23 |
| 19,6 | 12 |
| 20,2 | 9 |
| 20,10 | 14 |
| 20,12 | 11 |
| 20,22–23,33 | 9 |
| 21,1 | 10 |
| 21,7–11 | 8 |
| 21,15.17 | 11 |
| 21,22 | 15 |
| 21,23–22,14 | 11 |
| 21,28 | 14 |
| 22 | 11 |
| 22,15 | 39 |
| 22,15 f. | 15 |
| 22,18 | 43 |
| 22,20–23,9 | 10 |
| 22,20–23,12 | 10 |
| 23,10–12 | 10 |
| 23,13a | 10 |
| 23,30 | 127 |
| 35,21–29 | 14 |

*Lev*

| | |
|---|---|
| 13,29.38 | 14 |
| 15,33 | 14 |
| 18 | 15 |
| 18,3.24 f. | 6 |
| 18,6 ff. | 74 |

| | |
|---|---|
| 18,23 | 43 |
| 19,2 | 6 |
| 19,3 | 11, 14 |
| 20 | 15 |
| 20,9 | 11 |
| 20,10–12 | 40 |
| 20,15–16 | 43 |

*Num*

| | |
|---|---|
| 5,3 | 14 |
| 5,6 | 14 |
| 27,1–11 | 9 |

*Dtn*

| | |
|---|---|
| 5,6 | 9 |
| 5,14 | 14 |
| 5,14 f. | 6 |
| 5,15 | 9 |
| 5,16 | 11 |
| 10,22 | 127 |
| 13,2–6 | 12 |
| 16,18–18,22 | 13 |
| 16,18–20 | 12 |
| 17,9.12 | 12 |
| 17,14 | 12 |
| 17,14–20 | 11 |
| 18,15–22 | 12 |
| 19,17 | 12 |
| 20,1–9 | 12 |
| 21,18 f. | 11, 14 |
| 22,15 | 11, 14 |
| 22,22 | 15, 40 |
| 22,23–27 | 15 |
| 22,28–29 | 39 |
| 24,1–4 | 8 |
| 24,4 | 8 |
| 25,5–10 | 9 |
| 27,16 | 11 |
| 27,21 | 43 |
| 31,9–10 | 12 |
| 34,6 | 69 |

*Jos*

| | |
|---|---|
| 2,1 ff. | 39 |

*Ri*

| | |
|---|---|
| 4,9 | 30 |
| 4–5 | 30 |
| 9,2 | 24 |

*1Sam*

| | |
|---|---|
| 8,5–7 | 44 |

*2Sam*

| | |
|---|---|
| 5,1 | 24 |
| 12,1–11 | 40 |

*Jes*

| | |
|---|---|
| 9,5 | 127 |
| 40,15 | 84 |
| 49,5 | 68 |
| 54,1–6 | 39 |

*Jer*

| | |
|---|---|
| 1,5 | 69 |
| 1,9 | 68 |

*Hos*

| | |
|---|---|
| 1,2–3 | 39 |
| 1–3 | 39 |

*Mal*

| | |
|---|---|
| 2,14–16 | 40 |

*Ps*

| | |
|---|---|
| 8 | 164 |
| 22,10–11 | 69 |
| 62,3 | 23 |
| 71,6 | 69 |

*Spr*

| | |
|---|---|
| 1,8 | 11 |
| 2,16–19 | 40 |
| 5,3–14 | 39 |
| 5,15–20 | 39 |
| 6,20 | 11 |
| 6,20–7,27 | 40 |
| 6,26 | 39 |
| 15,20 | 11 |
| 19,26 | 11 |
| 20,20 | 11 |
| 23,22 | 11 |
| 28,24 | 11 |
| 30,11.17 | 11 |
| 31,10–31 | 29 |

*Hi*

| | |
|---|---|
| 10,8 | 69 |
| 19,21 | 69 |
| 31,15 | 69 |

*Hhld*

| | |
|---|---|
| 1,5–6 | 26 |
| 1,6 | 27 |
| 2,7 | 28 |

| | |
|---|---|
| 2,8–14 | 27 |
| 2,16 | 27 |
| 3,4 | 27 |
| 3,5 | 28 |
| 3,6–11 | 27 |
| 3,11 | 27 |
| 4,1–7 | 27 |
| 4,6 | 27 |
| 4,12–5,1 | 26 |
| 4,16 | 27 |
| 5,1 | 27 |
| 5,10–16 | 28 |
| 6,2 f. | 27 |
| 6,4–10 | 27 |
| 6,9 | 27 |
| 7,1–6 | 27 |
| 7,6 | 27 |
| 7,9 | 27 |
| 7,11 | 27 |
| 7,13 | 27 |
| 8,1.5 | 27 |
| 8,2 | 27 |
| 8,4 | 28 |
| 8,5b | 27 |
| 8,6 | 27 |
| 8,6b–7 | 28 |
| 8,8–12 | 26 |

*Ruth*

| | |
|---|---|
| 2,1 | 29 |
| 3,11 | 29 |
| 4 | 9 |
| 4,11 | 30 |

*Est*

| | |
|---|---|
| 1,20.22 | 13 |

*Dan*

| | |
|---|---|
| 12,2 | 69 |

*Neh*

| | |
|---|---|
| 5,5 | 24 |

# Neus Testament

*Mt*

| | |
|---|---|
| 1,19 | 40 |
| 1,20 | 169 |
| 4,17 | 81 |
| 5,17 f. | 6 |
| 5,27–30 | 36, 40 |
| 5,32 | 40, 77 |
| 5,48 | 6 |
| 6,33 | 62 |
| 8,3 | 69 |
| 8,21–22 | 62 |
| 9,15 | 38 |
| 11,8 | 66 |
| 12,39 | 38 |
| 14,3–4 | 37 |
| 16,4 | 38 |
| 18 | 82 |
| 18,6 | 82 |
| 18,12–14 | 82 |
| 18,23–35 | 6 |
| 19,4 | 66 |
| 19,9 | 40, 77 |
| 19,11–12 | 36 |
| 19,12 | 144, 152 |
| 19,18 | 37 |
| 19,29 | 62 |
| 21,29 | 84 |
| 21,31 f. | 84 |
| 21,32 | 84 |
| 21,32 f. | 82 |
| 22,11 | 82 |
| 22,23–33 | 37 |
| 22,30 | 36 |
| 27,3 | 84 |

*Mk*

| | |
|---|---|
| 2,19–20 | 38 |
| 3,35 | 128 |
| 6,17–18 | 37 |
| 7,18 f. | 68 |
| 8,35–36 | 85 |
| 8,38 | 38 |
| 10,2–12 | 37 |
| 10,6 | 66, 141 |
| 10,6–9 | 134 |
| 10,19 | 37 |
| 10,29–30 | 62 |
| 12,4 | 75 |
| 12,18–27 | 37 |
| 12,25 | 36 |

*Lk*

| | |
|---|---|
| 3,19 | 37 |
| 5,34–35 | 38 |
| 7,25 | 66 |
| 9,59–60 | 62 |

13,1–5 ............................................. 133
15 ..................................................... 82
15,1 ................................................. 82
15,1–7 ............................................. 82
15,30 ............................................... 37
18,11 ............................................... 37
18,20 ............................................... 37
18,29–30 ......................................... 62
20,11 ............................................... 75
20,25 ............................................... 36
20,27–40 ......................................... 37
22,25 ............................................... 67
24,44–47 ........................................... 6

*Joh*
3,3–5 ............................................. 142
3,29 ................................................. 38
4,17 f.39 .......................................... 84
4,17–18 ........................................... 37
5,14 ................................................. 84
7,52–8,11 ........................................ 37
8,11 .......................................... 40, 84
8,49 ................................................. 75
9,3 ................................................... 51
10,35 ................................................. 6
16,2 ................................................. 64
17 ..................................................... 49
17,14 ............................................... 49
19,25–27 ....................................... 142
19,27 ............................................. 142

*Apg*
5,41 ................................................. 75
8,35 ................................................... 6
15,20.29 ........................... 37, 40, 71
21,25 ................................. 37, 40, 71

*Röm*
1 ....................................................... 60
1,5 ................................................... 82
1,18–23 ........................................... 53
1,18–31 ......................................... 133
1,18–32 ........................................... 75
1,18–2,1 .......................................... 46
1,20–32 ........................................... 40
1,21–22 ........................................... 53
1,24.26.28 ....................................... 75
1,24–27 ........................................... 65
1,24–28 ........................................... 37
1,25 ................................................. 75
1,26 .......................................... 49, 75
1,26–27 ........................................... 75

2,22 ................................................. 37
2,23 ................................................. 75
6,12 ................................................. 38
6,14–15 ........................................... 65
6,15 ................................................. 65
6,19 ................................................. 38
7,2–3 ............................................... 38
7,5.7–8 ........................................... 38
7,18–20.25 ..................................... 38
8,12–13 ........................................... 38
8,18 ff. .......................................... 132
8,28 ................................................. 42
9,5 ................................................... 75
12,2 ................................................... 6
12,3 f. ........................................... 150
13,1–3 ............................................. 67
13,9 ................................................. 37
13,10 ............................................... 65
13,13 f. ........................................... 65
13,13–14 ......................................... 37
14 ..................................................... 65
15,18 ............................................... 82

*1Kor*
2,6–16 ............................................. 52
5,1–7,40 ......................................... 65
5,1–11 ............................................. 37
5,1–13 ............................................. 73
5,9 ................................................... 66
5,9–11 ............................................. 66
5,10 ................................................. 73
6,9–11 ...................................... 37, 66
6,10 ................................................. 59
6,11 ................................................. 60
6,12 .......................................... 66–67
6,12–20 ........................................... 65
6,12a ............................................... 66
6,12c ............................................... 66
6,13 ................................................. 69
6,13–20 .................................... 37, 40
6,13a ......................................... 66–67
6,13b ............................................... 66
6,15 ................................................. 70
6,16 ................................................. 70
6,18 ................................................. 71
7 ....................................................... 62
7,1–9 ............................................... 62
7,1–9.25–40 .................................... 36
7,2–5.10–16 .................................... 32
7,3–5 ............................................... 37
7,4 ................................................... 67
7,7 ................................................. 145

| | |
|---|---|
| 7,9 | 39 |
| 7,15 | 40 |
| 7,17–24 | 32, 143 |
| 7,32–40 | 62 |
| 8,9–13 | 67 |
| 10,8 | 37 |
| 10,32 | 38, 66 |
| 11,1–12 | 33 |
| 11,2–16 | 143 |
| 11,3.7–10 | 32 |
| 11,4–6.13–16 | 32 |
| 11,9 | 31 |
| 11,11 f. | 32 |
| 13 | 73 |
| 14,26b | 150 |
| 15 | 70 |
| 15,10 | 50 |
| 15,44 | 70 |
| 16,14 | 38 |

*2Kor*

| | |
|---|---|
| 1,3 | 75 |
| 4,4 | 139 |
| 5,17 | 52, 140 |
| 7,1 | 38 |
| 7,8 | 84 |
| 11,2 | 140 |
| 11,31 | 75 |
| 12,21 | 37 |

*Gal*

| | |
|---|---|
| 1,15 | 69 |
| 2,21 | 65 |
| 3,28 | 33, 66, 76, 143, 175 |
| 5,4 | 65 |
| 5,13.16 | 38 |
| 5,14 | 65 |
| 5,19–21 | 37 |
| 5,23 | 36 |
| 6,2 | 32, 144 |

*Eph*

| | |
|---|---|
| 2,3 | 38 |
| 3,15 | 139 |
| 4,19.22 | 38 |
| 5,3–6 | 37 |
| 5,21 | 32 |
| 5,21–33 | 62 |
| 5,21–6,9 | 37 |
| 5,22 | 87 |
| 5,22–24 | 32 |
| 5,22–33 | 36 |
| 5,25–33 | 32 |
| 5,30–32 | 67 |
| 5,32 | 33, 38–39, 128, 168 |
| 6,5–9 | 33 |

*Phil*

| | |
|---|---|
| 2,5 ff. | 32 |
| 3,1–11 | 50 |
| 4,5 | 32 |

*Kol*

| | |
|---|---|
| 1,15 | 139 |
| 1,16b–17 | 141 |
| 1,18 | 139 |
| 3,5–6 | 37 |
| 3,17 | 68 |
| 3,18 | 32 |
| 3,18–4,1 | 37 |
| 3,18–19 | 36 |
| 3,19 | 32 |
| 4,5–6 | 37 |

*1Thess*

| | |
|---|---|
| 4,3–5 | 36 |
| 4,12 | 32 |

*1Tim*

| | |
|---|---|
| 1,9–11 | 37 |
| 2,2 | 64 |
| 2,13 f. | 31 |
| 3,2–5.11–12 | 37 |
| 4,4 | 36 |
| 5,3–16 | 37 |
| 5,11–14 | 36 |

*2Tim*

| | |
|---|---|
| 1,12 | 158 |
| 2,22 | 38 |
| 3,2–5 | 37 |
| 3,6–7 | 37–38 |
| 3,16 | 6 |

*Tit*

| | |
|---|---|
| 1,6 | 37 |
| 2,4–5 | 32, 36 |
| 2,6–7 | 32 |
| 2,12 | 38 |
| 3,3 | 38 |

*Hebr*
- 7,21 .................................................. 84
- 12,15–17 ........................................ 38
- 12,16 ............................................... 38
- 13,4 ........................................... 36, 66

*Jak*
- 2,6 .................................................... 75
- 2,11 .................................................. 37
- 4,4 .................................................... 38

*1Petr*
- 1,15 f. ................................................. 6
- 2,11 .................................................. 38
- 3,1–7 ................................................ 37
- 4,2–3 ................................................ 38

*2Petr*
- 1,4 .................................................... 38
- 1,21 .................................................... 6
- 2,2 .................................................... 38
- 2,4–6 ................................................ 37
- 2,10 .................................................. 38
- 2,14.18 ............................................ 37
- 3,3 .................................................... 38

*1Joh*
- 2,16 .................................................. 38

*Jud*
- 4.22 .................................................. 38
- 6–8 ................................................... 37

*Apk*
- 2,14.20–22 ...................................... 37
- 3,4.18 .............................................. 38
- 7,14 .................................................. 69
- 9,21 .................................................. 37
- 17,10–19,2 ...................................... 38
- 19,7 ................................................ 128
- 19,7–9 .............................................. 38
- 21,4 .................................................. 69
- 21,8 .................................................. 37
- 22,14 ................................................ 37
- 22,17 ................................................ 38

## Frühjüdische Literatur

*Aristeasbrief*
- 152 .................................................... 73

*Flavius Josephus*
- Antiquitates III 274–275 ................... 74
- Contra Apionem ................................ 74
- Contra Apionem II 199 ..................... 74
- Contra Apionem II 201 ..................... 74
- Contra Apionem II 202 ..................... 74

*1Makk*
- 1,12–14 ............................................ 44

*Philo von Alexandrien*
- De specialibus legibus III 1–50 ......... 72
- De specialibus legibus III 12–13 ....... 73
- De specialibus legibus III 13.14 ....... 73
- De specialibus legibus III 15–19 ....... 73
- De specialibus legibus III 19 ............. 73
- De specialibus legibus III 23 ............. 73
- De specialibus legibus III 38 ............. 59
- De specialibus legibus III 39 ............. 59
- De vita contemplativa 50–52 ............ 58
- Hypothetika ...................................... 72
- Hypothetika VIII 7,7 ........................ 74

*Pseudo-Phokylides*
- 184 f. ................................................ 74

*Sirach*
- 9,10 .................................................. 39
- 9,11–13 ............................................ 40
- 21,15 .............................................. 159

## Griechisch-römische Literatur

*Plato*
- De re publica (Politeia) V .............. 177
- Philebos 60 d 4 ff. ........................... 195
- Symposium ..................................... 177
- Symposium 198 a 1 ff. .................... 177
- Timaios 47 d ff. .............................. 178

*Plutarchus*
- Amatorius ......................................... 56
- Amatorius 4,750B ............................ 60
- Amatorius 5,751D/E ........................ 57
- Amatorius 17,760D–761E ................ 57
- Amatorius 23,768E .......................... 57
- Amatorius 24,770C .......................... 57

*Suetonius*
- De vita Caesarum ............................. 58
- divus Augustus 68 ............................ 58

divus Iulius 2 .................................... 58
divus Iulius 22 .................................. 58
divus Iulius 49 .................................. 58
divus Iulius 50–51 ............................. 58
divus Iulius 52 .................................. 58
Nero 28 ............................................. 58
Nero 29 ............................................. 58

## Christliche Literatur

*Augustin*
    De bono coniugali 3.3 ..................... 167
    De nuptiis et concupisentia 17.19...... 167

*Eusebius*
    Praeparatio, Evangelica VIII 7,1 ......... 72
    Praeparatio, Evangelica VIII 7,1–20 .. 72

# Personenregister

*Abt Tondi* 180
*Ahnert, Lieselotte* 206
*Akert, Robin M.* 148
*Albertz, Rainer* 11, 13
*Albrecht, Ruth* 106–107
*Antipatros von Tarsos* 60
*Anzenbacher, Arno* 147
*Ardener, Shirley* 108
*Arnold, Tina* 28
*Aronson, Elliot* 148
*Asa-Eger, A.* 57
*Asendorpf, Jens B.* 120, 135, 148
*Augustin* 125, 167
*Averdijk, Margit* 207
*Bachofen, Johann Jakob* 176
*Barth, Karl* 53, 62, 126, 137, 139
*Bastian, Corina* 92
*Bauer, Joachim* 207
*Baumann, Ursula* 117
*Beauvoir, Simone de* 187, 189
*Beaver, R. Pierce* 108
*Beestermöller, Gerhard* 147
*Beißer, Friedrich* 53
*Bell, Richard H.* 53
*Benhabib, Seyla* 191
*Bennett, Jana Marguerite* 145
*Benrath, Gustav Adolf* 89
*Berman, Joshua* 12–14
*Bethge, Eberhard* 55
*Beyer, Werner* 105
*Bischof-Köhler, Doris* 149
*Blücher, Tony von* 105–106
*Bock, Gisela* 88
*Bonhoeffer, Dietrich* 55, 126–127, 131, 133, 143
*Booth, Catherine* 99
*Boulnois, Olivier* 129
*Bowie, Fiona* 108
*Brehmer, Ilse* 92

*Breul, Wolfgang* 96
*Bright, John* 5
*Brown, Peter* 146
*Bruce, F.F.* 143
*Brueggemann, Walter* 10–11
*Brunner, Emil* 126, 163
*Bruns-Bachmann, Petra* 46
*Buber, Martin* 129
*Burkhardt, Helmut* 64, 72
*Butler, Judith* 189, 191
*Butler, Trent* 30
*Cahill, Larry* 148
*Calvin, Johannes* 122, 125
*Canz, Wilhelmine* 103
*Carmichael, Liz* 145
*Cassuto, Umberto* 23
*Charles V.* 180
*Collins, Raymond F.* 35
*Conrad-Martius, Hedwig* 184
*Craigie, Peter C.* 8
*Dade, Eva Kathrin* 92
*Dauphin, Cécile* 96
*Dayton, Donald* 117
*Deeg, Alexander* 131, 143
*DeFranza, Megan K.* 152–153
*Deines, Roland* IX, 55, 83–84
*Denzinger, H.* 39
*Diehl, Johanna* 109, 111–112
*Diemel, Christa* 96, 105
*Dirschl, Erwin* 125
*Dittmar, Heinrich* 97
*Dohmen, Christoph* 10–11
*Dornes, Martin* 206
*Düsing, Edith* 122
*Dworkin, Andrea* 185–186
*Eckermann, Johann Peter* 54
*Eulenhöfer-Mann, Beate* 112–114
*Feichtinger, Barbara* 57–59
*Fellmann, Ferdinand* 130

Fellmann, Heinrich 109–112
Fellmann, Johanna 109–112
Fellmann, Ulrich 109–110
Fischer, Irmtraud 7, 15, 18, 21, 23, 25, 27
Flaubert, Gustave 92
Flavius Josephus 74
Flax, Jane 189
Fleckenstein, Karl-Heinz 37, 39, 60, 62
Fliedner, Theodor 101, 103
Fohrer, Georg 20
Fontane, Theodor 92
Fonte, Moderata 181
Foucault, Paul-Michel 190
Fourier, Charles 186
Fraisse, Geneviève 92, 96
Freud, Sigmund 80
Frevert, Ute 92, 118
Frey, Jörg 71
Friedan, Betty 187
Friedrich, Martin 102
Gäbler, Ulrich 89
Gäckle, Volker 67
Gadamer, Hans-Georg 148
Gagnon, Robert A. J. 36
Gahlings, Ute 184
Gause, Ute 102–103, 118
Gellman, Jerome 23, 24
Gerl-Falkovitz, Hanna-Barbara 176, 179, 181, 184, 189–190, 194–196
Gilligan, Carol 185
Ginzberg, Lori D. 95, 105
Gleixner, Ulrike 96, 110, 115
Goertz, Stephan 36
Goethe, Johann Wolfgang von 54, 182
Goldschmidt, Nils 147
Görgemanns, Herwig 56
Götz von Olenhusen, Irmtraud 95, 117
Gouges, Olympe de 186
Gournay, Marie le Jars de 181
Greiffenhagen, Martin 94
Greven-Aschoff, Barbara 117
Griffiths, Valerie 108, 114
Gripentrog, Stephanie 71
Grolle, Inge 101
Grub, Manfred 203
Gruber, Margareta 144

Guardini, Romano 122, 124
Gumbrecht, Hans Ulrich 194
Gunton, Colin 124
Härle, Wilfried 134
Harlow, Mary 57
Harris, Jane 98
Härter, Franz 103
Harway, Donna Jeanne 190
Haubeck, Wilfrid 27
Hauff, Adelheid M. von 88, 101–102, 104, 106
Hausen, Karin 92, 95
Hausmann, Ann-Christin 120
Hays, Richard B. 36
Hebeisen, Erika 110
Hegel, Georg Wilhelm Friedrich 161, 183–184, 192
Heidegger, Martin 164, 188
Heimbach-Steins, Marianne IX
Heine, Heinrich 79
Heinevetter, Hans-Josef 26
Heinrichs, Wolfgang 27
Hempelmann, Heinzpeter 82
Henry, Matthew 23
Henry, Michel 194
Herbst, Michael 45–46, 80
Herms, Eilert 28
Herrmann, Christian 122
Heuser, Stefan 131, 143
Hieke, Thomas 26, 47
Hierokles 60
Hilbrands, Walter 17, 28
Hodan, Max 80
Hollstein, Walter 120
Holthaus, Stephan 106, 114
Houellebecq, Michel 193
Hruschka, Edeltraud 112
Hume, David 28
Hünermann, P. 39
Irigaray, Luce 185, 191
Jacob, Janet I. 207
Jacobi-Dittrich, Juliane 92
Janowski, Bernd 7, 20
Joeres, Ruth-Ellen B. 92, 101
Jolberg, Regine 104
Jung, Carl Gustav 179

Jung, Martin H. 88, 101
Kähler, Christiane 113
Kant, Immanuel 28, 122–123, 133, 182
Karle, Isolde 134, 143
Keel, Othmar 28
Keim, Christine 117
Kierkegaard, Sören 135–137, 144
Kirchhoff, Renate 66, 69, 71–72
Kirkwood, Debora 108
Klaiber, Walter 143
Klein, Dieter 111
Kleinert, Corinna 120
Klement, Herbert 6
Konrad, Dagmar 109
Koppermann, Carola 46
Kramer, Carla 104
Krüdener, Barbara Juliane von 101, 106
Krüger, Hartmut 88
Kupferschmidt, Frank 204
Labahn, Michael 58
Lackmann, Max 53
Lang, Manfred 58
Lanzinger, Margareth 92
Laotse 179
Larsson, Flora 99
Laurence, Ray 57
Lawrence, David Herbert 188
Lehmann, Hartmut 89, 106
Lenze, Anne XI, 150
Liess, Kathrin 7
Lietzman, Torsten 199
Link, Christian 125, 133
Loader, William R. G. 35, 59, 66, 74
Locke, John 123
Löhe, Wilhelm 101
Lüdke, Frank 104
Ludwig, Heinrich Christian 188
Lukatis, Ingrid 117
Luther, Martin 126
Lüthi, Kurt 27
Lyman, Sarah 109, 112
Mack, Cornelia 88, 114
Manzeschke, Arne 131, 143
Marinella, Lucretia 181
Markschies, Christoph 125
Maydell, Bernd von 200

Maynes, Mary Jo 101
Mazohl-Wallnig, Brigitte 92
McFadyen, Alistair I. 129–130
McLeod, Hugh 118
Meinhold, Arndt 29
Merklein, Helmut 139
Miller, Henry 188
Millett, Kate 187
Montaigne, Michel de 181
Mosse, George L. 191
Mückler, Hermann 109
Müller, Mario 46
Musonius Rufus 60–61
Neumann, Erich 178
Newman, John Henry 158–159
Neyer, Franz J. 120, 135, 148
Niebuhr, Karl-Wilhelm 72, 74
Nietzsche, Friedrich 87, 180, 184
Nipperdey, Thomas 90
O'Donovan, Oliver X, 141–142
Ochs, Christoph 55
Ohlemacher, Jörg 105–106
Opitz-Belakhal, Claudia 92
Otto, Eckart 42
Panke-Kochinke, Birgit 92
Pannenberg, Wolfhart 125
Papier, Hans-Jürgen 200
Passon, Klaus-Dieter 116–117
Paulsen, Anna 117
Pehlke, Helmut 28
Penn, Mark J. 119
Perrot, Michelle 92, 96
Peuckert, Rüdiger 130
Philo von Alexandrien 52, 59, 72–74
Pizan, Christine de 180
Plato 177, 179, 181, 195
Plutarchus 56, 57
Prelinger, Catherine M. 101, 103
Prodolliet, Simone 112
Pseudo-Phokylides 72
Quinn, Ammicht 2
Raedel, Christoph X, 1–3, 38, 45, 49, 56, 80
Reich, Wilhelm 80
Riley, Peter 146
Robert, Dana L. 108

Römelt, Josef 45, 65
Roßbach, Hans-Günther 206
Rotteck, Carl von 87
Ruland, Franz 200
Rüter, Martin 126
Salvadori, Stefania 96
Sampson, P. J. 188
Saurer, Edith 92
Schildt, Gerhard 94, 96
Schiller, Friedrich 93, 184
Schiller, Friedrich 94
Schimmelmann, Gräfin Adeline 104–107
Schlegel, Friedrich 183
Schleiermacher, F. D. E. 28, 183–184, 195
Schmelzer, Carsten 35
Schmidt, Jutta 101, 103
Schmidt, Renate-Berenike 46
Schnabel, Eckhard 5
Schnelle, Udo 49, 58, 132
Schnurr, Jan Carsten 97
Schoberth, Wolfgang 125
Schollmeier, Christine 99
Schottroff, Luise 3, 24, 25
Schrage, Wolfgang 60, 64, 66, 69
Schröder, Michael 27
Schroer, Silvia 3, 24–25
Schwartz, Daniel R. 71
Schwarzer, Alice 187
Seebass, Horst 128
Seubert, Harald XI, 123, 148, 175
Shenk, Wilbert R. 108
Siebenthal, Heinrich von 17
Sielert, Uwe 46, 79
Sieveking, Amalie 101, 103
Sigusch, Volkmar 45
Skinner Keller, Rosemary 98
Söding, Thomas 145
Sohn, Andreas 95
Sohn-Kronthaler, Michaela 95
Sommer, Debora 101
Sommer, Regina 117
Sparks, Kenton L. 5
Spener, Philipp Jakob 96
Spreng, Manfred 148, 175
Stadler, Michael 26
Steck, Wolfgang 94–95

Steger, Gerhard 147
Stein, Edith 184, 194–197
Steinberg, Julius IX, 4, 17, 26–28, 125
Stern, William 195
Strecker, Georg 49
Striet, Magnus 81
Stuhlmacher, Peter 32
Swarat, Uwe 53
Taylor, Hudson 114
Taylor, Jenny 146
Theobald, Michael 47, 66, 76–77
Tietz, Christiane 124, 136
Tietze, Wolfgang 207
Timmermanns, Stefan 46
Tödt, Ilse 126
Tolstoi, Nikolai 92
Tophoven, Silke 199
Treusch, Ulrike X, 181
Tucker, Ruth A. 95, 98, 108
Tuider, Elisabeth 46
Ulrich-Eschemann, Karin 143
Van Den Eynde, Sabine 14
van der Scheer, Lieke 190
van Oorschot, Jürgen 27
Vanhoozer, Kevin 124
Via, Dan O. 36
Vinken, Barbara 191
Vives, Juan Luis 181
Voigt, Karl Heinz 98, 100, 117
Volf, Miroslav 143
Wacker, Marie-Theres 3, 24–25
Waldstein, Wolfgang 176
Wallmann, Johannes 108
Wannenwetsch, Bernd 19, 26
Warneck, Gustav 113–114
Watts, Peter 55
Weber, Max 116
Weber-Kellermann, Ingeborg 92
Wehler, Hans-Ulrich 93
Weil, Simone 194
Weininger, Otto 184
Welcker, Karl Theodor 87, 90–91
Weling, Anna von 105–106
Wenham, Gordon 20, 23–24, 139
Wenzig, Claudia 199
Wettstein, Emil Richard 107

Wichern, Johann Hinrich  101
Wildermuth, Ottilie  92
Wilson, Timothy D.  148
Wittgenstein, Ludwig  189
Wolf, Ernst  131
Wollenstonecraft, Mary  186
Wolter, Michael  75
Wowereit, Klaus  136
Wrembek, Christoph  82

Wünch, Hans-Georg  30
Young, Iris M.  191
Zachrisson, Henrik D.  207
Zetkin, Clara  186
Zimmer, Heinrich  179
Zimmerling, Peter  88, 101
Zinzendorf, Nikolaus Graf von  96
Zizioulas, John  124

# Autorenverzeichnis

*Deines*, Prof. Dr. Roland, Jg. 1961. Studium der Ev. Theologie in Basel und Tübingen. Studienjahr an der Hebräischen Universität in Jerusalem. 1991–1995 Assistent am Institutum Judaicum der Ev. Theol. Fakultät in Tübingen. 1995–1997 Vikariat; 1997 Promotion und 2004 Habilitation in Tübingen. 2001–2006 Mitarbeiter am Corpus Judaeo-Hellenisticum Novi Testamenti in Jena. 2006–2016 Lecturer, ab 2009 Professor) für Neues Testament in Nottingham (UK).

*Lenze*, Prof. Dr. Anne, Jg. 1959. Studium der Rechtswissenschaften in Bremen und Berkeley (USA). Sieben Jahre Richterin am Sozialgericht in Bremen. Seit 1996 Professorin an der Hochschule Darmstadt, zunächst für Familien- und Jugendhilferecht, seit 2014 für Recht der Sozialen Sicherung.

*O'Donovan*, Prof. Oliver, D.Phil., Jg. 1945. Theologiestudium an den Universitäten Oxford und Princeton. 1972 Ordination zum anglikanischen Priester. Lecturer an der Wycliffe Hall, Oxford. Ab 1977 Assistent Professor am Wycliffe College, Toronto. Ab 1982 Regius Professor of Moral and Pastoral Theology, University of Oxford. 2006–2012 Professor of Christian Ethics and Practical Theology, University of Edinburgh. 2012 Emeritus. 2013 Honorary Professor of Divinity, University of St Andrews. 1997–2000 President der Society for the Study of Christian Ethics. 2000 Fellow der British Academy. 2007 Fellow der Royal Society of Edinburgh.

*Raedel*, Prof. Dr. Christoph, Jg. 1971. Studium der Ev. Theologie in Rostock, Halle (Saale) und Cambridge (UK). Ab 2005 Dozent für Evangelische Theologie am CVJM-Kolleg Kassel. 2011–2014 Professor für Ökumenische Theologie an der CVJM-Hochschule Kassel. Seit 2014 Professor für Systematische Theologie an der Freien Theologischen Hochschule Gießen. Direktor des Instituts für Ethik & Werte.

*Seubert*, Prof. Dr. Harald, Jg. 1967. Studium der Philosophie, Geschichte, Literaturwissenschaft und Ev. Theologie in Erlangen, München, Frankfurt (Main) und Wien. Ab 1998 Assistent von Manfred Riedel (Professur für Praktische Philosophie in Halle/Saale). 2005–2009 Privatdozent für Philosophie an der Martin-Luther-Universität Halle-Wittenberg. 2006–2012 Gastprofessor für Kulturtheorie und Ideengeschichte des deutschen Sprachraums in Poznan (Polen). 2009–2012 Privatdozent an der Universität Bamberg. Seit 2012 Professor für Philosophie und Religionswissenschaft an der Staatsunabhängigen Theologischen Hochschule Basel. Seit 2010 auch nebenamtlicher Dozent an der Hochschule für Politik in München.

*Steinberg*, Prof. Dr. Julius, Jg. 1972. Studium der Ev. Theologie an der Freien Theologischen Akademie Gießen und der Evangelisch Theologischen Faculteit Leuven (Belgien). 2004–2007 Prediger in einer Landeskirchlichen Gemeinschaft. Seit 2007 Lehrbeauftragter/Dozent, ab 2011 Professor für Altes Testament und Hebräisch an der Theologischen Hochschule Ewersbach.

*Treusch*, Prof. Dr. Ulrike, Jg. 1971; Studium der Ev. Theologie und Germanistik in Tübingen und Jerusalem; 2002–2007 wissenschaftliche Angestellte am Lehrstuhl für Kirchengeschichte, Universität Tübingen; ab 2007 Dozentin für Evangelische Theologie am CVJM-Kolleg Kassel, ab 2009 auch an der CVJM-Hochschule Kassel; 2012–2014 Professorin für Historische Theologie an der CVJM-Hochschule Kassel; seit 2014 Professorin für Historische Theologie an der Freien Theologischen Hochschule Gießen.